NOIRS ET BLANCS
DANS
L'AFRIQUE NOIRE FRANÇAISE

On trouvera en fin de volume le catalogue complet de la collection.

HENRI BRUNSCHWIG

NOIRS ET BLANCS DANS L'AFRIQUE NOIRE FRANÇAISE

ou
comment le colonisé
devient colonisateur
(1870-1914)

FLAMMARION

Pour recevoir, régulièrement, sans aucun engagement de votre part, l'Actualité Littéraire Flammarion, il vous suffit d'envoyer vos nom et adresse à :

Flammarion, Service ALF, 26, rue Racine, 75278 PARIS Cedex 06.

Pour le CANADA à : Flammarion Ltée, 4386 rue St-Denis, Montréal, Qué. H2J 2L1.

Vous y trouverez présentées toutes les nouveautés mises en vente chez votre libraire : romans, essais, sciences humaines, documents, mémoires, biographies, aventures vécues, livres d'art, livres pour la jeunesse, ouvrages d'utilité pratique...

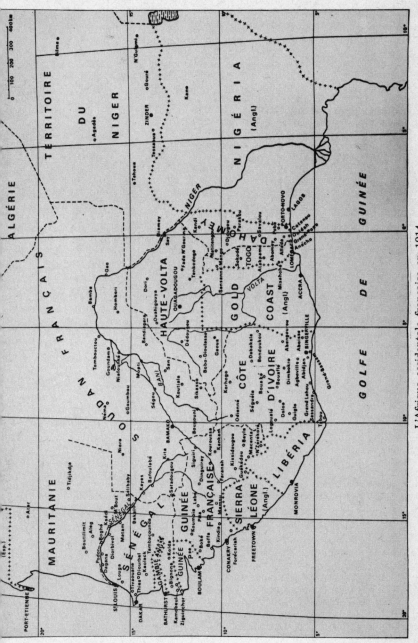

L'Afrique occidentale française en 1914.

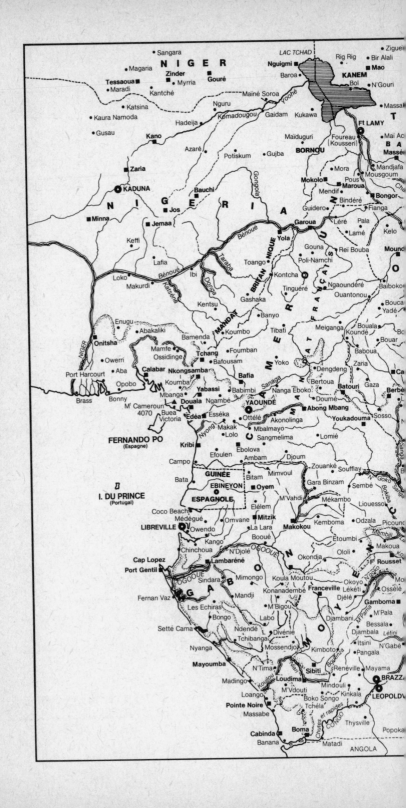

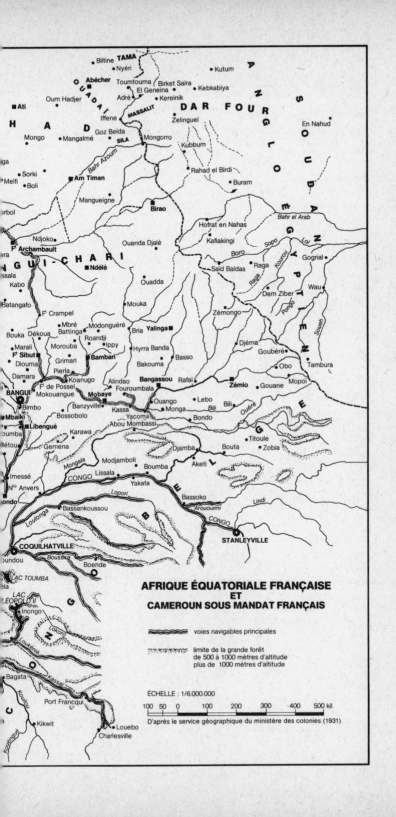

AFRIQUE ÉQUATORIALE FRANÇAISE
ET
CAMEROUN SOUS MANDAT FRANÇAIS

〰〰〰 voies navigables principales

〰〰〰 limite de la grande forêt
de 500 à 1000 mètres d'altitude
plus de 1000 mètres d'altitude

ÉCHELLE : 1/6.000.000

100 50 0   100   200   300   400   500 kil.

D'après le service géographique du ministère des colonies (1931).

INTRODUCTION

Le présent ouvrage ne résulte pas d'un dessein prémédité. Cherchant à mieux comprendre la vie quotidienne de la colonisation française en Afrique noire au cours de la période d'établissement et d'organisation qui s'étend de 1871 à la Première Guerre mondiale, nous avons, pendant une dizaine d'années, flâné à travers les dépôts d'archives et les bibliothèques. Sans idée préconçue, sans plan, sans hypothèse de travail, car l'Histoire n'est pas une science expérimentale, nous avons, un peu au hasard, recueilli une masse d'informations qui alimentèrent nos séminaires. Plus ou moins approfondies, ces enquêtes n'ont jamais visé à l'exhaustivité. Uniquement guidés par les suggestions des documents, nous avons suivi chaque piste qui s'offrait, jusqu'à l'impasse, ou jusqu'au point de vue sur un horizon plus large. Dans chaque cas — évaluations numériques, rapports entre administrateurs, colons et Noirs, en ville et en brousse, répartition des concessions territoriales, spéculations minières, rôle des interprètes, des policiers, des chefs indigènes, participation noire aux institutions et aux entreprises de colonisation, etc. —, nous nous sommes arrêtés quand nous avons vu s'esquisser des conclusions convaincantes.

Nous aurions pu poursuivre longtemps cette enquête

tous azimuts. N'ayant plus de séminaires à documenter, nous l'avons interrompue. En classant la masse des fiches accumulées, nous avons constaté que beaucoup se référaient à des thèmes semblables. Nous avons consacré à ces diverses questions les chapitres qui suivent. Nous aurions pu en esquisser d'autres, et, surtout, sur un aspect défini, nous aurions pu écrire plusieurs chapitres. Ainsi, certains cadres locaux indigènes ont été étudiés, d'autres ont été laissés dans l'ombre parce que leur analyse n'aurait pas modifié nos conclusions. D'une façon générale, nous nous sommes systématiquement bornés à illustrer par peu d'exemples, choisis entre beaucoup, les caractères qui se dégageaient sous nos yeux.

Un tel défi à l'érudition comporte de grands risques. Nous savons que pour ce livre, comme autrefois pour *Mythes et Réalités,* des études ponctuelles plus poussées nuanceront nos conclusions et les infirmeront peut-être. Nous connaissons les bons travaux en cours sur les Postes et Télégraphes, sur la Santé, sur les chefferies, etc. Cette dernière question est si importante et encore si mal connue, car infiniment diverse d'une ethnie à l'autre, qu'une synthèse à l'échelle du continent serait impossible aujourd'hui. Nous nous bornerons à le constater en quelques pages.

Si nous assumons ces risques, c'est parce que nous souhaitons tenter d'associer à la recherche africaniste un public plus large que celui des spécialistes; le public qui recule devant les grosses thèses et que l'on ne devrait pas abandonner aux vulgarisateurs, à ceux qui n'ont pas eu le contact indispensable avec la documentation et ne méditent pas de longues années sur elle.

Nous espérons cependant que, malgré la relative pauvreté de nos références, les spécialistes reconnaîtront le sérieux de cette étude et l'accueilleront avec l'indulgence qu'elle nous semble mériter.

***

La première partie de ce livre concerne les Blancs, fonctionnaires, colons, commerçants et entrepreneurs qui ont cherché fortune dans l'Afrique tropicale malsaine de cette époque. La seconde, plus longue, s'occupe des Noirs.

Les différents essais que constituent nos chapitres nous ramènent toujours au problème des contacts entre Blancs et Noirs. La façon dont ces rapports ont été établis, selon l'initiative des uns ou des autres, leur évolution subséquente, ici et là, expliquent en effet la relative facilité avec laquelle la domination française s'est imposée, ainsi que sa longue durée jusqu'aux indépendances de 1960.

Il ne faut cependant pas perdre de vue que des contacts égalitaires existaient sur certains points du littoral depuis plusieurs siècles et que, lors de leur progression vers l'intérieur, les Français ont simplement emprunté des voies fréquentées depuis plusieurs générations par des indigènes familiarisés avec les us et coutumes occidentaux. Ces « évolués », confiants en la doctrine de l'assimilation qui avait, depuis 1848, naturalisé les nègres des Antilles et des anciennes communes du Sénégal, avaient intérêt à lier leur action à celle des Blancs. Ils savaient qu'en brousse ou en forêt, dans la pratique quotidienne, ils devenaient en réalité les maîtres. Dès lors, si nous voulions évoquer en une phrase le leitmotiv de ces chapitres, nous dirions que la « colonisation » de l'Afrique noire française, c'est-à-dire son évolution récente, politique, économique, sociale et culturelle, a été le fait, autant et plus que des Blancs, des Noirs.

PREMIÈRE PARTIE

LES BLANCS

CHAPITRE I

LES FONCTIONNAIRES

Dans son discours au Reichstag du 26 juin 1884, Bismarck définit le système colonial français par l'initiative du gouvernement qui décide « d'acquérir un territoire, d'y placer des fonctionnaires et une garnison, puis d'inciter les gens à y venir et à y vivre[1] ».

Dix ans après, dans une « circulaire ministérielle au sujet des bonnes relations que doivent entretenir les fonctionnaires et officiers avec les colons qui viennent s'établir au Sénégal », Delcassé lui fait écho : « ... On a dit fréquemment que la France n'avait que des colonies de fonctionnaires et de soldats. On s'est plaint, et on se plaint encore, de l'accueil peu encourageant que reçoivent aux colonies ceux de nos concitoyens qui veulent s'y installer ; des difficultés, des vexations de toute nature qu'ils rencontrent ; des entraves qu'apporte au développement des affaires une réglementation routinière et trop fiscale ; on oppose volontiers à l'attitude de nos fonctionnaires celle des représentants des pays étrangers, toujours empressés, dit-on, à servir les intérêts de leurs nationaux, à faciliter leurs entreprises, à prendre fait et cause pour eux toutes les fois qu'ils ont besoin d'être soutenus ou défendus. Je sais la part d'exagération qu'il y a dans ces récriminations. Je n'ignore pas que le souci de faire respecter la loi et d'assurer au budget les ressources qui lui sont indispensables ne permet pas de donner satisfaction à tous les desiderata du commerce et de l'industrie. Mais, tout en restant fidèlement attachée à son devoir professionnel, j'estime que l'Administration peut et doit se considérer comme l'auxiliaire et la protectrice désignée des hommes de bonne volonté qui consacrent leur énergie, leurs forces et leurs capitaux à la mise en valeur de notre domaine d'outre-mer... [2]. »

A considérer l'expansion française en Afrique noire au XIXe siècle, on constate en effet le rôle primordial de l'administration. Même au Sénégal, où le groupe blanc était ancien et faisait souche, le nombre des fonctionnaires et des militaires dépassait nettement celui des particuliers.

Pour apprécier ce nombre nous avons utilisé trois sources plus ou moins complètes et approximatives : les annuaires de l'A.O.F. de 1900 à 1914 et de l'A.E.F. de 1913 (on y relève des lacunes inexpliquées — le Dahomey par exemple ne figure pas dans l'annuaire de 1908 —, ou le pointage, cercle par cercle, ne donne parfois pas le même total que celui figurant sur le tableau d'ensemble, ou le personnel en congé n'est pas toujours recensé) ; les statistiques et les rapports d'ensemble annuels du gouvernement général d'A.O.F., en particulier la « Situation générale de l'année 1908 » avec un classement qui ne permet pas toujours de distinguer le Blanc du citoyen de couleur, ou le fonctionnaire du membre des professions libérales ; les « Comptes définitifs des budgets », où les citoyens blancs et noirs, sont également confondus et les « relèves » du personnel en congé imprécises. On pourrait sans doute procéder à une longue étude comparative qui réduirait la marge d'incertitude. Elle n'infirmerait pas les conclusions sur les tendances générales auxquelles nous attachons plus d'intérêt qu'à une illusoire précision du détail :

1. La première tendance, évidente, est l'augmentation du nombre des agents blancs de l'administration. Elle correspond à l'expansion impérialiste et à la création de cadres nouveaux comme ceux des secrétariats généraux à partir de 1906. Cette augmentation, que le tableau ci-dessous constate d'après les annuaires, entre 1906 et 1913, est confirmée par les chiffres moins complets que le député Violette fournit à la commission du Budget de la Chambre en 1912 [3]. Il en résulte que les fonctionnaires en service dans les colonies considérées auraient

passé, entre 1906 et 1912, en A.O.F. de sept cent
soixante-dix-neuf à neuf cent soixante, et en A.E.F. de
cent sept à cent soixante-six.

2. En deuxième lieu, on note la rapide progression, à
côté des services proprement administratifs — personnel
des secrétariats généraux, administrateurs des colonies,
adjoints et commis des affaires indigènes —, des autres
services, spécialisés, dont les agents classés à partir de
1906 bondissent de deux cent quatre-vingt-seize à mille
quatre-vingt-dix en 1913, dépassant légèrement les
mille quatre-vingt-cinq administratifs. Ainsi le personnel civil blanc présent aurait atteint, en 1913, deux
mille cent soixante-quinze agents en A.O.F. et cinq cent
trente-trois en A.E.F. Sans sacrifier au fétichisme des
chiffres et en admettant un coefficient d'erreur de 5 à
7 %, nous pouvons donc dresser le tableau suivant[4] :

Dates	Afrique occidentale française		Afrique équatoriale française	
	Services administratifs (services généraux, administratifs des colonies, affaires indigènes)	Autres services	Services administratifs	Autres services
1900	256	–		
1906	566	296		
1913	1 085	1 090	358	175
Totaux en 1913	2 175		533	

3. Ce tableau rend mal compte du ralentissement de
l'augmentation à partir de 1912. Le fonctionnaire blanc
coûtait cher. Les gouverneurs avaient déjà pris l'initiative de recruter des Noirs pour le remplacer partout où
cela était possible. Le procédé se généralisa, s'institu-
tionnalisa par la création de cadres locaux indigènes à
la suite de la circulaire du ministre des Colonies,

Messimy, du 24 mai 1911, relative aux dépenses de personnel incombant aux budgets locaux :

« Je crois que des économies appréciables pourraient être réalisées, en même temps que serait poursuivie une œuvre à laquelle j'attache, comme tous mes prédécesseurs, une exceptionnelle importance, s'il était fait un plus large appel au concours des indigènes...

« A l'heure actuelle, un très grand nombre d'emplois subalternes, qui n'exigent chez leurs titulaires aucune compétence particulière et qui ne mettent en jeu aucune responsabilité, sont confiés à des agents métropolitains. Cette pratique doit disparaître. Les agents européens doivent être, dans nos colonies, des agents de direction et de contrôle ; il est de leur intérêt, comme il est de l'intérêt du service, qu'ils ne soient point affectés à des emplois subalternes. Bon nombre d'emplois de secrétaires, de dactylographes, de dessinateurs ou de commis de comptabilité, pour ne parler que des emplois administratifs proprement dits, pourraient être confiés à des indigènes [5]. »

Le gouverneur général d'A.O.F., Ponty, envoya copie de cette dépêche à tous les lieutenants-gouverneurs et la commenta en souhaitant des prévisions annuelles du nombre de collaborateurs indigènes plutôt que la création de cadres rigides et en faisant remarquer que la mesure préconisée par Messimy était appliquée depuis longtemps :

« En ce qui concerne les cadres indigènes, vous avez pu également vous rendre compte que l'importance de cette question ne m'avait pas échappé. De nombreux arrêtés, créant des cadres locaux indigènes d'écrivains, des Postes et Télégraphes, d'interprètes, etc., ont été pris au cours de la dernière année et récemment encore. Les efforts tentés dans ce sens doivent être poursuivis. Les cadres indigènes doivent nous permettre de supprimer les emplois subalternes jusqu'à présent confiés à des Européens [6]. »

4. La dernière tendance générale se révèle quand on examine la répartition des agents blancs de ces services progressivement organisés dans toutes les colonies à partir de 1906. En 1913, d'après les annuaires, ils se groupaient comme suit :

Services	A.O.F.	A.E.F.
Travaux publics	250	33
Douanes	222	51
Postes et télégraphes	218	48
Enseignement	140	4
Services judiciaires	70	26
Imprimerie	60	7
Agriculture	57	2
Service sanitaire	56	–
Enregistrement, domaine, timbre, trésor	17	4
Total 1913	1 090	175

On voit que les trois services des Travaux publics, des Douanes et des Postes réunissent les deux tiers du personnel en A.O.F. et les trois quarts en A.E.F. Ce sont par excellence les outils de la colonisation, de la mise en valeur au profit de l'étranger. Travaux publics et Postes ont une importance à la fois stratégique et économique évidente. Et les Douanes assurent aux budgets des ressources dont la métropole ne cesse pas de se montrer chiche.

Ces quelque deux mille sept cents agents français, surtout groupés dans les ports et dans les villes hâtivement cadastrées près des grands marchés indigènes et le long des routes et des voies ferrées progressivement construites, étaient censés innerver une masse d'environ quinze millions d'Africains dispersés sur un territoire treize fois plus étendu que la métropole. Ils étaient extraordinairement démunis. Tout au long de la période d'organisation qui se prolongea jusqu'en 1914, on voit les gouverneurs des Colonies successivement créées batailler avec le ministère pour obtenir des crédits, des uniformes, des armes. Le principe de l'autonomie des budgets coloniaux énoncé dans la loi de finances de 1900 les mit à l'affût de toute ressource possible. Ainsi, par exemple, la création de taxes sur les chiens[7], les travaux exécutés pour les particuliers par les imprimeries du gouvernement (cartes de visite, registres, reliures, impressions diverses), la publicité dans les journaux officiels (100 francs la page et 13 francs le huitième de page au

Dahomey pour la première annonce et demi-tarif pour les suivantes). (Cf. chapitre XI.)

De même, les taxations des petites concessions de terres ou des permis d'exploration ou de recherche minière dont nous reparlerons, etc.

*
* *

Les diverses colonies ont été fondées, organisées et réorganisées entre 1883 et 1914. En 1871, la France ne possédait en Afrique atlantique que le « Sénégal et Dépendances », celles-ci comprenant, depuis 1843, les postes du Gabon et de la Côte-d'Ivoire actuelle (Assinie, Grand Bassam) et, depuis 1867, ceux des « Rivières du Sud » (Boké, Boffa, Benty) que fréquentaient, comme au Sierra Leone, les caravanes du Fouta-Djalon. Ces territoires étaient administrés par la Direction des colonies du ministère de la Marine. La poussée impérialiste des années 1876-1914 étendit considérablement la domination française. Au fur et à mesure de cette expansion, les dépendances s'affranchirent du Sénégal et de nouvelles colonies furent créées. Elles furent administrées, dès 1882, par un sous-secrétaire d'Etat, puis, à partir de 1894, par le ministère des Colonies. Le décret du 16 juin 1895 groupa celles du Nord en fédération de l'Afrique occidentale française sous l'autorité d'un gouverneur général ; ce dernier ne réussit à s'imposer vraiment qu'à partir de la réorganisation de 1904. Plus tardive, la fédération de l'Afrique équatoriale française ne fut instituée que le 15 janvier 1910.

Les fonctionnaires nommés dans les nouvelles colonies n'étaient pas soigneusement sélectionnés car les candidats n'abondaient pas. Le climat malsain, les populations réputées primitives n'avaient rien d'attrayant, et l'Afrique noire, à peu d'exceptions près, ne recevait que ceux dont l'Indochine et l'Afrique blanche n'avaient pas voulu. Brazza recruta une partie de ses agents par des annonces dans les journaux, et l'incapacité de certains d'entre eux ahurit les inspecteurs généraux[8]. Dans une « circulaire ministérielle relative au recrutement du personnel colonial », Lebon déclarait en 1897 :

« J'ai pu constater à diverses reprises et récemment encore que des agents ou employés nommés par des Gouverneurs en vertu des pouvoirs qui leur sont délégués avaient été l'objet de condamnations antérieurement à leur entrée dans l'administration.

« Il est indispensable de n'admettre dans le personnel colonial que des candidats présentant toutes les garanties de moralité et de probité qu'on est en droit d'exiger d'eux.

« En conséquence je suis décidé à ne faire entrer en solde et à ne diriger sur nos possessions d'outre-mer les agents recrutés en France par les administrations locales qu'autant que la lettre avisant le Département de leur nomination sera accompagnée du dossier complet du candidat, contenant des renseignements aussi précis que possible sur ses antécédents et un extrait de son casier judiciaire délivré depuis moins de six mois.

« J'ai l'honneur de vous prier de bien vouloir donner des instructions dans ce sens aux divers services de la colonie que vous administrez.

« Je ne saurais également trop insister auprès de vous pour que le recrutement sur place soit entouré des mêmes garanties [9]. »

On pourrait, en glanant à travers les journaux officiels et les rapports d'inspection, faire un recueil de textes sur les abus des fonctionnaires. Au Sénégal, par exemple, le directeur des Affaires politiques, Merlin, rappela en 1894 aux administrateurs qu'ils n'avaient pas de pouvoir absolu, même sur les indigènes non citoyens [10]. En Guinée, en 1906, le gouverneur par intérim, Richard, adressa aux chefs d'administrations et de services, aux commandants de cercles et de postes une circulaire sur les cadeaux :

« Messieurs,

« L'attention de l'administration supérieure a été appelée fréquemment sur les inconvénients très graves que présente l'acceptation de cadeaux par les fonctionnaires... C'est à nous qu'il appartient de faire comprendre aux indigènes que notre dignité et leurs propres intérêts commandent de les affranchir d'un usage qui constitue pour eux une lourde charge. Ils ne la subissent pas, aussi bien, sans en attendre de larges

Le tableau suivant indique les principales modifications administratives qui affectèrent l'Afrique noire [11].

Sources	Colonies	Dépendances	Fédérations
Ordonnance du 7 sept. 1840	Sénégal et dépendances	Gabon - Côte-d'Or (1843) Rivières du Sud (Boké, Boffa, Benty, 1867)	
Décret du 16 déc. 1883	Sénégal et dépendances Etablissements français du golfe de Guinée	Gabon (commandant) Côte-d'Or, (Grand Bassam et Assinie, résident, 1878)	
Décret du 27 avril 1886	Commissariat du gouvernement dans l'Ouest africain	Gabon (lieutenant-gouverneur) Congo (lieutenant général, 1894) Moyen-Congo (1902) Oubangui-Chari-Tchad (lieutenant-gouverneur, 1906)	
Décret du 1er août 1889	Rivières du Sud (lieutenant-gouverneur)	Etablissements du golfe de Bénin (résident) Etablissement de la Côte-d'Or (résident)	
Décret du 17 déc. 1891	Guinée française et dépendances	Etablissements français du golfe de Bénin (lieutenant-gouverneur) Côte-d'Ivoire (résident)	
Décret du 10 mars 1893	Guinée française Côte-d'Ivoire Bénin (puis Dahomey le 22 juin 1894)		

Date	Territoires		Gouvernement général
du 16 juin 1895	Guinée (gouverneur) Côte-d'Ivoire (gouverneur) Dahomey (gouverneur) Soudan (lieutenant-gouverneur)		de l'A.O.F.
Décret du 17 oct. 1899	Sénégal (gouverneur-général) Guinée (gouverneur) Côte-d'Ivoire (gouverneur) Dahomey (gouverneur)		Gouvernement général de l'A.O.F.
Décret du 1er oct. 1902	Sénégal (lieutenant-gouverneur) Guinée (lieutenant-gouverneur) Côte-d'Ivoire (lieutenant-gouverneur) Dahomey (lieutenant-gouverneur)		Gouvernement général de l'A.O.F. (gouverneur général)
Décret du 18 oct. 1904	Sénégal (gouverneur général) Guinée (lieutenant-gouverneur) Dahomey (lieutenant-gouverneur) Côte-d'Ivoire (lieutenant-gouverneur) Haut-Sénégal et Niger (lieutenants-gouverneurs)	Territoire de Mauritanie (commissaire du gouverneur général)	Gouverneur général de l'A.O.F. et gouverneur du Sénégal
Décret du 15 janv. 1910	Gabon (1886) Moyen-Congo (1902) Oubangui-Chari-Tchad (1906)		Gouvernement général de l'A.E.F.

compensations : les récriminations qui se produisent en certains cas le démontrent de la façon la plus claire.

« Ces plaintes rétrospectives affectent parfois une autre forme, non moins dangereuse : celle d'une accusation d'abus d'autorité pour des achats à vil prix.

« Il serait superflu d'insister sur la nécessité de mettre fin à des errements qui nuisent à notre prestige et peuvent compromettre des agents de bonne foi et animés des meilleures intentions.

« J'ai donc l'honneur de vous prier de prendre toutes dispositions utiles pour arriver à ce que, dans le plus bref délai possible, 1. : aucun don ne soit reçu, 2. : toute acquisition de quelque importance soit faite dans des conditions ne laissant aucune prise à l'équivoque, et j'entends surtout par là la signature de témoins européens constatant la valeur et le paiement effectif de l'objet.

« Je compte sur le tact de tout le personnel pour la mise en vigueur progressive de ces prescriptions sans heurts ni froissements [12]. »

Il est peu probable que ces prescriptions aient été observées !

Au Congo, les magasiniers étaient parfois incapables de tenir la comptabilité des entrées et sorties, des comptables rectifiaient après coup, sur leurs livres, les trop-perçus, sans rembourser les contribuables ; d'autres ignoraient naïvement la différence entre un actif et un passif. L'incompétence, la malhonnêteté souvent et l'impunité du personnel, le gaspillage du matériel ahurissaient les inspecteurs [13].

En 1914 encore, les deux tiers des administrateurs des colonies n'avaient pas, dans leurs études, dépassé le niveau du baccalauréat. 12 % seulement, entre 1900 et 1914, étaient passés par l'Ecole coloniale dont le concours d'entrée n'était pourtant pas difficile [14].

Si différents qu'ils fussent par leur origine, leur formation, leur fonction, les agents de l'administration se comprenaient par une sorte de complicité secrète qui les animait. Ils avaient tous un appétit de puissance, étaient tous plus ou moins attentifs à leurs intérêts matériels et jouissaient tous, contrairement aux autres Blancs ou aux Noirs, d'une certaine sécurité.

Par appétit de puissance, nous entendons non seulement le besoin de s'affirmer, d'exercer une autorité, d'obtenir une promotion sociale, des honneurs et de la gloire, mais encore le goût de l'aventure, du risque, du jeu. Echapper aux cadres étriqués des bureaux ou des garnisons métropolitaines, œuvrer en pleine brousse, apporter, avec la bonne conscience du néophyte et la condescendance du tuteur, la civilisation à « ses » Noirs réputés infantiles, parader en uniforme, moustaches en crocs sous le casque blanc, rendre la justice aux sujets soumis à l'indigénat, se sentir « roi de la brousse », quelle exaltation dont tant de militaires et de fonctionnaires ont gardé la nostalgie [15] !

L'intérêt matériel, dont les plus élevés en grade évitent de faire état, mais dont les dossiers personnels révèlent souvent l'acuité, le besoin d'argent qui a souvent motivé les vocations coloniales d'agents subalternes apparaissent en filigrane derrière les états de service. D'un Binger [16], discutant âprement ses frais de mission et hanté par l'illusoire pactole des mines d'or, à un Dreyfus [17], petit rédacteur au *Journal officiel,* chargé de famille et couvert de dettes, d'un Beeckmann, officier de cavalerie décavé, à un Gentil, obligé de subvenir aux besoins de ses cinq jeunes sœurs, à un Dolisie [18], également chargé de famille, à un Liotard [19], orphelin sans fortune, etc., tous songeaient à leur établissement futur dans l'Hexagone. Tous propageaient la civilisation en Afrique, la tête tournée vers la France. Ils prenaient, certes, de gros risques et manifestaient un admirable courage. Mais la solde coloniale était le double de la métropolitaine. La vie en brousse ne coûtait presque rien. On était logé, servi par une domesticité presque gratuite. Si les produits importés étaient chers, ceux des marchés indigènes abondaient et pouvaient suffire. Les congés, que l'on prolongeait souvent par des cures à Vichy ou des soins médicaux aux frais de l'Etat, permettaient d'apprécier l'ascension sociale due au séjour en Afrique.

Ces séjours, deux à quatre ans en moyenne, changeaient d'horizon. Si certains gouverneurs ou administrateurs sont restés longtemps au même endroit, le jeu des congés et des avancements, qui habilitaient à occuper ailleurs des postes plus importants, empêchait la plupart des agents de s'enraciner dans la vie locale.

Binger fut gouverneur en titre de la Côte-d'Ivoire
pendant cinquante mois : il en passa trente et un en
France ; cas extrême, sans doute, mais non exceptionnel.

Ce qui, enfin, faisait des fonctionnaires et des agents
blancs des divers services une véritable aristocratie, ce
qui leur fut surtout envié par les colons blancs et par
les collaborateurs noirs qui finirent par y accéder eux
aussi, ce fut leur sécurité. Dans l'Afrique noire précoloniale, on ne connaissait guère la sécurité individuelle.
D'où les solidarités familiales, villageoises ou ethniques.
Le colon blanc était à la merci de nombreuses menaces :
le climat, les difficiles communications, les vols, incen-
dies et sinistres de toutes sortes le plongeaient dans
une perpétuelle inquiétude. Le fonctionnaire était, lui,
assuré du paiement régulier de son traitement, des
secours médicaux disponibles, des voyages gratuits,
d'une pension de retraite. S'il réussissait, il obtenait de
l'avancement et, très tôt, la Légion d'honneur. S'il
échouait, il était mal noté, sans doute ; mais les
mauvaises notes n'ont empêché personne de faire carrière, ni Beeckmann, ni Noirot, ni Dreyfus qui, ayant au
Tonkin emprunté de l'argent à ses subordonnés indigènes, fut radié des cadres à la demande du gouverneur
général Doumer, puis réintégré au Dahomey avec la
bénédiction du même Doumer... Si les refus par la
chancellerie d'accorder la Légion d'honneur aux fonctionnaires proposés par les gouverneurs sont relativement fréquents, les sanctions d'agents blancs dans les
colonies sont rares.

Malgré les rivalités entre civils et militaires, malgré
les dissentiments entre les administrateurs, animés d'un
très exclusif esprit de corps, et les techniciens des
autres services, souvent plus compétents et rétifs au
contrôle des supérieurs dont les décisions pouvaient être
mal fondées, à eux tous, militaires, administrateurs,
agents des services divers, ils étaient la France en
Afrique, ils incarnaient l'honneur national et le pouvoir
et dédaignaient les vulgaires commerçants et colons aux
préoccupations bassement mercantiles.

CHAPITRE II

LES CANDIDATS COLONS

Les colons étaient rares. En 1871 ils étaient à peu près tous groupés au Sénégal, où ces « créoles » avaient également engendré une active classe de métis, citoyens français comme tous les « originaires » des quatre communes de plein exercice[1]. Les Français n'émigraient pas et surtout pas en Afrique noire.

Ce n'était cependant pas une raison pour ne pas coloniser. Dans un ouvrage, *De la colonisation chez les peuples modernes,* dont la première édition, en 1874, passa presque inaperçue, mais dont les suivantes, la deuxième en 1882, la sixième en 1908, firent autorité, l'économiste libéral Paul Leroy-Beaulieu opposa à la conception classique de la colonisation de peuplement celle, moderne, de la colonisation par l'exportation de capitaux et de techniques[2]. Ce faisant, il réconciliait la troisième République et l'idéologie des droits de l'homme avec la colonisation. Il n'était plus question de conquérir et de soumettre des populations étrangères par la force — à la façon de Bismarck en Alsace-Lorraine —, mais de féconder leurs cultures en leur apportant les bienfaits de la civilisation occidentale. Colonisateurs et colonisés en profiteraient également. La France regorgeait de capitaux et ses techniciens, qui avaient collaboré avec le grand Ferdinand de Lesseps, étaient disponibles. Ce type de colonisation pacifique assurerait à la langue et à la culture françaises un rayonnement universel et la France, plus libérale et plus désintéressée que ses rivales, conduirait les populations qui accepteraient sa tutelle à quelque système d'assimilation ou d'association qui respecterait la liberté, l'égalité et la fraternité.

L'appel de Leroy-Beaulieu s'adressait essentiellement aux capitalistes français. On sait qu'ils n'y répondirent pas. Dans son étude sur l'«investissement français dans l'empire colonial[3]», M. Jacques Marseille estime qu'en 1914 les Français avaient investi 45 milliards de francs-or à l'étranger, dont 4 seulement, soit 9%, dans leur empire colonial. Sur ces 4 milliards, 1,6 avait été placé en A.O.F. et en A.E.F., mais les trois quarts de cette somme, soit 1,2 milliard, provenaient de fonds publics, dont les prêts étaient remboursables par les budgets coloniaux. Ces investissements avaient permis de réaliser les grands travaux d'infrastructure, dont les particuliers, qui n'avaient placé que 400 millions, profitaient largement.

Les capitalistes français ne répondirent pas à l'appel de la colonisation moderne. Mais d'autres l'entendirent. Léopold II d'abord, puis la Belgique dont le Congo fut longtemps cité en modèle. Et sans doute auraient-ils pleinement réalisé le programme de Leroy-Beaulieu si le colonisateur avait su, en temps voulu, émanciper ses pupilles et les acheminer vers l'indépendance politique.

En France, ceux auxquels Leroy-Beaulieu ne s'adressait pas, car ils ne possédaient ni capitaux ni compétences techniques, se présentèrent avec beaucoup plus d'ardeur qu'on ne l'a remarqué. Ils réclamèrent des missions, des passages gratuits, des subventions, des concessions territoriales, soit au ministère, soit aux gouverneurs des colonies qui se constituèrent progressivement.

Au ministère, on ne s'en inquiéta pas d'abord. Les concessions avaient toujours été l'affaire des autorités locales. Au Sénégal, le gouverneur Genouille les réglementa encore, sans consulter Paris, par l'arrêté du 5 janvier 1887[4]. Entre 1880 et 1899, pendant la période d'expansion et de création progressive des colonies, les autorités locales furent pratiquement seules compétentes, le ministère rejetant systématiquement sur elles la responsabilité des concessions. Pour nous borner à un exemple, le gouverneur du Dahomey, Ballot — en congé à Paris —, lui ayant transmis la demande de trois jeunes gens désireux de fonder des exploitations agrico-

les, Delcassé répondit, en 1894 : « Je vous laisse le soin
d'y donner telle solution qui vous paraîtra utile... » et, à
propos de dix autres demandes, il le pria « de m'indiquer dans quel sens il y aurait lieu, d'une manière
générale, de répondre aux demandes [5] ».

A examiner les demandes adressées, soit au ministère
qui les renvoyait aux gouverneurs, soit à ces derniers,
on constate d'abord que le rush auquel les autorités
s'attendaient — Paris souhaitant encourager et les
gouverneurs cherchant plutôt à limiter les courants
d'émigration — ne se produisit pas. On est surpris aussi
du soin avec lequel les demandes ont été instruites,
même quand elles émanaient de gens évidemment
dépourvus de compétence ou de fortune : ils furent
néanmoins l'objet d'enquêtes par les préfectures, de
longs rapports des services de travaux publics ou
d'agriculture, de consultations motivées des administrateurs.

Poussés, comme les fonctionnaires, par le goût de
l'aventure, le désir de s'enrichir, l'appétit de puissance,
mais sans autre sécurité que le concours espéré de
l'Etat, les candidats colons invoquèrent souvent la
caution de personnalités métropolitaines dont la légèreté frise l'inconscience. A chaque progrès de l'expansion
correspondaient des projets d'établissements privés. Et
chaque fois, on retrouve les mêmes types.

D'abord les purs, les rêveurs, les naïfs, et les plus
pauvres. Ainsi J. Richaud qui demanda en 1890 à
l'« administration coloniale » les formalités à remplir
pour obtenir une concession au Soudan : « ... en un mot,
je désirerais connaître tout ce que l'administration
réclame de la personne qui demande une concession,
quels sont les avantages qui lui sont offerts, quelle
quantité de terrain accordée ; les frais de transport ;
l'acquisition des instruments aratoires ou d'extraction
de minerai, etc. ». Il annonça qu'il joignait à sa lettre
une enveloppe timbrée à son adresse, dans l'espoir d'une
prompte réponse, mais oublia de la joindre. Dans
d'autres cas, semblables, le ministère renvoya les solliciteurs aux administrations locales des colonies [6].

Une famille de jardiniers-cultivateurs à Béziers, An-
toine Nicolas, vingt-huit ans, sa femme, vingt et un
ans, son frère Louis, vingt-quatre ans, expédièrent le

13 novembre 1892 la même lettre au président de la République et au sous-secrétaire d'Etat aux Colonies. Ils se proposaient dès la fin des hostilités au Dahomey de « prendre une concession de terrain pour la culture de la vigne dans le golfe du Bénin ». Le ministère (Haussmann) transmit au commandant supérieur Dodds[7].

Le jeune Léonce Romand de Nîmes, après une première lettre laissée sans réponse, revint à la charge en limitant à cent mille hectares dans la province de Sinte-Dougou (Fouta-Djalon) sa demande de concession. On lui conseilla de visiter d'abord le pays, puis de préciser ses études personnelles au gouverneur du Soudan et de lui communiquer les plans levés sur le terrain. Une enquête de la préfecture du Gard révéla que Léonce, vingt ans, célibataire, « vit avec son grand-père aveugle et sa mère, séparée de son mari. La petite maison de campagne (mazet) qu'ils habitent appartient à la mère et vaut 4 000 francs. Le jeune homme, de conduite irréprochable, gagne 50 francs par mois chez un marchand de farines ». Le maire de Nîmes s'entremit, convoqua Léonce qui « a déclaré renoncer au moins momentanément à son projet[8] ».

Restèrent sans suite également les projets d'Ernest Alexis Alexandre Berry et de P. Lamarque. Le premier avait réclamé au gouverneur général d'A.O.F. un permis de recherche minière au Soudan. L'enquête de la préfecture de police de Paris révéla que ce célibataire de trente-six ans « est principal locataire d'une maison qu'il sous-loue à son compte en meublé à Paris, rue Bréda, et qu'il est comptable chez M. Foucart, propriétaire d'usines à gaz rue du Rocher ». Berry qui « serait diplômé des Ecoles supérieures d'agriculture de Saint-Bon (Haute-Marne) n'aurait comme ressources que ce que lui rapportent son emploi et son hôtel dont la vente fournirait les premiers fonds nécessaires à l'entreprise qu'il veut tenter. Toutefois on dit qu'il aurait derrière lui quelques commanditaires. Il ne paraît pas s'occuper de politique. L'ensemble des informations prises lui est favorable ».

Le second, P. Lamarque, s'adressa directement à Binger pour savoir si le ministre Guillain accepterait de « céder à une société de capitalistes la construction de la voie ferrée Dahomey-Niger, moyennant l'exploitation de la voie et la propriété de lots de terrains de 20 kilomètres de long sur 10 de profondeur, alternativement à droite et à gauche de la voie ferrée, pour l'établissement de colon [9] ».

Ce Lamarque faisait partie du groupe des rêveurs, moins naïfs peut-être, mais non moins ignorants, qui élaboraient des projets détaillés, recherchaient des patronages parmi les politiciens, envisageaient d'avantageuses spéculations. Le lieutenant-gouverneur du Soudan (Trentinian) rejeta le projet de Verberckmoëns qui réclamait une concession de plus d'un million d'hectares sans fournir de précisions sur les capitaux dont il disposait et en témoignant d'un réel défaut d'information sur le caoutchouc qu'il prétendait exploiter. Même ignorance en ce qui concernait le coton en Guinée en 1902. Bien que recommandé par le vice-président du Sénat au ministre, le jeune Guillaume Vacca vit son projet rejeté car il s'y révélait par trop incompétent [10].

L'homme de lettres et journaliste Laumann, recommandé à Delcassé par le député de l'Yonne, ne l'était pas moins. Il voulait une concession en Guinée pour y cultiver la kola. Le long mémoire qui accompagnait sa demande fut transmis à Ballay qui procéda, dans sa lettre au ministre du 19 novembre 1894, à une critique détaillée :

« ... Dans le rapport annexé à sa demande, l'auteur démontre qu'avec une somme totale qu'il fixe à 142 000 F, dépensés dans une période de dix ans, il obtiendra à la fin de la 10e année un revenu annuel de 3 608 000 F, je dis bien trois millions six cent huit mille francs. Il termine en nous demandant une subvention annuelle de 5 000 F. L'intervention de l'Etat me paraît inutile, car tous les capitalistes ouvriront leurs caisses à deux battants et supplieront tous Laumann d'accepter leurs fonds dès qu'ils connaîtront une opération aussi brillante.

« Je crois cependant de mon devoir de relever quelques incertitudes dans le récit de M. Laumann : le kolatier, en effet, ne commence pas à produire à l'âge de cinq ans, mais n'est en plein rapport que vingt ans après sa plantation, et pendant lesquels des soins continus sont nécessaires. La noix de kola ne se vend pas 25 F mais 2,25 F le kg. Il n'est pas possible de cultiver l'arachide entre les arbres pour diminuer les frais. Bref, la culture du kolatier peut donner des résultats rémunérateurs si la vogue obtenue actuellement par ses fruits persiste jusqu'à l'époque éloignée où on pourra récolter. Mais il faut bien se rendre compte qu'il y a là un capital qui restera improductif pendant de longues années, vingt ans au moins pendant lesquels il y aura toujours de nouvelles dépenses. Les besoins n'étant pas illimités, l'abondance des produits amènera d'ailleurs à cette époque une baisse considérable de prix. Cette culture demande en outre les plus grands soins et c'est à des spécialistes qu'elle doit être confiée [11]. »

Les projets de colonisation les plus audacieux et parfois les plus exigeants concernèrent la Guinée. Dès le 26 mai 1882, un Bordelais, P.F. Caquereau, informa par lettres le président de la République, celui du Conseil des ministres (Freycinet), le préfet de la Gironde et le maire de Bordeaux de son désir de fonder une colonie près de Timbo dans le Fouta-Djalon. Il se targua de « nombreuses et hautes adhésions » dont celles du Dr Bayol, de M. Tallon, gouverneur du Sénégal, du lieutenant-colonel Desbordes, de M. Olivier, vicomte de Sanderval, de M. Victor Hugo, des sociétés de géographie de Marseille, Paris, Bordeaux. Il demanda une mission qui lui fut finalement refusée par le directeur des Colonies Dislère. Mais il revint à la charge auprès du président de la Commission des missions scientifiques du ministère de l'Instruction publique, le 13 octobre puis le 6 novembre, annonçant son intention « d'ouvrir une souscription publique et privée en France et en Algérie », et adressa au préfet qui le communiqua au ministre un mémoire de dix grandes pages sur papier à en-tête de l'« Expédition scientifique sous la direction de M. P.F. Caquereau dans l'Afrique centrale ». Invoquant les exemples des « vaillants pionniers de la gloire » de la France, Lambert, Bayol, Olivier, Brazza, il se proposa d'aller de Saint-Louis et de Boké à Timbo, d'y négocier avec l'almamy les concessions de terres à coloniser. Trop pauvre pour subvenir aux frais de l'expédition, il a fait appel « à tous les cœurs vraiment français et patriotiques, au gouvernement, aux sociétés de géographie et de commerce, à la souscription publique. Partout [il a] trouvé des adhésions et des vœux, appuis platoniques», mais, «le gouvernement n'étant pas à la tête de l'œuvre, personne n'a voulu la patroner (*sic*) matériellement». Il demanda une subvention de 100 000 F.

Une enquête du préfet de la Gironde révéla que : «Caquereau, âgé de trente-deux ans, est marié, père de deux enfants. Il vit seul à Bordeaux. Sa femme est fille de chambre à Paris et ses enfants sont élevés par les grands-parents. Le dénommé est représentant de commerce; il n'a pas d'autres moyens d'existence que ses commissions qui sont soumises aux caprices des affaires et dont l'importance n'est jamais bien riche.

«M. Caquereau n'a été l'objet d'aucune remarque défavorable depuis son arrivée à Bordeaux. Il est intelligent et assez instruit. Il paraît honnête. C'est un esprit remuant, actif et aventureux. Le projet d'expédition scientifique et de colonisation dans le Fouta-Djalon, qu'il a formé depuis longtemps, est pour lui un beau rêve, dont il se berce et qui lui donne l'espoir de la fortune et de la renommée. Ci-joint extrait d'un mémoire et d'un article de *La Guyenne* du 27 janvier 1883. »

Cependant, un mois après, le ministre de la Marine annonça à Caquereau que son projet avait été transmis au gouverneur du Sénégal : ce dernier promit le 9 avril 1883 «le concours de l'administration dans les limites indiquées par le département lui-même», c'est-à-dire «toutes facilités sur le territoire soumis à notre domination» — dont, à cette date, le Fouta-Djalon était exclu [12].

L'administration était donc à l'abri des critiques, campagnes de presse ou interpellations qu'auraient pu provoquer l'une ou l'autre des hautes personnalités dont Caquereau invoquait le patronage.

Presque simultanément, en octobre et en novembre 1882, Emile Artaud ouvrit une souscription publique pour une mission d'exploration commerciale du Fouta-Djalon. La liste des souscripteurs «sera publiée par les principaux journaux de Paris et des départements. La clôture en sera très prochaine car, dans le Fouta-Djalon, le Bouré et aux sources du Niger, but de notre voyage, la bonne saison qui va commencer nous oblige à quitter la France fin novembre.

« Nous serions très heureux, Monsieur le Ministre, si vous vouliez bien nous autoriser à vous inscrire parmi les premiers souscripteurs et nous indiquer en même temps pour quelle somme vous désirez figurer... ». Le ministre de l'Instruction publique, Duvau, fut également sollicité. Celui de la Marine répondit : « Le Fouta-Djalon n'appartenant pas à la France, mon département a dû se borner à adresser au gouverneur du Sénégal des instructions pour faciliter la réalisation de vos projets sur tout le territoire soumis à notre domination [13]. »

Après la formation de la colonie de Guinée, les projets se firent plus précis et plus exigeants. L'ancien capitaine de frégate Fiquet, officier de la Légion d'honneur, appuyé par deux députés et deux amiraux, demanda le 5 novembre 1892 au sous-secrétaire d'Etat, Etienne, une vaste concession sur les rives du Rio Compony, pour fonder aux Rivières du Sud, avec les capitaux mis à sa disposition par un groupe d'amis, une exploitation agricole, industrielle et commerciale. Il voulait un monopole de cinquante ans d'exploitation exclusive jusqu'à au moins deux kilomètres des villages et un kilomètre des surfaces cultivées par les indigènes, avec droit de déboiser et de céder les portions de territoire aménagées et mises en valeur. Il offrait un cautionnement de cinq mille francs à la Caisse des dépôts et consignations et réclamait à l'expiration de la concession la propriété personnelle des terres ou forêts aménagées par lui.

Etienne, prudent, ajourna le 11 janvier 1892 sa décision jusqu'au moment où le Parlement se serait prononcé sur les compagnies à charte [14].

La « Compagnie française d'exploitation agricole, industrielle et commerciale des Rivières du Sud », en formation en décembre 1893 pour « mettre en valeur les terrains inoccupés des bassins du Nuñez et du Pongo, s'avancer vers le Fouta-Djalon, faire aimer notre pays, encourager les indigènes », publia une brochure de vingt-deux pages, intéressante parce qu'elle reflète les idées de la colonisation moderne. Elle voulait réaliser « l'union du capital et du travail » et y intéresser les indigènes. Des centres de colonisation agricoles d'environ deux mille hectares, divisés en fermes de cinq cents hectares, seraient créés pour des plantations de café, de cacao, de gomme et de caoutchouc. Sur deux mille hectares, mille deux cents seraient réservés au capital, huit cents au travail. Les familles d'immigrants recevraient des lots de dix hectares, équipés des maisons, de l'outillage, des services communs nécessaires, et seraient assurées de la collaboration d'indigènes dont ils seraient les moniteurs. L'ensemble, organisé selon le principe coopératif, réaliserait des bénéfices considérables. L'affaire n'eut pas de suite [15].

Une « Compagnie française de Compony », créatrice d'une « Colonie française de Charly », réclama au ministère et au gouverneur de Guinée la reconnaissance officielle de ses établissements ; l'enquête ordonnée par le gouverneur Ballay établit qu'il s'agissait d'une affaire frauduleuse [16].

Le petit jeu du gouvernement, qui consistait, pour ne pas s'aliéner les parlementaires, toujours prêts à patronner avec la plus grande légèreté les projets de colonisation, à rejeter sur les gouverneurs, hostiles aux compagnies à charte du type congolais et aux entreprises hasardées, la responsabilité des refus, ne signifie pas l'abandon d'une colonisation de cadres et de capitaux conforme à la doctrine. Mais celle-ci n'aurait pu être conçue qu'à longue échéance et supposait l'adhésion de l'opinion publique. Les investissements massifs, garantis par l'Etat, se seraient en dernière analyse répercutés sur le contribuable. Or la loi de finances de 1900, selon laquelle les colonies devaient se suffire à elles-mêmes, ne permettait que l'action à court terme. Des appuis furent assurés aux entreprises considérées comme sérieuses. Si presque toutes échouèrent, c'est parce qu'elles n'étaient pas en mesure de pallier les accidents de parcours, intempéries, décès, carence de l'indispensable concours indigène, conflits avec l'administration locale. Les principales tentatives concernèrent la Guinée et le Soudan.

Carimantaud, riche propriétaire dans la Nièvre, ingénieur des Arts et Manufactures, membre du conseil d'administration de plusieurs compagnies de transport, demanda en janvier 1896 au gouverneur Ballay une concession exclusive pour la recherche et l'exploitation du fer dans l'île de Konakry, et déposa par ailleurs le projet d'attribution à une société d'exploration de mines d'or, au capital de cinquante millions, d'une concession de trois millions d'hectares autour de Bafoulabé. Ce dernier projet, peu précis, fut abandonné. Quant au fer, le gouverneur général Chaudié, saisi par Ballay, rappela que le décret du 10 août 1896 relatif aux concessions minières ne concernait que le Sénégal et le Soudan. Son extension à l'ensemble de l'A.O.F. était à l'étude. Dès lors, il appartenait à la Guinée de prendre un arrêté local et d'en avertir le département. Ballay, également soucieux de se couvrir, réunit le conseil d'administration qui accorda un permis d'exploration de dix-huit mois sur toute la côte, à l'exclusion de l'île de Konakry dont les roches et les falaises étaient des défenses naturelles et fournissaient les indispensables pierres de taille. Par ailleurs, sur le continent, toute la côte n'était qu'un conglomérat de roches ferrugineuses. Carimantaud obtint encore en avril 1898 une prolongation de deux ans de son monopole. Mais il ne semble pas l'avoir exploitée, les conditions de transport, favorables à Konakry, n'étant pas réunies ailleurs [17].

Même scénario avec le sieur Bazenet qui voulait constituer en avril 1892 une société au capital de deux millions de francs pour exploiter, pendant trente ans, la rive droite du Rio Compony. Fortement appuyé par le député de la Côte-d'Or, Ricard, qui insista plusieurs fois et menaça de porter l'affaire à la tribune en décembre 1894, Bazenet fut reçu par Ballay, en congé à Paris, à propos d'un premier projet portant sur les bois d'ébénisterie. Ballay constata l'ignorance du candidat, car il n'y avait pas de forêts sur le Rio Compony, et lui proposa un voyage d'études qui serait facilité par l'administration. Delcassé approuva évidemment puis envoya pour examen à Ballay en février 1895 le deuxième projet Bazenet. Malgré les interventions répétées de Ricard, l'affaire traîna jusqu'en juillet et se heurta aux exigences du gouverneur qui voulait une visite personnelle du pétitionnaire, une délimitation précise des terres, etc. [18].

*
**

De nombreuses candidatures émanèrent de petites gens qui avaient été en Afrique, au Sénégal et au Niger en particulier : anciens soldats ou marins, anciens ouvriers du chemin de fer, la plupart à l'affût de situations proches de la fonction publique. Quelques-uns, tel M. Basque de Lyon, songeaient à un établissement définitif. Ayant accompli son service militaire à Saint-Louis, Bakel, Médine, Batam, il écrivit au sous-secrétaire d'Etat en septembre 1890 : « ... Je suis habitué au climat et connais à peu près à fond les mœurs et coutumes des indigènes. J'ai même quelques notions de leur idiome. En un mot, mon intention serait d'aller m'y établir pour le reste de mes jours, le climat du Sénégal m'étant plus favorable que celui de France, mais, ne sachant pas à qui faire la demande, j'ai pensé, Monsieur, que vous pourriez me renseigner, vu la haute situation que vous occupez au ministère. »

De même, Dumoulin, conducteur-chef à la Compagnie du chemin de fer de Saint-Louis à Dakar, s'adressa au ministre de la Marine et des Colonies en 1888 : « Connaissant l'importance des relations que vous entretenez dans le Soudan français, je viens, Monsieur le Ministre, solliciter de votre haute bienveillance la faveur de faire partie du personnel du chemin de fer du Haut-Sénégal à titre de chef de gare, chef de train ou tout autre emploi. »

Un employé à la Compagnie du télégraphe de Paris à New York, Bastel, écrivit en 1881 au directeur des Colonies : « En présence des ravages causés par la fièvre jaune dans le personnel des différents services du Sénégal, j'ai l'honneur de solliciter de votre bienveillance mon envoi dans cette colonie au titre que vous jugeriez convenable de m'octroyer... » Un employé des Grands Magasins du Louvre demanda en 1882 un emploi de comptable, etc. [19].

C'est sans doute ce public qu'un aigrefin sollicitait par une circulaire diffusée en 1905 et communiquée à fin d'enquête par le secrétaire général de l'Union coloniale française, Chailley, au ministère. La circulaire expliquait :

« Monsieur,

« Un de nos correspondants de la Côte occidentale d'Afrique nous charge de lui trouver deux personnes très sérieuses et munies d'excellentes références. Conditions indispensables : honnêteté et courage. Le travail, simple, consiste en surveillance des Noirs employés à la Factorerie, en travaux de bureau ou en gérance du magasin de vente au détail aux indigènes. Vous serez logé, nourri, blanchi aux frais de votre patron, vous n'aurez donc aucune dépense à faire, sauf celles concernant vos menus plaisirs. Aucune distinction de nationalité ou de religion n'existe dans la vie commune de la Factorerie. Une discipline assez sévère y règne, tant pour le bon renom moral que commercial. Les frais de voyage aller et retour, du point de l'arrivée au départ, ainsi que les frais médicaux ne sont pas à votre charge. Les voyages sont payés en deuxième classe (chemin de fer ou navires). La durée des engagements est de deux années consécutives. Après ce délai, si vous voulez continuer, il vous est accordé un congé *payé à demi-solde* en Europe, de six mois pour vous reposer.

« Au bout de douze années de bons et loyaux services, il vous sera accordé votre vie durant une pension annuelle et viagère égale à la moitié de votre salaire annuel au moment des douze années expirées.

« Les appointements de début sont de deux cents francs avec augmentation semestrielle de cinquante francs sans préjudice des gratifications, ou, ce qui arrive fréquemment si vous passez chef de Factorerie, vous aurez en plus un pourcentage sur les bénéfices, ce qui permet d'atteindre une situation valant jusqu'à trente mille francs l'an.

« Voici la situation sans tromperie. Si elle vous convient, vous aurez à nous fournir une demande signée par vous et contenant les détails suivants :

« Nom et prénom — adresse — lieu et date de naissance — profession — noms et adresses de vos précédents patrons — sinon fournir deux références au moins — avez-vous des grades universitaires ? — lesquels ? — état de votre santé — avez-vous eu des maladies graves ? — avez-vous fait votre service militaire — régiment ? — grade ? — décorations ? — connaissez-vous des langues étrangères ? — lesquelles ?

« Ces renseignements, avant tout préliminaire, seront très rigoureusement mais discrètement contrôlés. Nous sommes une maison commerciale et non une agence de placement. Nous n'acceptons formellement aucune rétribution. Pour nous couvrir de nos frais de contrôle, votre demande devra être accompagnée de la somme de huit francs, soit en mandat ou bon postal.

«Nous pourrons vous fournir toutes explications complémentaires et même la nomenclature des objets pouvant composer votre équipement colonial.

«Recevez, Monsieur, nos salutations empressées.

«La Caravane coloniale
«55, rue Rennequin, Paris 17ᵉ.»

L'enquête de la préfecture de police révéla que:

«La société "La Caravane coloniale", installée depuis le début du mois de novembre dernier 55, rue Rennequin, est gérée par un sieur Bloch Raoul, âgé de trente-deux à trente-cinq ans environ. Sur la foi d'annonces parues dans divers journaux (notamment: *Le Journal* et *Le Matin*) et offrant dans les colonnes de brillantes situations commerciales, un grand nombre de personnes s'adressent journellement à l'adresse indiquée. Le sieur Bloch leur expose alors, soit par écrit, soit verbalement, les conditions exigées des candidats aux emplois annoncés, et, "sans accepter formellement aucune rétribution", mais pour le couvrir des frais de contrôle nécessaires, leur demande le versement d'une somme de 8 francs.

«Il ne semble pas que "La Caravane coloniale" ait pu, jusqu'à ce jour, placer qui que ce soit par son intermédiaire... [20].»

CHAPITRE III

LES COLONS

Les rares colons qui s'établirent en Afrique avant 1904 recherchèrent d'abord le voisinage des villes, des factoreries, des compagnies de commerce, des voies de communication régulièrement fréquentées. Ils n'allèrent en brousse que pour y trouver de l'or ou pour y exploiter la forêt. Les plantations et les élevages loin des côtes ou des marchés furent exceptionnels.

Comment les créer? D'abord, évidemment, selon la manière traditionnelle. Depuis trois siècles, les commerçants qui fondaient des comptoirs traitaient avec les chefs indigènes et recevaient, pour une durée emphytéotique plus ou moins précise, une concession territoriale. Ils payaient en échange des « coutumes » annuelles ou bisannuelles en nature — tissus, armes, alcools, tabac, etc. — et entretenaient par des « cadeaux » les indispensables bonnes relations avec les Noirs qui leur fournissaient les esclaves, l'huile de palme, les cuirs, l'ivoire, le miel, les autres produits d'exportation et la main-d'œuvre. Ces procédés ne disparurent pas quand la France envoya des administrateurs, mais, de plus en plus, ce fut à ces derniers que les colons, ou les indigènes, demandèrent des concessions. Au cours de la période de flottement qui précéda le décret du 23 octobre 1904 sur le domaine de l'Etat en A.O.F., le ministre renvoya les solliciteurs aux gouverneurs. Ceux-ci procédèrent par arrêtés locaux les grandes concessions dépendant du ministre qui décidait sur avis de la Commission des concessions instituée en 1898[1].

Les gouverneurs exigèrent également, tant pour protéger les indigènes que pour préciser le cadastrage en cours, de ratifier par arrêtés locaux les accords directement conclus entre colons et indigènes. Il y en eut beaucoup[2].

Les gouverneurs s'inspirèrent du principe général du droit français d'après lequel les « terres vacantes et sans maître » étaient du domaine de l'Etat et de la législation sénégalaise. Celle-ci réglementait l'aliénation des terres dans les régions non islamisées qui ne connaissaient pas la propriété privée et où l'administration directe de l'Etat avait succédé à celle des souverains indigènes. Dans les pays protégés les concessions continuaient d'être négociées avec les chefs indigènes, mais devaient être approuvées par l'administration. Un cahier des charges fixait dans chaque cas les conditions d'exploitation auxquelles la concession, d'abord provisoire, devenait définitive après un délai de trois ans. La déchéance était prononcée si ces conditions n'étaient pas remplies[3].

Chaque gouverneur cherchant à conserver la plus grande autonomie, les conditions varièrent d'une colonie à l'autre. En Côte-d'Ivoire les concessions furent tout de suite définitives et gratuites. Ailleurs elles furent d'abord provisoires, puis différemment taxées selon les colonies. Les transferts d'un propriétaire à l'autre donnèrent lieu à des spéculations sur les petites concessions. Ce ne fut qu'avec la réorganisation du gouvernement général, en 1904, que la situation se clarifia. Le décret du 23 octobre réserva, en A.O.F., aux gouverneurs la décision pour les concessions inférieures à deux cents hectares, au gouverneur général pour celles entre deux cents et deux mille hectares, au ministre pour les plus grandes[4]. Les procédures d'aliénation, de publicité, de mutation et de retrait furent strictement réglementées par arrêtés des divers gouverneurs. Le tableau suivant des principaux arrêtés locaux antérieurs à 1904 donne une idée de l'imprécision et des divergences des concessions dans les divers territoires où une réglementation fut esquissée.

On pourrait, semble-t-il, procéder à une étude précise de l'appropriation des terres. Mais, pour abondante qu'elle soit, la documentation est trompeuse. Les délais réglementaires entre concessions provisoires et défini-

CONCESSIONS ANTÉRIEURES À 1904 EN A.O.F.

Sources		Concession provisoire		Concession définitive
		Durée	Redevance	
Sénégal : arrêté du 5 janv. 1887 (*Moniteur*, 13 janv. 1887)	Français	3 ans	Gratuit dans l'île de Sor Taxe locale ailleurs	Après 3 ans
Guinée : arrêté du 18 janv. 1890 A.N.S.O.M. Guinée, XV, 1 (*Bulletin*, 1894) et arrêté du 14 sept. 1901 (*J.O.*, 1er nov. 1901)		1 an renouvelable	Gratuit puis caution de 6 F par ha et par an depuis 1898	Après 1 an depuis 1901
Dahomey : arrêté du 18 févr. 1890 (*J.O.*, Bénin, 1er mars 1890)	Français et étrangers établis	1 an	Gratuit 100 F par ha et par an	Après 1 an Taxe de 0,01 à 0,10 F par m^2
Côte-d'Ivoire : arrêté du 10 sept. 1893 A.N.S.O.M. Côte-d'Ivoire, XV, 1 a et XV, 7	Français et étrangers	éventuelle	Gratuit	Tout de suite
Soudan : arrêté du 28 déc. 1898 (terrains à bâtir) A.N.S.O.M. Soudan, XIII, 9	Français		Gratuit jusqu'en 1893	Adjudication 0,05 à 0,60 F le m^2
Soudan : arrêté du 28 déc. 1898 (bois et terres) A.N.S.O.M. Soudan, XIII, 9	Français	30 ans de 2 à 7 km des localités	5 F plus 0,15 à 0,50 F par ha et par an	Après 30 ans de plein droit ou achat au prix cadastral
A.O.F. : décret du 23 oct. 1904 (*B.O.C.*, 1904)				Lieutenant-gouverneur jusqu'à 200 ha Gouverneur général jusqu'à 2 000 ha Ministre : plus de 2 000 ha

tives ne sont guère observés. Les dernières se réfèrent
souvent à des concessions provisoires qui ne figurent
pas dans les journaux officiels à leur date. Ou bien par
exemple, à Boké (Guinée), Jacquinot et Fraas reçurent
à titre définitif le 25 avril 1901 une concession gratuite
accordée provisoirement le 28 mars, mais non publiée à
cette date[5]. Les localisations et les superficies sont
parfois imprécises, surtout s'il s'agit de ratifications
d'accords privés avec les chefs indigènes. La distinction
entre les Noirs et les Blancs est souvent malaisée car
les indigènes portent parfois des noms européens. Qui
était, par exemple, Anna Silva Johnson qui obtint à
titre définitif en mai 1901 à Konakry une concession
accordée à titre provisoire en décembre 1897 ? Et se
risquera-t-on à considérer Miss Georges, Miss Suzanne
et Miss Pratt, qui reçurent également à Konakry en
1901 des concessions définitives sans que les provisoires,
vieilles de dix ans, auxquelles elles se référaient soient
enregistrées à leurs dates comme d'authentiques citoyen-
nes britanniques[6] ?

La participation des indigènes fut considérable, mais,
s'ils étaient majoritaires parmi les concessions provisoires, ils le furent aussi parmi les retraits pour
non-exécution des travaux exigés. Leur profession est
rarement indiquée : entrepreneurs, maçons, blanchisseurs,
commerçants. Ils semblent souvent originaires d'une
autre colonie, ce qui pose le problème complexe de la
colonisation interafricaine : l'entrepreneur en construction Boubou Sow[7], qui obtint quatre concessions à
Konakry entre 1892 et 1905, était évidemment sénégalais ; et de même les N'Daye, les Seck, etc. Les Blancs
installés sur place, d'autre part, agissaient soit en leur
nom personnel et spéculaient sur les terrains qu'ils
revendaient après la concession définitive, soit comme
représentants d'acquéreurs européens ou de sociétés.
Ainsi Poisson, titulaire de plusieurs concessions et, par
la suite, représentant la Société cotonnière d'Afrique
occidentale. Qui étaient les Burki, Maillat, Vacher,
Althoff dont les noms reparaissent souvent ? Ils se
groupaient parfois et formaient des sociétés, ou s'asso-
ciaient à des indigènes qui spéculaient comme eux. On
rencontre ainsi Almeida Frères qui se mue en Almeida

Brothers au Dahomey, ou Althoff qui devient Althoff et Meideros.

On pourrait, dans certains cas, reconstituer l'histoire d'un terrain, acquis gratuitement ou à bon compte, revendu à des prix qui ne sont pas indiqués, valorisé par le développement des villes ou des voies de communication. Long et fastidieux travail dont les résultats seraient la plupart du temps douteux.

A s'en tenir aux concessions définitives en A.O.F., on arrive cependant à formuler des conclusions générales sûrement valables. On constate d'abord qu'il n'y eut pas de ruée sur les terres; dans les trois colonies de Côte-d'Ivoire, de Guinée et du Dahomey, nous recensons entre 1890 et 1914 quelque mille deux cent trente-neuf concessions définitives. En tenant compte des autres colonies du groupe, des erreurs possibles, des lotissements massifs et anonymes qui ne permettent pas de personnaliser les titulaires, des acquisitions irrégulières toujours possibles, des accords avec les chefs, non soumis à ratification, bref, même en triplant le chiffre obtenu, ce dernier reste modeste et ne représente qu'une superficie minime. Rien de comparable à ce qui s'est produit par exemple au Kenya, où les Noirs pourront se plaindre d'avoir été frustrés de leurs terres. Les concessions que nous avons recensées se répartissent commes suit :

	De 0 à 1 ha	De 1 à 10 ha	De 10 à 100 ha	De 100 à 200 ha	De plus de 200 ha
Côte-d'Ivoire	183	10	7	2	19
Guinée............	777	33	4	—	—
Dahomey.........	193	7	3	—	1
Totaux.............	1 153	50	14	2	20

On voit que 93,05 % des concessions ont été de petits terrains urbains de moins de un hectare, et que seuls 2,9 % ont dépassé dix hectares.

Si, en deuxième lieu, on s'inquiète de la répartition des concessions définitives entre Blancs et Noirs, on observe que la part de ces derniers est considérable. Elle représente, d'après nos calculs, 44,11 % des concessions au Dahomey, 37,59 % en Guinée, 32,12 % en Côte-d'Ivoire et 38,80 % au Sénégal. On a sans doute exagéré l'importance du fait, souvent allégué par les anthropologues, que les Noirs ne connaissaient pas la propriété privée. Il faudrait, dans chaque cas et en chaque lieu, préciser de quels Noirs on parle. Tous étaient partout propriétaires de leurs cases, de leurs meubles, des objets qu'ils échangeaient et parfois de leurs esclaves. Au point de vue foncier, il est vrai qu'ils ne revendiquent pas, en général, la propriété des terres, pour la raison que la terre abondait et ne valait rien. Ce qui était rare, c'était l'homme, la main-d'œuvre qui, par suite des techniques usitées, devait être collective. Quand les Européens s'établirent sur les côtes, ils valorisèrent la terre et en recherchèrent la propriété. Les accords qu'ils passèrent avec les chefs locaux ne la leur donnèrent pas, juridiquement, au sens occidental du terme ; ils la louaient pour une longue durée, de trente à quatre-vingt-dix-neuf ans en général, moyennant paiement des coutumes et des cadeaux. Ces baux, pour le chef qui disposait ainsi de terres collectives, étaient-ils, en pratique, très différents d'une aliénation ? Et le Noir « évolué » de la côte ne comprit-il pas très vite que certaines terres, valorisées, étaient susceptibles d'appropriation à l'égal des produits du commerce ? S'ils n'avaient pas connu la propriété foncière du modèle occidental, ils ne se seraient pas présentés aux côtés des Blancs pour obtenir des concessions. Ils acquirent des terres quand celles-ci prirent de la valeur et continuèrent à ne pas s'en soucier là où elles n'en avaient pas.

La troisième conclusion concerne les Blancs. On constate en effet, au Dahomey en particulier, une certaine méfiance à l'égard des « étrangers établis », plus fortement taxés que les Français. Mais dans l'ensemble il n'est pas aisé de distinguer le Français de l'étranger. Par ailleurs on note que les concessionnaires blancs isolés étaient souvent moins nombreux que les sociétés. Il s'agit surtout de compagnies de commerce qui ouvraient des comptoirs dans les villes nouvelles. Au Dahomey nous avons recensé cent vingt-cinq concessions à des particuliers, dont quatre-vingt-dix indigènes, et soixante-seize à des sociétés françaises ou étrangères. Il y eut donc trente-cinq particuliers blancs en face de soixante-seize sociétés (cinquante-deux françaises et vingt-quatre étrangères). En Guinée, sur trois cent huit concessions définitives dont cent cinq à des indigènes, accordées entre 1890 et 1904, il y en eut quarante à des étrangers et quarante-cinq à des sociétés.

Enfin, signalons — nous y reviendrons — le problème de la colonisation interafricaine. Il y eut, au cours de cette période, deux groupes de colonies : celles qui exportaient des « évolués », le Sénégal et le Dahomey, et celles qui voyaient s'établir chez elles des Noirs africains non originaires, la Guinée, la Côte-d'Ivoire et le Congo.

*
**

Contrairement aux petites, les grandes concessions ont été souvent et bien étudiées. Nous ne nous y attarderons donc pas, d'autant plus qu'elles n'ont pas augmenté le nombre des colons ; elles les auraient plutôt découragés.

Les compagnies concessionnaires formées en 1899-1900 jouirent de privilèges économiques sur des superficies variant de deux mille à cent quarante mille hectares. Elles devaient être autorisées par le gouvernement. Elles furent l'exception dans la colonisation française. Malgré l'active campagne des doctrinaires de la colonisation moderne, qui souhaitaient, avec Olivier de Sanderval, Etienne, Binger, etc., la création de compagnies à charte sur le modèle britannique ou allemand, auxquelles l'Etat abandonnerait l'administration, le Parlement n'aurait pas admis de renoncer aux droits régaliens. Les privilèges économiques, qui furent accordés, déplaisaient dès lors aux administrateurs trop peu nombreux et trop faibles pour contrôler les agents des compagnies, qui disposaient de puissants appuis au ministère. Les commerçants par ailleurs, exclus du domaine des compagnies, ne partageaient pas la passion des théoriciens dont les sarcasmes contre le manque d'initiative, la bureaucratie, l'incompétence de l'administration endormaient une opinion publique d'ailleurs indifférente.

Si de grandes concessions furent cependant accordées, ce fut à l'incitation du ministre Trouillot qui, reprenant le projet de son prédécesseur Lebon, très lié aux milieux d'affaires, forma la commission consultative chargée par le décret du 16 juillet 1898 d'examiner les demandes et de rédiger le cahier des charges des compagnies. Son successeur, Guillain, accorda ensuite des concessions au Congo. Le Parlement ne fut pas consulté[8].

Guillain n'était pas spécialement lié aux gens d'affaires. Sa décision s'explique par la doctrine de la colonisation moderne, par son incompétence personnelle sur une question dont les bureaux avaient préparé la réponse et par les difficultés qu'éprouvait Brazza pour mettre le Congo en valeur : les subventions de l'Etat faisaient défaut, le succès des compagnies privées dans l'Etat indépendant de Léopold II prouvait que les capitaux investis étaient rentables, les scandaleux abus de ces compagnies ne furent révélés qu'en 1904. On pouvait donc espérer que les quelque quarante énormes concessions accordées par décrets en 1899-1900 le seraient aussi. En fait, dix de ces sociétés ne réussirent pas à se constituer ou disparurent avant 1904. A la fin des concessions trentenaires, il n'en subsistait que six[9]. Les populations de la majeure partie du Congo continuèrent à vivre selon leurs us et coutumes sans que l'impact d'une administration squelettique les influençât profondément[10].

La commission ministérielle émit des avis favorables, en particulier pour deux grandes concessions au Dahomey. Dès 1901 cependant, le ministère décida de refuser toute concession supérieure à dix mille hectares en A.O.F. Les abus révélés par la mission d'enquête de Brazza au Congo en 1905 et le rapport Lanessan à la Chambre, très défavorable aux compagnies, expliquent cette attitude[11]. Les procès-verbaux de la commission ministérielle révèlent l'hostilité de la plupart des gouverneurs ; sur les quelque soixante demandes de grandes concessions en A.O.F. formulées avant 1914, le ministère n'accepta que celle de la Compagnie forestière de l'Afrique française, intéressée à la Côte-d'Ivoire, en 1912[12].

Les compagnies concessionnaires ne colonisèrent pas. Elles n'investirent pas sur place les capitaux néces-

saires à la construction de l'infrastructure et à la
formation des personnels indispensables à toute mise en
valeur. Mais il y eut pis. A la traite pratiquée par les
commerçants, qui n'investissaient pas non plus, mais
qui, par leurs échanges, même inégaux, contribuèrent à
la très lente évolution des sociétés traditionnelles, elles
substituèrent une véritable économie de pillage ;
contraignant l'indigène à exploiter certaines richesses
naturelles — le caoutchouc, l'ivoire, le bois — qu'elles
ne se préoccupaient pas de renouveler, négligeant les
études préalables à l'amélioration des techniques agronomiques, elles exigèrent des profits immédiats que
l'absence de collaboration volontaire et intéressée des
indigènes et la médiocrité du personnel blanc rendaient
aléatoires. Les mesures de protection des indigènes, les
conditions d'exploitation prévues par les cahiers des
charges furent négligées ou mal observées. Sans avantages pour la France, sans bénéfices appréciables pour
la plupart des compagnies, ces prédateurs édifièrent un
système d'exploitation cohérent et dévastateur qui re-
tarda de plus de trente ans une véritable mise en
valeur des régions concédées du Congo et de l'Ou-
bangui-Chari.

La prospection minière ne colonisa pas non plus
l'Afrique noire française. Elle ne concerna que les
Blancs, bien qu'aucun règlement n'en exclût les Noirs.
Elle s'abattit sur eux, sévissant en métropole comme en
Afrique, à la façon d'une épidémie. Le terrain, favorable
à son développement, était constitué par les découvertes
de riches gisements de diamants, d'or et de cuivre au
Transvaal, en Rhodésie et dans l'Etat indépendant.
Pourquoi pas, alors, au Soudan, dont l'or des petites
exploitations indigènes parvenait depuis le Moyen Age
sur le littoral méditerranéen ? C'était peu de chose, sans
doute, mais les orpailleurs n'avaient qu'un outillage
rudimentaire et les mineurs ne creusaient pas profond.
Tous d'ailleurs ne travaillaient qu'en saison sèche [13].
On pouvait donc, en constituant des sociétés par
actions, réunir les capitaux nécessaires à une prospection systématique et à une exploitation moderne. Les

récits qui couraient sur les prodigieux enrichissements d'un Barney-Barnato ou de Cecil Rhodes éperonnaient les candidats à la course au trésor. Les gouverneurs se gardaient de les décourager, et c'est là le dernier élément qui explique la durée de la crise, alors que tout espoir était perdu : chaque permis minier était en effet taxé au bénéfice du budget local, toujours assoiffé. D'où, après l'expiration des délais prévus pour l'exploration ou la recherche, des prolongations, taxées aussi long-temps que les prospecteurs étaient en mesure de payer.

Au ministère on ne se fit pas d'illusions. Jusqu'en 1895 on reçut peu de demandes de prospection ; en l'absence d'une législation précise, les gouverneurs hési-taient à autoriser les recherches. Nous n'avons relevé pour l'ensemble de l'A.O.F., dont trois colonies étaient concernées (Haut-Sénégal et Niger, Côte-d'Ivoire, Gui-née), que vingt-huit permis [14].

Puis le ministère envoya en 1895-1896 sept missions officielles au Sénégal et au Soudan [15]. Leurs rapports servirent à la rédaction du projet de réglementation de l'ingénieur des mines Barrat. Le texte fut ensuite soumis aux gouverneurs de la Guinée et de la Côte-d'Ivoire [16]. Cependant, sur place, des prospecteurs trai-taient avec les indigènes. Archinard, au Soudan, s'impa-tientait et refusait de ratifier les accords conclus entre le docteur Colin et le chef Famélé du Diebedougou en 1888.

Le ministre Lebon, pressé par le gouverneur général, finit par promulguer le 14 août 1896 un décret sur la recherche et l'exploitation des mines au Sénégal et au Soudan [17]. Ses cinquante-cinq articles, inspirés de la réglementation française et des dispositions très géné-rales prises dès 1893 en Côte-d'Ivoire, furent critiqués dès leur publication par l'expert-chimiste A. Mège que le gouverneur général Chaudié avait fait venir d'Alger pour étudier les procédés d'exploitation indigènes. Dès son retour, en août 1896, Mège, dans un long rapport, réclama une meilleure protection des indigènes et s'indigna contre « les spéculateurs de mauvaise foi » qui incitaient « les imprudents de bonne foi à s'intéresser à des entreprises non rentables [18] ».

Le décret, amendé et complété par des articles sur la prospection des régions non encore explorées, fut étendu à la Guinée le 11 décembre 1897, puis, le 6 juillet 1899, un texte définitif, le « décret portant réglementation sur la recherche et l'exploitation des mines dans les colonies et pays de protectorat de l'Afrique continentale autres que l'Algérie et la Tunisie », imposa partout les mêmes procédures [19]. Son application induisit par la suite à des amendements de détail sur les délais, les taxations, les transferts. On peut donc, à partir de 1900 ou de 1901, étudier avec précision l'évolution de la prospection minière.

La réglementation frappe par le souci du détail. Elle évoquait toutes sortes d'abus, tels le cumul par une même société, à l'aide de prête-noms, de plusieurs vastes concessions contiguës, la publication irrégulière des demandes, les conflits éventuels entre concessionnaires ou entre ceux-ci et les indigènes, les garanties offertes par les candidats ou le contrôle de la production.

Pour participer à la course au trésor, il fallait d'abord, dans les « régions ouvertes à l'exploitation », délimitées par un arrêté du gouverneur, obtenir une autorisation personnelle dont la demande supposait une élection de domicile dans la colonie et était affichée. Les fonctionnaires en étaient exclus. Des permis de recherche ou d'exploitation pouvaient ensuite être accordés. Dans les régions, le prospecteur autorisé pouvait obtenir un permis d'exploration sur une superficie beaucoup plus étendue.

Tous les permis étaient taxés. Le permis d'exploration d'une région dont la carte était jointe à la demande, mais qui ne devait pas dépasser cinquante mille hectares — au-delà le gouverneur n'était plus compétent et le ministre statuait —, coûtait 0,05 franc par hectare. Il était accordé pour deux ans, ne pouvait être ni prorogé ni cédé. En cas de succès, le prospecteur avait priorité pour obtenir un permis de recherche ou d'exploitation dans le territoire exploré qui se trouvait désormais classé « région ouverte à l'exploitation ».

Les permis de recherche, autour d'un point géographique indiqué sur le croquis joint à la demande, étaient taxés 0,10 franc par hectare jusqu'à mille hectares, 0,20 franc entre mille et cinq mille hectares, 0,40 franc entre cinq mille et dix mille hectares et

1 franc au-delà. Les demandes, enregistrées à la date et à l'heure du paiement, restaient affichées pendant deux mois. S'il n'y avait pas eu d'opposition, le permis était accordé pour deux ans, renouvelable une fois, moyennant acquittement d'une taxe double de la redevance initiale. Ce permis pouvait être transféré à une autre personne autorisée; l'enregistrement du transfert coûtait 5 % du prix de la cession.

En cas de succès, on pouvait enfin obtenir un permis d'exploitation sur une superficie de vingt-quatre à huit cents hectares et moyennant 2 francs par hectare. L'exploitant devait en outre, à partir de la troisième année, acquitter une redevance de 1 franc par hectare. Son permis, valable pendant vingt-cinq ans, pouvait être renouvelé dans les mêmes conditions, cédé en acquittant un droit d'enregistrement du transfert égal à 5 % du prix de cession. L'exploitant devait tenir un registre d'extraction et un registre de vente, et verser au Trésor un droit dont le taux était fixé chaque année par le gouverneur, mais qui ne devait pas dépasser 5 % de la valeur des minerais extraits.

Les permis de dragage des rivières furent aussi strictement réglementés par un décret du 4 août 1901 qu'une circulaire ministérielle du 1er avril 1902 commenta longuement, et que le gouverneur de la Guinée, seule colonie dont les statistiques douanières firent état d'exportations d'or, jugea bon de reproduire en 1909[20].

Les explorations et les recherches ayant été décevantes, et les revenus des permis s'étant révélés précieux pour les budgets coloniaux, un décret du 22 août 1906 autorisa la prorogation pour deux ans des permis d'exploration, au même tarif, et le renouvellement pour une troisième période de deux ans des permis de recherche « à charge de payer au préalable une somme égale à la taxe afférente à la seconde période de validité ». En 1911, les décrets du 9 juin et du 22 août accordèrent le renouvellement gratuit des permis ayant déjà fait l'objet d'un ou de deux renouvellements et dont la date d'expiration tomberait entre le 1er juillet 1910 et le 30 juin 1913. Le 17 décembre 1913 enfin, un dernier décret accorda le renouvellement gratuit des permis de recherche jusqu'au 1ᵉʳ juillet 1914. A ce moment, la fièvre était tombée[21].

L'épidémie se propagea dans les trois colonies du Sénégal et du Soudan (ou Haut-Sénégal et Niger), de Guinée et de Côte-d'Ivoire, selon un même rythme. Il y eut deux grosses poussées de fièvre correspondant à l'inflation des permis d'exploration et de recherche. Au Sénégal-Soudan, d'après les journaux officiels, nous recensons vingt-deux permis d'exploration, dont un de dragage en 1903, sur un total de vingt-neuf entre 1897 et 1913, et cent trente et un permis de recherche dont onze de dragage sur un total de trois cent soixante-trois. En Guinée, deux cent cinquante-sept permis d'exploration furent délivrés en 1902-1903 sur un total de trois cent vingt-sept entre 1901 et 1913, et mille soixante-treize permis de recherche en 1907 et 1908 sur un total de mille trois cent trois; en Côte-d'Ivoire, où les permis d'exploration furent mieux répartis, il y en eut soixante-dix-sept en 1902, soixante-six en 1908, quarante-trois en 1911, soit cent quatre-vingt-six sur deux cent quatre-vingt-seize entre 1896 et 1913, et six cent trente-sept permis de recherche en 1902 et 1903 sur neuf cent quatre-vingt-quatorze entre 1896 et 1913. Les permis d'exploitation furent beaucoup plus rares: trente-sept en tout dont dix-huit de dragage au Sénégal-Soudan, vingt-cinq dont seize de dragage en Guinée et dix-sept dont cinq de dragage en Côte-d'Ivoire.

La copie ci-après de la première page d'un rapport de la Côte-d'Ivoire rend bien compte à la fois du rush des demandes et de l'intérêt de cette ressource pour la colonie. La faiblesse de l'année 1904 s'explique par la réorganisation du gouvernement général et par l'intervention du ministre et du gouverneur général pour limiter la spéculation[22].

Les quelque quatre mille permis des trois types que nous avons recensés, sans tenir compte des renouvellements, des transferts ou des déchéances, et avec une marge d'erreurs ou d'omissions qui peut atteindre 5 à 10 %, ne représentent évidemment pas quatre mille prospecteurs. Les autorisations allaient en général à des sociétés anonymes dont les actions étaient cotées en bourse. Elles montaient en flèche, puis les cours s'effondraient, ruinant les espérances de nombreux petits-

Côte d'Ivoire.
- Mines -
COPIE

TP 149
dossier 12³   *VU : à classer*

RAPPORT SUR LES CONCESSIONS MINIERES A LA
CÔTE D'IVOIRE

Le tableau suivant montre le mouvement minier pendant les
six dernières années et pendant le 1er trimestre 1908

Nature des permis		1902	1903	1904	1905	1906	1907	1er trimestre 1908
EXPLORATION	Permis demandés	511	71	"	16	34	93	22
	Permis accordés	81	29	"	5	22	24	51
RECHERCHES	Permis demandés	608	168	16	19	10	15	14
	Permis accordés	501	151	17	36	11	16	7
	Permis renouvelés		18	56	3	5	1	4
EXPLOITATION	Permis demandés	"	"	"	I	I	3	"
	Permis accordés	"	"	"	I	"	I	I
TRANSFERTS	Exploitation	"	"	"	"	"	I	"
	Recherches					I	I	6
Sommes acquises à la Colonie		212.908 f;32	369 f:	6 800f:	8 532f,30	11675f,94	16090 f:	22633f,5

bourgeois français qu'elles avaient appâtés. Le plus bel exemple de cette naïveté mêlée au goût du jeu, que flattent aujourd'hui nos loteries nationales, est celui de la Compagnie de l'Ouest africain français, créée en 1908, et dont l'un des fondateurs était l'ancien gouverneur de la Côte-d'Ivoire, devenu directeur d'Afrique au ministère des Colonies, Binger. Sitôt autorisé à prendre sa retraite, ce dernier se lança dans la spéculation. L'action de 100 francs de la Compagnie passa de 325 francs le 16 janvier à 532 le 16 juin, et la part de fondateur de 132 à 271 francs. Il y avait quarante mille parts de fondateurs et trente mille actions. Les six fondateurs titulaires de permis se partagèrent vingt-cinq mille parts. Au cours de la même période, les cours des actions des quatre autres compagnies ou sociétés portées sur un tableau publié par le journal *La Guinée française* baissèrent fortement, d'environ 50 % en moyenne. Le prestige du gouverneur général honoraire Binger dut subir un rude coup quand, par la suite, la Compagnie de l'Ouest africain français, à son tour, s'effondra[23].

Le ministère, souvent alerté par les commentaires de presse ou par les demandes de renseignements, s'inquiéta. A titre d'exemple, écoutons les plaintes de Léon Odobez, employé au Crédit Lyonnais à Lyon :

« Monsieur le Ministre,

« Je viens solliciter de votre bienveillance un renseignement que nul autre ne peut aussi bien que vous me donner.

« Vous me trouverez peut-être bien hardi, mais, après hésitation, je me suis décidé, confiant en votre bonté et votre intégrité.

« Voici :

« J'ai acheté l'an passé des titres de mines d'or de Guinée et Bouré-Siéké pour 15 000 F environ ; *je perds actuellement 10 000 F* sur ces titres. J'ai suivi avec attention votre voyage dans cette contrée, et nulle part je n'ai vu un compte rendu parlant de la richesse d'or de ce pays.

« Vous devez comprendre, plus que tout autre, mon

angoisse et mon inquiétude journalière, veuillez me faire l'honneur d'une réponse et me dire simplement :

« 1. Si les sociétés ci-dessous travaillent réellement en Guinée (l'exploitation devant commencer en octobre, soi-disant).

« 2. S'il y a réellement de l'or à extraire pour faire vivre ces sociétés (renseignement confidentiel).

« Je ne vous demanderai pas de me donner *votre opinion et un conseil,* craignant d'abuser de vos instants, et me bornerai à vous remercier à l'avance de ce que vous voudrez bien me dire, votre parole devant me *réconforter* ou du moins me *fixer.*

« Croyez, Monsieur le Ministre, à mon dévouement respectueux et à la reconnaissance de votre administré

« ...

« Cie minière de Guinée,
du Bouré-Siéké,
de Haute-Guinée,
« Lyonnaise de Haute-Guinée [24]. »

Par courrier urgent, la Direction des affaires politiques et administratives répondit sous la signature du ministre Milliès-Lacroix que « l'administration n'intervient en aucune façon dans les exploitations entreprises par les sociétés de mines en Afrique occidentale. Je ne puis donc vous fournir les indications que vous avez sollicitées [25] ».

Ce n'était pas tout à fait exact. Dès le 5 février 1903, le ministre (Doumergue) avait écrit au gouverneur général (Roume) : « Mon attention a été appelée à diverses reprises sur les inconvénients que présente pour l'opinion publique le manque de renseignements exacts sur le mouvement minier en Afrique occidentale française et particulièrement à la Côte-d'Ivoire.

« Sans pouvoir prétendre enrayer d'une manière absolue les agissements de certaines sociétés financières, l'administration a cependant le devoir de faire tous ses efforts pour mettre les capitaux français en garde contre les entreprises dont l'unique but est la spéculation, bien plutôt que la réelle mise en valeur des richesses minières de la colonie.

« Il importerait par exemple que le public pût trouver à une source officielle des indications non pas seulement sur le nombre des permis miniers demandés et obtenus, mais sur l'usage fait ensuite de ces permis par les titulaires.

« Il conviendrait à cet effet que le journal officiel de la colonie publiât périodiquement une statistique indiquant le nombre de titulaires valablement en possession de permis d'exploration, de recherche ou d'exploitation, le nombre des entreprises ayant effectivement commencé une exploitation et enfin la quantité d'or exporté avec mention si possible de la provenance d'après les derniers renseignements de la douane. De cette façon les intéressés pourraient facilement se rendre compte de l'activité déployée par telle ou telle société et de la sécurité qu'elle peut offrir au point de vue des capitaux à y engager... [26]. »

Roume répondit qu'il était précisément en train d'organiser dans chaque colonie un service de surveillance et de contrôle, puis il suggéra que les informations sur les permis, les transferts et la production fussent également publiées par le journal officiel de la métropole [27].

De fait, à partir de 1904, le *Journal officiel de la République française* inséra périodiquement dans ses livraisons des encarts donnant, par colonie, des « renseignements et statistiques pour lutter contre la spéculation » : des listes des trois types de permis accordés, refusés, renouvelés ou cédés depuis 1900 parurent ainsi le 15 février 1904 [28].

La spéculation n'en continua pas moins. Les listes de titulaires de permis et de sociétés publiées dans les journaux officiels des colonies ou de la métropole ne décourageaient pas les joueurs. Le 24 mars 1908, le ministre (Milliès-Lacroix), inquiet, télégraphia au gouverneur général Ponty pour demander un rapport détaillé sur la situation minière en Guinée et en Côte-d'Ivoire. Le 30, un journal, *L'Action,* publia un article sur « L'Or en Guinée » : « Des notes bienveillantes signalent de temps en temps au public la richesse des mines d'or de la Guinée. On nous apprend par exemple que les nègres, en lavant eux-mêmes les sables aurifères, parviennent à produire, à quatre, 20 francs d'or par jour ; on nous apprend aussi qu'il se trouve dans le sol des poches naturelles, où l'on

rencontre des pépites de grandeur variée. Tout cela est
sans doute vrai, puisqu'on l'imprime, mais reste un peu
trop dans le vague.

« Pour être un peu plus précis, les renseignements
donnés par quelques circulaires ne sont pas beaucoup
plus concluants...

« Il est surprenant que les sociétés qui s'occupent de
ces mines n'aient pas encore publié des documents plus
complets sur les richesses qu'elles pensent posséder. On
ne voit pas quel intérêt elles pourraient avoir à
dissimuler ces renseignements puisque les concessions
ne sauraient plus leur échapper.

« Faut-il supposer que les rapports détaillés ne sont
pas établis à l'heure qu'il est, les prospecteurs étant
encore au travail ? Mais alors, comment engager le
public à acheter des titres dont la valeur est si mal
connue [29] ? »

Ponty répondit au ministre le 15 avril : ayant fait
procéder à des relevés topographiques précis dans les
régions minières communes au Sénégal, à la Guinée et
au Haut-Sénégal-Niger pour éviter les conflits entre
concessionnaires, il s'était aperçu que, dans l'application
du décret de 1899, la jurisprudence variait d'une colonie
à l'autre. Il fit alors élaborer une nouvelle réglementation qui, sous le contrôle d'un comité consultatif permanent de magistrats, d'ingénieurs, d'agents techniques,
aurait centralisé toutes les demandes de concession, les
permis ne pouvant être octroyés que par le gouverneur
général.

Cela aurait certes diminué le nombre des permis,
mais aux dépens des budgets coloniaux et de la relative
autonomie des gouverneurs.

Le projet fut étudié par l'inspecteur général des
travaux publics des colonies qui, dans son rapport,
déjoua la manœuvre centralisatrice de Ponty : « ... En
demandant ce renseignement, M. Milliès-Lacroix désirait se rendre compte si les travaux de prospection, de
recherche et d'exploitation réellement effectués sur
place présentaient une importance aussi grande que
l'indiquaient les comptes rendus publiés par les fondateurs
de nombreuses sociétés minières dans leur prospectus
d'émissions, et étaient en rapport avec l'importance des
capitaux appelés dans ces affaires. M. Ponty, se méprenant

sur le caractère des renseignements demandés par le ministre, a cru qu'ils visaient les interprétations quelque-fois contraires données par les diverses colonies de l'A.O.F. aux textes réglementaires... [30]. »

Le projet de centralisation fut rejeté ; Ponty l'apprit par un télégramme du 5 juin et réagit immédiatement en câblant de Dakar au ministère : « En raison nombre considérable demandes et pour motifs exposés dans lettre n° 756 10 avril dernier, ai décidé suspendre jus-qu'à nouvel ordre délivrance tous permis miniers dans l'A.O.F. » De fait, une poussée de fièvre se manifestait, à laquelle la mesure annoncée mit brutalement fin. Ainsi les permis de recherche et de dragage évoluèrent dans les trois colonies de la façon suivante :

PERMIS DE RECHERCHE MINIÈRE ET D'EXPLOITATION (1896-1913)

Années	Sénégal et Haut-Sénégal-Niger		Guinée		Côte-d'Ivoire	
	Rech.	Exploit.	Rech.	Exploit.	Rech.	Exploit.
1896						
1897					9	
1898	2	1			2	
1899	7	2			2	
1900	6					
1901	4	1			79	
1902	11	6			512	
1903	131	3			125	
1904	12	5	6		63	
1905	4		17		36	1
1906			53		15	
1907	43	1	310		15	3
1908	80		763		30	2
1909	24	4	76	1	20	2
1910	29	2	51	17	47	4
1911	3	11	17	7	9	2
1912	11	1	4		20	
1913			7		10	

Ce tableau, simplifié, révèle bien le caractère spécula-
tif de la recherche. Il y eut deux grandes poussées de
fièvre, en 1902-1904 en Côte-d'Ivoire et au Soudan, en
1908 en Guinée. La recherche ne conduisit pas, la
plupart du temps, à l'exploitation, mais, plus modéré-
ment, elle se poursuivit entre 1920 et 1930, en général
orientée vers d'autres minerais [31].

Les renouvellements prolongés jusqu'en 1914 ne permirent aucune découverte. La plupart des quelque
soixante-dix sociétés minières qui s'étaient constituées
pour exploiter les permis de leurs fondateurs disparurent. Leurs actionnaires n'étaient pas des « capitalistes ». Ces derniers, les grandes banques ou les
industriels connaissaient les rapports d'experts et savaient calculer leurs risques. Ce n'étaient pas non plus
des rentiers, comme les acquéreurs d'emprunts russes,
qui vivaient de leurs revenus. C'étaient plutôt des petits-
bourgeois qui achetaient du rêve ; ils ne plaçaient pas
toutes leurs économies dans les compagnies minières et
savaient en général qu'ils prenaient, ce faisant, des
billets de loterie.

Quant aux indigènes, nul doute qu'ils auraient été
concernés et qu'il y aurait eu des conflits sur la
propriété du sol et du sous-sol, sur les recrutements de
main-d'œuvre, etc., s'il y avait eu des exploitations
industrielles rentables. Ce ne fut pas le cas ; les Noirs
continuèrent en général leur exploitation, avec une
technique rudimentaire, pendant la saison sèche et ne
sollicitèrent pas de concessions qui exigeaient des
capitaux relativement importants.

Ces colons blancs fixés sur le sol africain, combien
étaient-ils ? On ne peut pas donner de chiffre rigoureusement précis parce que les différentes statistiques sont
souvent incomplètes, ne font pas toujours la distinction
entre le Blanc et le citoyen français de couleur ou entre
le fonctionnaire et le colon. Mais, comme pour toutes les
données chiffrées avant 1920, on peut proposer des
approximations valables.

Pour l'Afrique équatoriale française, un « tableau
comparatif des fonctionnaires, militaires, commerçants

ou colons en résidence en Afrique équatoriale et dans la colonie anglaise de la Gold Coast » recense approximativement en 1914 cinq cent trente-deux commerçants ou colons français et deux cent trente étrangers, pour une population totale approximative de six millions d'âmes [32].

En Afrique occidentale française, la *Situation générale pour l'année 1908* fournit un « recensement approximatif de la population française et étrangère [33] ». Les Français y sont sept mille trois cent quatre-vingt-dix, dont deux mille soixante-dix militaires et marins, et les étrangers européens quatre cent onze. L'extrait suivant (voir p. 62) du tableau de la population européenne par professions est éloquent. Même si le classement en paraît parfois ambigu, l'enseignement et la justice comprenant sans doute une partie des agents qui pourraient figurer dans les fonctions publiques, les « autres » professions libérales et les « divers » comprenant des colons ou des femmes et enfants de colons, la part énorme du Sénégal et la très forte majorité des commerçants sautent aux yeux.

Les poignées de Blancs agglutinés dans les villes, à Saint-Louis, à Dakar, à Konakry, à Grand Bassam, à Porto Novo et à Ouiddah surtout, ou isolés près des postes de brousse, comment pouvaient-ils *coloniser* ?

Il y eut des entreprises particulières qui réussirent. Celles classées sous cette rubrique dans les guides des archives ont la plupart du temps été en difficulté. Les colons qui surent s'adapter et dont les affaires prospérèrent n'ont guère laissé de documents.

L'impression générale donnée par l'étude des dossiers est que l'administration n'aimait pas les colons. C'étaient des gens à histoires. Ils faisaient jouer leurs relations parisiennes, envoyaient parfois des articles malveillants aux journaux métropolitains, se montraient abusivement exigeants quand on leur venait en aide. Ainsi le docteur Colin, protégé par Gallieni, assisté par l'administration pour la création d'un comptoir et d'une plantation, l'acheminement vers le Soudan des tissus de la « Société Flers-Exportation », se fit reconnaître par le chef coutumier du Diebedougou un monopole d'exploitation des mines d'or, se mêla de politique en esquissant un projet d'intervention auprès de Samori, critiqua

POPULATION FRANÇAISE

Colonies	Agriculture	Mines	Industries	Transports	Commerce	Fonctions publiques							Professions libérales				Divers et sans profession
						Armée de terre	Armée de mer	Affaires indigènes	Douanes	Postes	Travaux publics	Administrations locales	Cultes	Justice	Enseignement	Autres	
Sénégal	25	–	117	122	1 404	1 230	60	86	48	185	104	279	31	45	53	84	356
Guinée française	11	46	4	15	280	69	–	97	30	27	28	56	19	7	23	19	182
Côte-d'Ivoire	5	15	1	6	198	103	–	92	38	23	19	42	21	4	8	7	71
Dahomey	3	–	5	22	70	6	–	64	19	9	22	40	34	2	10	6	55
Haut-Sénégal et Niger	4	–	–	2	139	309	–	151	2	29	13	83	42	2	14	–	118
Territoire militaire du Niger	–	–	–	–	11	198	–	2	–	2	–	–	–	–	1	4	–
Mauritanie	–	–	–	–	–	95	–	7	–	–	–	–	–	–	–	–	–
Totaux pour l'A.O.F.	48	61	127	167	2 102	2 010	60	499	137	275	186	500	147	60	109	120	782

l'action militaire de Gallieni dans *La Revue française* (décembre 1887) et fut victime du personnel incapable qu'il avait choisi ; son jardinier était malade et ivrogne, son boy incendia par mégarde le magasin bourré de marchandises [34].

Dans le même sens, on peut citer le colon Adam qui, en mars 1896, signa avec le roi Balé Siako un contrat de location à bail pour quatre-vingt-dix-neuf ans de quatre cents hectares, pour 1 000 francs par an plus un cadeau de 100 francs au roi et les frais de palabre. L'administration de la Guinée ratifia ce traité en se réservant la propriété de la rivière qui traversait le terrain où Adam installa une plantation de bananes. Cependant, en mai 1898, ce dernier adressa une plainte au ministre et réclama une révision du contrat, une cession définitive à prix réduit, un moratoire pour les loyers dus. Bayol, s'appuyant sur un rapport de l'agent des cultures de Konakry, répliqua que le terrain était parfaitement impropre à l'exploitation et que les grandes facilités douanières accordées par l'administration — immunité des droits de sortie, détaxe pour l'entrée en France et taxation des importations de bananes en Guinée — étaient vaines, car « ce M. Adam n'a aucune compétence agricole ; il a exporté 500 kg de bananes en 1897, rien en 1898 alors qu'il escomptait un minimum de 250 000 kg. Par ailleurs on ne peut pas forcer les indigènes à vendre à bas prix le terrain loué dans de bonnes conditions ». En dépit de l'insistance d'Adam, Ballay ne céda pas et le ministre en avertit Adam le 13 décembre 1898 [35].

L'isonaudra-percha est une liane dont la gomme servait au revêtement des fils télégraphiques. En février 1891, le Pr Heckel, de l'université de Marseille, signala au sous-secrétaire d'Etat l'intérêt qu'il y aurait à cultiver cette plante, non seulement en Algérie, où des essais étaient en cours, mais en Afrique noire. A son défaut, le karité, dont Bayol avait parcouru les forêts au temps de sa mission avec Gallieni (1883), pourrait aussi être utilisé. Le ministre du Commerce, alerté, chargea la Direction des postes et télégraphes d'une mission pour choisir les terrains de plantations éventuelles. Son titulaire, Serullas, passa en 1893 à Dubreka, Assinie et Konakry. Le secrétaire général de

Guinée, Cousturier, fit mettre en réserve ou tout de suite concéder à la Direction des postes les terrains favorables, mais dès mars 1894 les Postes déclarèrent se désintéresser des plantations dont l'entretien incomberait à la colonie. Le commis des postes, Rouyer, qui arriva en septembre 1893 avec quatre-vingts plants, commença par contester le choix des terrains, puis il fit planter ses arbustes dont un commis des affaires indigènes fut censé s'occuper. Ce dernier cependant avertit la Direction parisienne des Postes qu'il renonçait à cette tâche (avril 1894), et les plantations dépérirent jusqu'au jour où Ballay récupéra les terrains concédés, en septembre 1896, avec l'accord du sous-secrétaire d'Etat aux Postes et Télégraphes.

Les frais des deux missions (Rouyer toucha 3 500 francs) furent ainsi gaspillés; lorsqu'on s'interroge sur les raisons de cet échec, on en arrive à penser qu'aucune des trois administrations parisiennes ou guinéenne ne se passionna pour une expérience dont elle n'avait pas eu l'initiative [36] !

Le préfet honoraire Bluzet, ayant obtenu du ministère une mission en Guinée, s'embarqua en compagnie d'un contremaître briquetier et soudeur en janvier 1900 pour Konakry. Son rapport, en mai, constatait qu'on importait des briques d'Europe alors que l'argile nécessaire existait sur place et que l'on pourrait aisément installer une briqueterie dont les produits s'exporteraient en Côte-d'Ivoire et au Sierra Leone. Il suggéra également l'implantation de l'électricité dans la colonie et l'amélioration de la récolte du caoutchouc. Par la suite, Bluzet négocia avec le ministre et le gouverneur pour créer une industrie d'exploitation du palétuvier, dont le tanin s'exporterait bien. Il obtint finalement par l'arrêté du gouverneur Cousturier du 16 décembre 1901 un droit d'exploitation. Celle-ci ne semble pas avoir été couronnée de succès, la main-d'œuvre pour l'écorçage des palétuviers n'étant pas facile à recruter [37].

Gaston Méry était un colon méritant. Le lieutenant-gouverneur du Soudan, Trentinian, estimait qu'on lui devait « la création d'un commencement de commerce français à Tombouctou ». Il y possédait deux maisons et avait ouvert un comptoir à Kayes. Mais il était « d'un caractère si difficile et violent qu'il s'était fait, au

Soudan comme ailleurs, beaucoup d'ennemis». Rien
d'étonnant à ce que Trentinian, qui le protégeait, se fût
adressé à lui pour développer l'autrucherie fondée à
Tombouctou, en 1896, avec vingt et un animaux auxquels s'ajoutèrent quatre jeunes autruches acquises en
1897. A la fin de cette année, il en restait seize, les
autres étant mortes de maladie ou par accident.

L'affaire remontait non à l'envoi au ministère dès
août 1894 de la brochure de Forest *L'Autruche, son
utilité, son élevage,* ni à l'intérêt manifesté par des
sociétés savantes, d'acclimatation ou de géographie,
mais à une délibération du conseil général de la Seine.
Ce dernier constatait le 14 décembre 1895 que le
commerce des plumes d'autruche s'était considérablement développé, atteignait un chiffre d'affaires de plus
de 100 millions, était depuis 1870 aux mains des
Anglais. Il souhaitait le développement de cet élevage
tant en Algérie qu'au Soudan où deux parcs furent
créés l'année suivante « aux frais du budget local ».
Pour celui de Tombouctou, Méry passa avec la colonie
un contrat que nous n'avons pas retrouvé.

Les difficultés naquirent du caractère de Méry, de
l'hostilité du commandant de cercle, le capitaine Rou-
get, et des autruches qui s'enfuyaient quand elles
n'étaient pas entravées, s'effrayaient à la vue d'un
chien, refusaient de couver lorsqu'on ne leur assurait
pas un calme absolu dans un parc trop exigu. Après la
mort de Méry en 1897, sa veuve se plaignit dans une
lettre du 20 juillet 1898 :

« Je sais que mon mari, dans une colère, a tué trois
autruches et qu'il a proféré des menaces contre le corps
d'occupation de Tombouctou. Ces faits sont fort répréhensibles, mais sait-on par quoi ils avaient été provo-
qués ? En rentrant de voyage, il trouva son magasin
vide de tout ce qu'il y avait laissé, son fils avait joué et
perdu de fortes sommes contre officiers et canonniers
abusant de sa jeunesse, ou lui avaient fait conclure des
achats frauduleux, ainsi un cheval réformé de spahis à
750 F, etc.

« M. le Commandant de cercle refusa de donner à
mon mari un terrain convenable pour ses autruches ; il
en avait trente-deux dans ses cours, elles entraient
partout, avalant des bouteilles d'absinthe, des douzaines

de mouchoirs. Ses colères étaient rapportées, on en
faisait des gorges chaudes au cercle, tous les jours on
imaginait un nouveau moyen de les provoquer. Enfin, il
fut défendu aux Noirs de lui porter de l'herbe pour les
nourrir, sous peine de cinquante coups de corde. J'ai
tout cela écrit de sa main. C'est alors qu'il en tua trois,
et partit, puis mourut. »

Sa succession fut, selon de nombreux témoignages,
liquidée dans les plus mauvaises conditions. Malgré
la générosité d'un commanditaire qui renonça à ses
15 000 francs en faveur de la veuve, celle-ci, cardiaque,
se trouva dans la misère avec un jeune enfant. De
Toulouse elle réclama vainement justice; les enquêtes,
contradictoires, n'aboutirent qu'en avril 1908 à un refus
de toute indemnité. Elle avait entre-temps refusé le
bureau de tabac que le ministre Lebon lui avait obtenu,
parce qu'il ne rapportait que 12 000 francs au lieu des
15 000 qui lui étaient nécessaires.

Dans cette lamentable histoire, on retrouve toujours
le même défaut fondamental : l'absence d'un investissement suffisant et d'un responsable de haut niveau,
appliquant une politique à longue échéance. Le reste,
c'est-à-dire l'hostilité du commandant de cercle et les
mauvais caractères, tant de Méry que des autruches, ce
sont des bavures [38].

Par la suite, on se contenta de surveiller cette
ressource. Un arrêté du 16 juillet 1913 interdit dans
toute l'étendue de l'A.O.F. la chasse de l'autruche et sa
capture, son exportation hors du territoire français, le
ramassage, la circulation et le commerce des œufs. Les
autruches ne devaient circuler qu'accompagnées d'un
laisser-passer indiquant leur origine et leur destination.
Et les animaux domestiques devaient être déclarés dans
les six mois et inscrits sur un registre spécial, en
mentionnant leur origine et leur destination.

L'affaire des moulins de Koulikoro témoigne de la
même insuffisance d'études préalables. On s'aperçut, dès
1893, que le blé était cultivé dans les environs de
Tombouctou. Plusieurs rapports en signalèrent la prospérité entre 1898 et 1900. Le colonel de Trentinian créa
une minoterie en 1897. Mais la farine se désagrégeait
mal, faute d'un outillage convenable. On importa donc
trois moulins Pitter et Bramford, grâce auxquels on

escompta une notable diminution des importations de farines françaises. L'échec fut imputé à l'insuffisance du matériel, à l'inadaptation du personnel et aux avaries du blé mal stocké. On fit alors venir des moulins plus perfectionnés. La farine n'en fermenta pas moins. Un troisième outillage ne résolut pas le problème de la conservation de la farine, qui aurait exigé la construction de greniers spéciaux. Les récoltes, en outre, étaient aléatoires ; on escomptait trois cents tonnes de blé pour 1901. On n'en moissonna que trente sur les bords du lac Faguibine. Les prix de revient étaient très supérieurs à ceux des farines importées. Malgré l'avis du gouverneur général Ballay, qui souhaitait une ultime expérience, les moulins furent supprimés. Il aurait fallu commencer par s'informer sur les totaux annuels des récoltes et par construire des silos [39].

Il arrivait aussi que l'administration elle-même fît concurrence aux colons. Ainsi en octobre 1900 un fabricant de glace, Méjane, informa le ministère qu'il désirait s'installer à Kayes. L'artillerie coloniale y fournissait la clientèle privée. Si un colon y créait une industrie en état de produire au même prix de la glace de qualité équivalente, il faudrait que le service public renonçât à vendre à des particuliers. Il en avait été ainsi au Soudan même pour la boulangerie. Le ministère cependant refusa tout engagement de l'artillerie coloniale qui devait rester libre de la conduite à suivre le jour où un colon fabriquerait de la glace [40].

CHAPITRE IV

LES LIMITES
DE LA COLONISATION BLANCHE

La colonisation moderne supposait des capitaux et des cadres permanents de techniciens éprouvés. Nous avons vu qu'ils ont fait défaut. Mais eussent-ils été abondants que la colonisation n'aurait pas progressé plus vite. Il lui fallait aussi la collaboration des indigènes, que la doctrine présupposait : puisqu'on leur apportait les bienfaits de la civilisation, pourquoi l'auraient-ils refusée ? Les Blancs seuls ne pouvaient pas assurer la paix avec une armée sans soldats, organiser le pays avec une administration sans commis, le mettre en valeur avec une agriculture et une industrie sans ouvriers. La question cruciale au cours de cette longue période d'implantation impérialiste, entre 1885 environ et 1914, fut celle de la main-d'œuvre.

On comptait à Paris sur un recrutement local aisé. A défaut de volontaires, on pouvait recourir à la contrainte. On n'y manqua pas. Mais c'était un pis-aller. Les travailleurs forcés travaillaient mal. Les porteurs désertaient. Les artisans indigènes ignoraient les techniques élémentaires de l'Occident ; il n'y avait pas de scieurs de long, souvent pas de briques cuites, etc.

Les doctrinaires vantèrent alors les mérites de l'impôt de capitation. Outre qu'il fournirait aux budgets coloniaux les moyens d'entreprendre les travaux indispensables d'infrastructure, il obligerait l'indigène à travailler pour s'en acquitter. Mais l'administration n'était en mesure, ni d'informer les population sur l'utilisation de l'impôt, ni surtout de le percevoir équitablement. Les recensements des populations étaient approximatifs, et les tournées pour lever l'impôt s'apparentaient souvent, aux yeux de l'indigène, à des expéditions de pillage.

On se référa aussi aux besoins nouveaux que la civilisation ferait naître et que le travail seul permettrait de satisfaire. N'avait-on pas vu, en Afrique du Sud, des Noirs quitter leurs villages pour venir, par milliers, travailler dans les mines et gagner de quoi payer le fusil qu'ils convoitaient ? Mais on oubliait que, sitôt le fusil acquis, l'ouvrier regagnait son village à des centaines de kilomètres de la mine, de sorte qu'il devenait difficile de former une main-d'œuvre rentable et stable. Des études détaillées et bien localisées sur la diffusion de la cuvette en émail, des pagnes d'importation, de la bicyclette, de la machine à coudre, voire, beaucoup plus tard et de nos jours encore, du transistor permettraient sans doute de mesurer une certaine forme passive de résistance au progrès blanc, dont on n'adopta pas d'emblée les produits, et confirmeraient qu'en Afrique comme ailleurs les mentalités évoluent beaucoup plus lentement que les techniques.

Alors, tout en recourant à la mauvaise mais unique solution de la contrainte, en attendant d'avoir formé sur place une main-d'œuvre disponible, on rechercha des travailleurs hors d'Afrique. On songea d'abord à la main-d'œuvre pénitenciaire.

Il y avait à Paris une Société générale pour le patronage des libérés, présidée par le sénateur Bérenger. Elle accueillait dans un asile les condamnés qui sortaient de prison et s'occupait de les placer. Elle patronna ainsi mille cinq cent quarante-sept hommes et cent cinq femmes en 1887. Et elle en plaça trois cent soixante-deux dans l'armée, cent seize dans diverses entreprises françaises et vingt-neuf à l'étranger ou dans les colonies. En 1886, la société négocia l'envoi de trois anciens militaires au Soudan. Le commandant supérieur, Archinard, autorisé par le sous-secrétaire d'Etat, les accueillit ; le ministère paya 75 francs par homme à la société pour l'équipement et le voyage à Bordeaux où ils furent embarqués. Archinard promit à chacun 2 francs par jour au moins, 5 au plus. L'expérience fut positive ; le rapport du 19 octobre 1886 envisagea de la prolonger : « On trouverait ainsi, dans des conditions très économiques, des travailleurs dont la présence sur les chantiers diminuerait sensiblement les fatigues imposées à nos soldats dans le haut fleuve. J'ajouterai qu'afin d'encourager ces hommes à se fixer ultérieurement dans le pays et à y coloniser, on pourrait leur accorder des concessions de terrain et leur faire don des graines nécessaires à leurs plantations. »

En 1888 on en expédia dix, dont six n'avaient été condamnés qu'à moins d'un mois de prison pour outrage à agent, vagabondage ou violence : trois jardiniers, un mécanicien, un couvreur, un maçon, un briquetier, un charpentier-menuisier et un ouvrier en fer forgé, un ex-employé des contributions indirectes qui avait, lui, fait trois ans de prison.

La plupart de ces gens furent renvoyés, tombèrent malades, moururent, et l'expérience ne fut pas poursuivie au-delà de 1890[1]. Si les libérés ne s'acclimataient pas, pourquoi ne pas transporter en Afrique des condamnés aux travaux forcés que l'activité dans un milieu nouveau régénérerait ? L'idée était ancienne. Après l'échec relatif de l'établissement à Libreville, en 1849, des esclaves saisis sur le bateau négrier *Elizia* et libérés au Sénégal, le ministre (Abbatucci) suggéra en 1854 la création d'un pénitencier au Gabon. Le gouverneur du Sénégal et dépendances (Protet) s'enthousiasma ; il vanta la salubrité du climat et la fertilité des terres où l'activité des forçats ouvrirait la voie à l'immigration. En attendant le rapport sollicité du commandant du Gabon, il déclara qu'à son avis on pourrait expédier d'abord une trentaine de maçons, charpentiers, menuisiers, forgerons, briquetiers et manœuvres chargés de construire le pénitencier. Une centaine de détenus suivraient et s'adonneraient à la culture du caféier, de la canne à sucre, du cotonnier et de l'arachide ; ils exploiteraient les ressources de la colonie en bois et en caoutchouc, élèveraient des bestiaux. Soumis à une discipline inspirée de celle de la Guyane, paternellement endoctrinés par les missionnaires, ils renaîtraient à une vie nouvelle : « Je crois, conclut-il, que ces natures déviées se redresseront, que ces cœurs pervertis s'épureront sous la double influence de notre religion, de ses Saints ministres et du travail. »

Le rapport du commandant dut rappeler que les Blancs s'adaptaient mal au climat et ne pouvaient fournir plus d'efforts que les « apathiques » Gabonais. Le commandant du Gabon, où les Blancs de la garnison peuplaient les infirmeries, dut manquer d'enthousiasme [2] ; mais il y avait des forçats de couleur, habitués aux tropiques. Bayol, gouverneur en mission spéciale dans les Rivières du Sud, sans doute impressionné par les qualités des Chinois engagés pour les travaux publics du Haut-Sénégal en 1881-1884, sollicita en 1887 du sous-secrétaire d'Etat non l'organisation définitive d'un pénitencier, mais l'envoi au Gabon de quelques condamnés indiens, indochinois ou chinois : « ... M. le docteur Bayol, disait le rapport du ministre au président de la République, a signalé au Département l'absence de la main-d'œuvre indispensable pour continuer les essais de culture... et a manifesté le désir qu'un certain nombre de condamnés aux travaux forcés, d'origine annamite ou chinoise (de quarante à cinquante pour commencer), soient dirigés sur le Gabon, afin d'y tenter des essais de culture, les individus de cette race étant plus habitués que ceux de la race noire aux travaux de la terre. »

En raison de quoi l'article premier du décret décidait qu'« il pourra être créé au Gabon des établissements pour l'exécution de la peine des travaux forcés. Ces établissements seront spéciaux aux individus d'origine annamite ou chinoise [3] ».

L'expérience fut poursuivie pendant une douzaine d'années. On y décèle toujours les mêmes caractères : manque d'une autorité responsable qui dirige et organise les opérations, improvisations hâtives, rivalités personnelles — en l'espèce entre le gouverneur général de l'Indochine, qui n'avait pas été consulté, et le commissaire du gouvernement au Congo —, et finalement abandon de projets qui auraient peut-être pu aboutir [4].

Le premier convoi débarqua le 12 avril 1888 : quatre-vingt-neuf hommes et six femmes. Quarante hommes moururent avant la fin de l'année. A consulter la liste des noms, on s'aperçoit que quatre d'entre eux avaient plus de cinquante ans, et treize entre quarante et cinquante ans. On n'avait apparemment pas, au départ, choisi les sujets les plus robustes [5].

Par la suite, les arrivées sont signalées de façon irrégulière. En 1895-1896 débarquèrent cinquante-deux Annamites. En 1897, le *Journal officiel* ne signale qu'un transporté annamite[6].

Les constructions de cases et de bâtiments ne commencèrent qu'après leur arrivée[7]. Ils furent donc vraisemblablement entassés dans la prison de Libreville, dont l'inspecteur général Verrier critiqua sévèrement en 1894 l'état lamentable et le mauvais fonctionnement : manque de cuisine et d'« ustensiles » de bouche, alimentation et vêtements insuffisants, comptabilité inexistante car il n'y avait ni régisseur ni comptable ; le directeur de la prison était le commissaire de police qui remplissait aussi les fonctions du ministère public et d'huissier[8].

Les transportés furent, conformément au décret du 4 septembre 1891 sur le régime disciplinaire des établissements de travaux forcés aux colonies, répartis en trois classes. Les mieux notés pouvaient obtenir une concession rurale ou urbaine, provisoire pendant cinq ans, éventuellement définitive ensuite. Les condamnés de deuxième classe étaient employés aux travaux publics ; ceux de troisième classe, affectés à des travaux très pénibles, étaient isolés la nuit, éventuellement « soumis à la boucle simple » et astreints de jour et de nuit à la règle du silence[9].

En 1897, un arrêté précisa que les condamnés placés chez des particuliers avaient droit, en plus du logement, de la nourriture et des soins médicaux, à un salaire de 15 francs dont un cinquième leur était remis, deux cinquièmes allant à leur pécule et les deux autres au budget de l'Etat[10].

Des concessions provisoires furent accordées au Gabon dès 1890. Les journaux officiels signalent six concessions provisoires en 1894, trente-deux en 1896. Il y en eut d'autres. Les concessionnaires recevaient l'outillage (arrosoirs, bêches en fer, houe, sabre d'abattis, râteau), les vêtements (chapeau, chemise, deux vareuses, deux pantalons, une paire de souliers, un sac de toile) et des rations suffisantes pendant les six premiers mois. Ils devaient verser un dépôt de garantie d'au moins 100 francs, et par la suite une rente de 10 à 20 francs par an et par hectare. Les transportés de première et de deuxième classe recevaient un salaire de 0,05 à 0,10 franc par jour; ceux de troisième classe ne pouvaient espérer qu'une légère gratification hebdomadaire[11].

Les promotions ou les rétrogradations d'une classe à l'autre étaient possibles. Les révocations de concessions également. L'étude détaillée de la réglementation donne l'impression qu'elle visait plus à décourager les condamnés qu'à les racheter. Mais, conçue pour l'ensemble des bagnes, elle semble n'avoir pas été très rigoureusement appliquée au Gabon.

A feuilleter les palmarès des concours agricoles, la situation des concessionnaires apparaît en effet beaucoup plus idyllique. Ils obtinrent un grand prix en 1852 et une médaille d'or pour l'élevage des dindons, un autre en 1893 et une médaille d'or pour l'élevage, une autre d'argent pour la vannerie, de nombreuses mentions honorables et les compliments du directeur de l'Intérieur : « Par un beau matin, dit ce dernier, nous nous sommes acheminés entre les haies de frais paysages, aux proches environs de Libreville, vers ces étroites plaines labourées qui permettent à la capitale du Congo de connaître à table des menus moins spartiates, des plaisirs moins monotones que jadis.

« Les concessionnaires annamites, habitants de cette terre promise, nous firent avec une grâce parfaite les honneurs de leur domaine. De case en case, de jardin en jardin, le charme de la surprise allait augmentant. Nous admirions à la fois le soin minutieux apporté à la culture des plantes maraîchères, l'émulation dont témoignaient les essais tentés, la bonne mine de ces chaumières en bambous qui ne dépareraient assurément pas nos campagnes françaises. Nous nous disions que l'avenir de la contrée était peut-être entre les mains de ce peuple de petits hommes habiles à toute œuvre de patience, industrieux, tenaces, que ne rebute jamais l'obstacle, préservés contre les entraînements dangereux par une instinctive sobriété et par l'ambition vivace d'une aisance, fille du travail.

« Combien devons-nous regretter qu'un projet si longtemps caressé, celui de décupler, de centupler même le nombre de ces bras précieux, n'ait pas abouti, que de fâcheuses conjonctures aient renversé l'espoir dont nous

nous bercions d'obtenir de l'obligeance d'une colonie
sœur une part légère de ses éléments de prospérité.
L'Indochine garde jalousement ses pirates captifs comme
le dragon gardait les pommes d'or du jardin des
Hespérides. Nous avons pourtant confiance qu'un jour
viendra où notre rivale d'occasion, mieux éclairée sur
nos besoins, entraînée par des générosités amies, se
montrera plus conciliante et plus communiste [12]. »

Par suite de l'assassinat du président de la République, Carnot, il n'y eut en 1894 ni concours agricole
ni fête du 14 Juillet, mais l'année suivante dix-neuf
Annamites furent primés : « Les cultures maraîchères,
déclara le président du concours, ne laissent rien à
désirer et les marécages de Pyrrha, transformés aujour-
d'hui par les Annamites en jardins potagers, peuvent,
par la diversité et le nombre des légumes, suffire
largement à l'alimentation pendant la saison sèche.
Regrettons toutefois, en passant, que l'exemple donné
par les Annamites n'ait pas été suivi par les
indigènes [13]. »

Il y eut seize lauréats en 1896 et le commissaire
général, accompagné de Mme de Brazza, espéra que les
transportés seraient « les précurseurs de quelques centaines d'Asiatiques qui suivront peut-être un jour volontairement l'impulsion donnée et seront, grâce aux
qualités spéciales de leur race, les plus utiles intermédiaires entre le travail de milliers d'indigènes et la
direction de quelques colons européens intéressés à
leurs exploitations par une large participation aux
bénéfices du capital qu'ils feront produire [14] ».

Le succès des Annamites se confirma : au concours de
1897 on relève, dans la section « animaux de basse-
cour », cinq Annamites sur six primés (de 5 à 20 francs)
et, dans la section « cultures maraîchères », quinze sur
dix-sept (de 5 à 50 francs). Une femme se distingua
dans les deux sections. Il y eut vingt-deux lauréats
annamites en 1898 et quatorze en 1899. A ce moment
le commissaire général Henri de Lamothe, successeur
de Brazza, espéra désarmer l'hostilité de l'Indochine :
« Une quatrième catégorie d'exposants appartient à une
race très nouvellement introduite sur cette terre d'Afrique. Vous avez nommé les Annamites. Je ne m'appesan-
tirai pas sur les conditions de leur venue en ce pays ; si

chez eux ils ont commis des fautes, leur transportation au Congo n'en a pas moins doté la colonie d'une main-d'œuvre intelligente, apte aux travaux les plus délicats, et dont il est à désirer que nos indigènes parviennent à s'approprier l'ingéniosité. Ce que la colonisation pénale par une poignée de ces hommes d'Extrême-Orient a déjà pu produire ici permet d'apprécier les services que rendrait l'introduction d'un certain nombre d'engagés libres de la même race dans les concessions grandes et petites qui vont se partager notre territoire. Malgré la répugnance souvent manifestée de l'administration de l'Indochine à favoriser un exode de nos sujets annamites, M. le Gouverneur général Doumer a bien voulu me promettre, à mon passage à Paris, qu'il ne s'opposerait pas à un essai qui ne dépasserait pas la proportion d'enrôlements annuels de cinq à six cents engagés. On m'a dit que, parmi les nouveaux concessionnaires, il en est qui ont déjà des intérêts en Indochine et se chargeraient volontiers de ce recrutement, tant pour eux que pour leurs confrères. Je souhaite vivement pour ma part que l'expérience en puisse être tentée [15]. »

Brève illusion : d'une part, en effet, les décès des transportés, pour ne plus être signalés, ne durent pas disparaître ; d'autre part, ceux qui avaient réussi ne songeaient cependant qu'à regagner leur patrie. Le cas du jeune condamné politique (ci-contre), libéré en 1896, en fait foi [16] :

Aucune mesure rationnellement planifiée pour recruter des volontaires en Indochine ne fut prise. Un décret supprima le pénitencier de Libreville à partir du 1er janvier 1900 [17].

L'expérience cependant créa parmi les colons une certaine nostalgie. En 1911, le gouverneur général d'A.E.F., Merlin, rêva d'installer au Gabon une main-d'œuvre annamite restreinte et qualifiée, choisie parmi les condamnés politiques ou de droit commun. Ces immigrés enseigneraient aux indigènes, indolents et arriérés, les méthodes de culture du riz, dont la consommation contribuerait à l'amélioration de la race. Les condamnés pourraient jouir d'une remise de peine, mais seraient astreints à résidence et incités à se faire

Nos Matricules	Noms	Ingression au Pénitencier	Dates et motifs de la condamnation	Dates et motifs des condamnations antérieures	Marié, veuf, célibataire, nombre d'enfants	Durée de la peine restant à subir au 14 juillet 1896	Genre de la proposition	Notes et renseignements du Chef de l'Établissement	Notes et avis du Directeur de l'Intérieur
80.	N'Guyen Dinh Quang fils de N'Guyen Dinh Phan et de Tran Thi Nhan. Né en 1860 à Thuong Tong arrt de Nam-than (Tonkin) domicilié au même lieu.	Concessionnaire depuis le 14 juillet 1890.	Condamné le 23 avril 1887 par le Conseil de Guerre d'Hanoï, pour intelligence avec des rebelles armés, dans le but de favoriser leurs entreprises, à Dix ans de travaux forcés et à la dégradation militaire	Néant	Célibataire	Neuf mois et quinze jours	Remise du restant de la peine et de la résidence.	Cet annamite est un travailleur modèle qui possède une très belle concession avec une habitation très bien construite et d'une certaine valeur. — À tous les concours de culture, 1892-1893 et 1895, il concessionnaire a obtenu des récompenses pour ses produits, son élevage et le parfait entretien de son terrain. D'une tenue correcte, d'une conduite sans reproche, malgré une punition de 8 jours de prison, le n° 80 mérite d'être encouragé et même récompensé de la bonne volonté dont il fait preuve depuis son arrivée dans la colonie en 1888. Par son travail, le concessionnaire N'Guyen Dinh Quang s'est acquis une certaine aisance ainsi qu'en témoigne le dépôt à la caisse d'une somme de 50 [illegible] un autre objet chez un commerçant, en prévision de son rapatriement si le Gouvernement lui en accorde la faveur. Le Chef du Dépôt Signé : Lecerne	Avis conforme. Le Directeur de l'Intérieur p. i. Signé : Moran.

Observations de Monsieur le Commissaire Général.

Toutes les observations formulées dans le présent état sont parfaitement justes. J'insiste d'une façon toute particulière pour qu'il soit permis au N° 80 de retourner au Tonkin. — C'est la grâce que je prie le Ministre d'accorder. L'effet moral sera considérable sur des gens qui n'opposent aucune résistance, aucune énergie à la maladie et à la mort, parce qu'ils n'ont plus d'espoir.

Libreville, le 6 Septembre 1895
Le Commissaire Général p. i.
Signé : Dolisie.

Pour copie conforme :
Le Chef du Bureau
de l'Administration pénitentiaire

Paris, le Avril 1976.

accompagner par leur famille. Le gouverneur général
d'Indochine ne répondit pas [18].

En Guinée, Bayol obtint du ministre la création d'un
pénitencier « de condamnés aux travaux forcés d'origine
annamite ou chinoise pour des travaux de routes ou
d'utilité publique à exécuter dans la colonie des Rivières du Sud ». Il ressort d'un rapport de l'inspecteur
Hoarau-Desruisseau sur le pénitencier de Konakry en
1895 que « cet établissement ne fut pas strictement
réservé aux Annamites, dont nous ignorons le nombre ».
Bayol en demanda deux à trois cents en décembre 1890.
A la suite de l'inspection, le gouverneur Cousturier
envoya au ministère une relation détaillée sur le
fonctionnement de l'institution. Les prisonniers devaient
recevoir chaque jour 700 grammes de riz, 0,30 d'huile de
palme, 0,20 de sel et 100 de viande. Ils touchaient une
solde de 0,05 franc par jour, payée à l'expiration de la
peine et soumise à retenues en cas d'indiscipline. A côté
des Annamites et des Noirs, il y avait des condamnés
européens qui recevaient les rations de la troupe, trois
repas quotidiens. Des libérations sous condition étaient
possibles. Les travaux forcés concernaient essentiellement les routes, les débarquements et embarquements
de marchandises, les débroussements et les assainisse-
ments. Les Européens pouvaient être employés selon
leur spécialité [19].

*
**

A défaut de condamnés, on sollicita des immigrants
potentiels. Une Fédération des sociétés alsaciennes et
lorraines de France obtint en 1895 des concessions
territoriales au Dahomey, cinq cents hectares près
d'Alladah, cent quarante-cinq à Ouiddah, etc. Les
concessions cédées par des rois et des propriétaires
indigènes furent reconnues par l'administration et de-
vinrent définitives. Mais la Compagnie agricole du
Dahomey, représentée par un des actifs spéculateurs du
pays, Saudémont, ne paraît pas avoir provoqué d'émigration de cultivateurs des provinces perdues [20].

Le ministère approuva d'autre part le projet du
gouverneur du Sénégal d'établir sur de petites concessions agricoles, le long de la voie ferrée Dakar-Saint-
Louis, des ouvriers piémontais qui avaient travaillé au

chemin de fer ou d'autres émigrants européens. Et le
conseil général de la colonie ouvrit au budget de
1884-1885 un crédit de 5 000 francs pour que « l'Administration puisse venir en aide aux premiers cultivateurs européens, quelle que soit leur nationalité [21] ».

Un autre projet d'immigration italienne fut rejeté par
Lebon en 1897 : l'archiprêtre de la commune de Bellune
avait indiqué au consul de France de Venise que
plusieurs de ses paroissiens « honnêtes et laborieux »,
revenant d'Amérique, se rendraient volontiers au Congo
si l'on y exécutait de grands travaux [22].

Le projet le plus élaboré concerna, en 1898, les
émigrants boers fuyant le Transvaal envahi par les
chercheurs d'or. L'administrateur Rousset, de Brazzaville, avait appris que quatre-vingts familles étaient
arrivées en 1896 dans le Damaraland allemand et dans
les colonies portugaises. Elles venaient avec leur mobilier, leur outillage, leurs troupeaux et obtenaient aisément des concessions gratuites. Rousset pensa que la
France pourrait les attirer au Congo car elles étaient
déçues par la pauvreté du Damaraland et par l'in-
suffisante pacification des territoires portugais. Son
rapport, très détaillé, prévoyait les déplacements, les
subventions et les travaux à effectuer. L'Etat indépendant ayant déjà entrepris des démarches auprès de ces
colons, Rousset s'offrit à faire de même. D'autant plus
que les Boers, dans les veines desquels coulait du sang
français, avaient la haine vivace de tout ce qui était
anglais. « Abrités sous le drapeau tricolore », ils seraient
des auxiliaires précieux de l'œuvre africaine française.
Lebon transmit ce rapport au lieutenant-gouverneur du
Congo, Dolisie, qui ne semble pas y avoir donné suite [23].

Toutes ces tentatives et tous ces projets ne fournirent
pas à la colonisation la main-d'œuvre compétente nécessaire.

Le recrutement d'ouvriers indigènes dans les nouvelles colonies se révéla pratiquement impossible. Les
mentalités évoluant beaucoup moins vite que le progrès
technique, les Noirs, même bien payés, ne trouvaient
pas d'intérêt à travailler sur les chantiers du colonisateur. Il fallut plusieurs décennies pour les habituer à

manier les outils, même élémentaires, qu'on leur
confiait ou pour que les produits d'importation leur
devinssent indispensables. On s'adressa donc aux colonies plus anciennes, où vivaient des Africains familiarisés avec l'«European way of life». Des courants de
migration s'établirent le long de la côte Atlantique. Dès
la création de ses dépendances, en 1843, le Sénégal
fournit au Gabon, aux postes de la Côte-d'Ivoire actuelle,
puis à ceux des Rivières du Sud (Guinée), des laptots
utilisés pour les constructions, les terrassements ou les
docks. Des bâtiments de la marine, le *Loiret,* la *Seudre,*
l'*Ariège,* le *Pourvoyeur,* transportaient matériel et ouvriers et ramenaient ces derniers à l'expiration de leur
engagement. En 1887 par exemple, Brazza confia au
lieutenant de cavalerie Boffard-Coquat, détaché auprès
de lui pour ce service, «un nouveau recrutement de
laptots au Sénégal»: soixante jeunes Sénégalais de
dix-huit à vingt-cinq ans, dont dix aptes à remplir un
emploi d'écrivain, pour deux ans et demi à partir de
l'arrivée au Congo. Répartis en trois classes, à 40, 30 et
25 francs par mois plus la prime d'engagement de 15 à
40 francs, ils recevraient un acte d'engagement indivi-
duel et un livret de solde délivré à Libreville.

Le lieutenant devait en outre acquérir vingt ânesses,
avec trois mois de fourrage par bête, et trois chameaux.
Enfin, «si vous avez le temps, allez au Sierra Leone
acheter deux taureaux et dix-huit vaches jeunes, pour
la reproduction, de petite race, celle qui s'acclimate le
mieux au Gabon, à embarquer sur le paquebot l'*Ariège*
avec trois mois de nourriture». En mars 1888, Brazza
modifia ces instructions, réclamant cent laptots au lieu
de soixante, augmentant les soldes à 50, 40 et 30 francs
et demandant en outre un cheval et deux juments.
Boffard-Coquat paya les vaches, en moyenne 125 francs,
et reçut en 1890 une nouvelle mission de recrutement
de cent vingt-cinq Sénégalais pour les différents postes
de la côte et de l'intérieur [24].

Le Sénégal, lui-même en pleine expansion, était par
ailleurs sollicité par des recruteurs étrangers, pour
l'Etat indépendant du Congo, pour le canal de Panama etc.;
il obtint du ministre Chautemps en 1895 un «décret
réglementant l'émigration hors du Sénégal de travailleurs originaires de la colonie». L'autorisation du

gouverneur général d'A.O.F. devint nécessaire pour toute opération d'émigration, de recrutement et de transport. Les compagnies et agences d'émigration ou de recrutement de tirailleurs pour les colonies ou pays n'appartenant pas à la France ne pourraient être autorisées qu'à titre essentiellement temporaire et après versement d'un cautionnement minimum de 40 000 francs dont étaient dispensés ceux qui agissaient pour le compte et sous la garantie de l'administration d'une colonie française [25]. Mais quatre ans après, quand le successeur de Brazza, Henri de Lamothe, prétendit ouvrir à Dakar un bureau permanent d'émigration, le gouverneur général Chaudié réagit et saisit le ministère: le Sénégal lui-même manquait de bras. Il avait, depuis vingt ans, alimenté toutes les missions, toutes les expéditions (Dahomey, Madagascar, Monteil, Marchand, etc.), les besoins de l'industrie privée, les appétits de la colonisation étrangère. Il disposait à présent d'une population agricole qui, au contact des Européens, s'était résolument tournée vers la culture sédentaire et qui avait le droit de recueillir chez elle le fruit de son travail et de son incorporation à la France. Après arbitrage du ministre, Lamothe reçut cinquante hommes et fut averti que c'était là son dernier contingent [26].

Les étrangers cependant ne se découragèrent pas. Ils organisèrent l'émigration en Gambie de tirailleurs incités à déserter et de paysans. A Bathurst, les recruteurs les engageaient dans la milice de l'Etat indépendant. D'avril à juillet 1894, deux cent cinquante à trois cents hommes auraient ainsi été enlevés au Sénégal. En octobre 1896, l'administrateur de Brazzaville signala de fréquentes désertions de miliciens qui partaient avec armes et bagages. En novembre, Brazza signala qu'un agent nommé Duchon-Doris était chargé de recruter mille deux cents Sénégalais pour l'Etat indépendant. Pour se soustraire aux règlements sur l'émigration, il les faisait passer à Sainte-Marie-de-Bathurst. Il les destinait sans doute à la colonne Dhanis. Fin novembre, le commandant de cercle de Nioro signala les recrutements au Soudan pour l'Etat indépendant, via Bathurst. Les interventions diplomatiques à Bruxelles restèrent vaines, mais les plaintes à Londres aboutirent à la promulgation en Gambie en avril 1897 d'une « Emigrants Protection Ordinance » qui mit fin aux manœuvres des étrangers[27].

Par ailleurs, les recruteurs de la compagnie de Panama concurrençaient les autres et, en 1899, le gouverneur de la Guyane réclama par câblogramme urgent trois cents travailleurs agricoles[28]. On avait pris l'habitude d'engager les gens où on les trouvait, sans trop s'inquiéter de leur statut. En 1884, par exemple, le gérant anglais d'une factorerie à Fernan Vaz écrivit, dans un français inintelligible, au commandant supérieur du Gabon, Pradier. Il avait engagé seize Krouboys et payé leur passage 600 francs. Induits en méfiance par leurs prédécesseurs et mécontents de la façon dont ils étaient traités, tous désertèrent et offrirent à un autre Anglais, d'une factorerie voisine, de travailler chez lui pendant six mois, s'il assurait ensuite leur rapatriement. Ce dernier refusa. L'enseigne de vaisseau Vitoux, « résident provisoire à Mayemba », survint alors et emmena les déserteurs à Loango pour les occuper au service de la colonie en attendant des instructions : « Des travaux pressants tels que le transport d'un magasin en fer, la réparation des maisons, l'achèvement des chemins exigeaient précisément à cette époque une augmentation du personnel. Vitoux avait d'ailleurs demandé l'autorisation d'engager des hommes de peine pour accomplir ces travaux et permettre aux tirailleurs du poste de faire de plus nombreux exercices. » Sur la plainte du gérant qui exigeait le remboursement de ses 600 francs — « Je pense ceci : cette affaire est indigne du gouvernement français et si je suis non payé, j'écrirai à... M. le Ministre de la Marine et des Colonies... » —, Pradier le remboursa et retint les 600 francs sur la solde des déserteurs qui furent employés au même tarif que les Kroumen du Gabon[29].

Le contrôle des recrutements et de l'émigration devint urgent. Sur le modèle du décret sénégalais de 1895, le Congo, puis la Côte-d'Ivoire et la Guinée publièrent en 1901 et en 1903 des réglementations qui exigeaient une autorisation officielle, une caution ou un passeport de 100 francs par individu et interdisaient l'émigration des indigènes. En Côte-d'Ivoire, un arrêté centralisa en 1909 toutes les opérations d'embarquement et de débar-

quement dans le port de Tabou, à l'exclusion de tout
autre, et rappela aux recruteurs autorisés qu'ils devaient verser une caution de 100 francs par individu[30].

En dehors du Sénégal, le principal marché, international, des travailleurs noirs fut celui des Krous du
Libéria. Ces populations de pêcheurs, échelonnées le
long des lagunes qui bordent la côte, étaient très
habiles à franchir la barre. Leurs pirogues, tout au long
du XIXe siècle, bondirent vers les bateaux des Blancs,
ancrés au large, pour faire du commerce ou pour offrir
leurs services. Les jeunes gens, moins onéreux que les
mousses blancs, aidaient ensuite aux débarquements au
Gabon, y servaient comme canotiers et regagnaient leur
pays quand le bateau retournait au Sénégal. En
quelques voyages, ils réunissaient les fonds nécessaires
à la dot de leur fiancée ou à l'achat d'une case : « A
deux milles de la côte, notait en 1875 le capitaine du
Loiret, après avoir doublé le cap des Palmes le
1er novembre, plusieurs pirogues de Kroumen proposant
des engagés demandaient des cadeaux, poudre, étoffes,
rhum pour faire des cadeaux d'adieu. » A défaut de ces
volontaires, il fallut, sur la côte krou, parcourir les
villages importants pour engager des jeunes gens qui
étaient souvent des esclaves loués par leurs maîtres
pour les aider ainsi à se libérer[31].

D'année en année, le recrutement devint cependant
plus difficile. Le capitaine de la *Seudre,* chargé en 1882
de rapatrier quarante-huit hommes et d'en recruter
cinquante-quatre, dut d'abord faire intervenir l'agent
consulaire français, puis envoyer 54 dollars au *shipping
master* pour obtenir les autorisations nécessaires. Il
négocia ensuite à Cap Palmas et dans les villages
environnants de Half Cavally, Biribi, Grand Tabou,
pendant quinze jours, refusant les adolescents trop
faibles, discutant les soldes qui varièrent de 15 à
40 francs par mois. Il ne voulut pas s'engager à fournir
à ces hommes du pain et du riz au lieu de manioc, mais
dut accepter d'emmener deux enfants qui ne seraient
pas payés et seraient nourris sur les rations des
hommes. L'engagement était d'un an, voyage non
compris.

Le capitaine Cornut-Gentille fut envoyé en 1885
recruter sur l'*Ariège* cent cinquante Kroumen pour le

Gabon. Son rapport précise comment, après leur avoir
fait passer une visite médicale, on fixait la solde de
l'engagé et on lui payait un mois d'avance, puis on
enregistrait son nom — ou, si ce dernier paraissait trop
difficile à écrire, son numéro — que l'on gravait sur une
plaque de fer-blanc attachée au cou de l'homme. Des
précautions étaient nécessaires pour empêcher la déser-
tion immédiate de l'engagé dûment payé, mais peut-être
contraint par le chef de village. Dans le scénario du
recrutement, il y a des souvenirs du temps de la traite
des Noirs, de très longs palabres, des méfiances qu'il
fallait dissiper avec des cadeaux, des interventions de
recruteurs noirs. Cornut-Gentille, calculant ses frais
(soldes évidemment exclues) au plus juste, comptait
d'abord le droit de 5 francs par homme versé au
superintendant libérien de Cap Palmas, qui avait délivré le permis, puis 105 francs de cadeaux en espèces,
plus 80 kilos de biscuits et 15 litres d'eau-de-vie [32].

L'*Ariège* opéra d'autres recrutements en 1887, 1888
(cent Kroumen) et 1890. La difficulté croissante vint
non seulement de la méfiance des hommes qui craignaient d'être expédiés à Panama au lieu d'aller, selon
leur tradition, au Gabon, mais aussi de leur répugnance
à être employés à terre. Or, de plus en plus, ce fut pour
des travaux de force qu'on les engagea, «pour le
montage de la canonnière qui doit être livrée prochaine-
ment à Libreville par Claparède et Cie», ou pour les
travaux publics. Dans un long rapport du 18 novembre
1887, l'ingénieur Schlussel, chef du service des travaux
publics, constata que le Krouman était l'élément de
travail le plus avantageux au Gabon. Les Pahouins,
Loangos et autres Gabonais étaient incapables d'un
travail manuel suivi. Les plus instruits devenaient
écrivains, les autres, au mieux, boys ou plantons. Les
constructions du Gabon ont été jusqu'en 1884 l'œuvre
des pénitenciers, des Sénégalais et des Accra. Ces
ouvriers, compte tenu des frais de recrutement et de
rapatriement, coûtaient deux fois plus qu'un ouvrier en
France, mais le Blanc ne pouvait faire qu'un travail de
direction. L'Accra s'était révélé médiocre, incapable de
donner un coup de collier. Le travail des Sénégalais
était satisfaisant, mais un ouvrier sur deux était
ivrogne. Le médiocre progrès de la colonie de 1849 à

1884 s'expliquait par l'insuffisance de leur puissance de travail. Les meilleurs Krous étaient les Wapoos, les Biribis et les Tapous, plus respectueux et moins souvent malades que les autres. Chaque « tribu » exigeait son cuisinier. Lors du recrutement, on faisait soulever par le candidat un haltère de dix kilos à hauteur des épaules, puis au-dessus de la tête, puis descendre à bras déployés à l'horizontale, enfin y rester un certain temps. Chaque mouvement valait 5 francs, la solde mensuelle étant de 20 francs. Les boys (5 francs) et les plus faibles (10 à 15 francs) pouvaient être affectés au four à chaux ou à des terrassements. Les meilleurs procédaient à la construction.

L'auteur s'étendait ensuite sur les avantages du béton aggloméré, puis constatait que le Krouman, surtout si l'on arrivait à le faire séjourner deux ans, était économique. Il revenait à 1,33 franc par jour (solde mensuelle de 20 francs et rations) ; le Sénégalais coûtait de 5,50 à 6,50 francs plus les vivres. Pour des séjours prolongés, il faudrait autoriser la présence des femmes, et donc créer des sortes de villages. Cette dernière remarque explique la note en marge, datée du 26 décembre 1887 : elle constate que le Sénégalais coûtait cher, que le Krouman restait trop peu de temps pour se former et que, par conséquent, il y aurait intérêt à faire venir des Indiens et à les acclimater avec leurs familles[33].

Le Blanc pouvait, à la rigueur, s'activer dans les régions sahéliennes et au Sénégal. Plus au sud, il ne résistait pas au climat. Pour mettre en valeur les immenses territoires tombés sous la domination de la France, il fallait d'abord une main-d'œuvre valable. Ni l'Europe ni l'Asie ne la fournirent. Ce fut à l'Afrique que l'on dut s'adresser pour coloniser l'Afrique, aux Sénégalais ou aux Kroumen du Libéria et de la Côte-d'Ivoire. Ces travailleurs, en général volontaires, permirent au colonisateur blanc d'exercer une activité réduite jusqu'au jour où il réussit à grouper autour de lui, dans les régions récemment occupées, des colonisateurs noirs. Les limites de la colonisation blanche furent celles de la collaboration noire.

SECONDE PARTIE

LES NOIRS

CHAPITRE V

TYPOLOGIE DES NOIRS

L'image du Noir dans les sociétés occidentales a fait l'objet de nombreux travaux[1]. Nous n'avons pas à y revenir ici. Retenons seulement qu'elle a toujours été présente ; non seulement par les contacts soudanais entre Nubiens et Egyptiens, ou sahéliens entre nomades arabes et agriculteurs noirs, mais encore dans l'Occident gréco-romain ou chrétien. Le Noir était familier même à ceux qui ne l'avaient jamais vu, mais qui savaient que Balthazar était l'un des rois mages et qui retrouvaient son effigie aux portails des cathédrales, dans les illustrations des calendriers, dans les musées et dans la littérature. Celle-ci, selon les temps et les lieux, fit du Noir le bon sauvage épanoui au sein d'une nature généreuse, le primitif plus ou moins cannibale, l'esclave, innocente victime, le grand enfant à prendre en tutelle ou le représentant d'une race irrémédiablement inférieure.

Pour bien comprendre comment se sont établis les contacts au cours de l'expansion impérialiste, il faudrait cependant aussi connaître l'image du Blanc dans les sociétés noires. Recherche difficile, mais non impossible si l'on confronte les traditions orales aux écrits des observateurs étrangers depuis le XVe siècle, à ceux des chroniqueurs arabes et aux travaux des spécialistes d'autres sciences humaines, ethnologie, géographie, agronomie, technologie, etc. Les universitaires africains ne s'y sont guère intéressés jusqu'à présent. On partirait des deux zones de contact, sahélienne et océanique, des deux cultures blanches, islamique et chrétienne, et

l'on s'avancerait vers les populations isolées qui reçurent plus ou moins tardivement, par l'intermédiaire
de courtiers noirs, des semences, des outils, des maladies ou des croyances, dont l'origine leur était
inconnue[2].

Deux évidences s'imposent tout de suite. D'abord que,
dans l'Afrique atlantique, la plupart des Noirs n'ont
connu l'existence des Blancs que tardivement. A l'exception des nomades qui, des Etats soudanais plus ou
moins islamisés, prolongeaient jusqu'à la côte leurs
colportages, leurs échanges de bétail ou de sel contre les
grains, le kola, le poisson fumé, ils ignoraient le Blanc
et surtout le Blanc occidental.

Les premiers contacts datent de la découverte portu-
gaise à la fin du XVe siècle et ces contacts restèrent,
pratiquement jusqu'au XIXe siècle, limités aux points où
les Blancs avaient été autorisés à installer des
factoreries[3]. L'ensemble des populations de l'Afrique
française ne connaissait pas d'humanité autre que
noire. Ces Noirs étaient divisés en nombreuses ethnies,
dont les langues, les croyances, les systèmes de parenté
différaient, si bien qu'en dernière analyse la seule
définition que l'on puisse donner de l'ethnie est celle
que Renan proposa pour la nation occidentale : le
sentiment, la conscience individuelle, la volonté d'appar-
tenir à une certaine ethnie. Cette conscience se fondait
sur l'affirmation de la descendance d'un même ancêtre,
mythique. Et cette volonté exprimait le besoin de
solidarité, de sécurité des membres de sociétés où
l'individu isolé ne pouvait pas subsister. Il avait besoin,
pour se protéger contre les calamités naturelles et
contre les entreprises humaines de voisins normalement
hostiles et cruels, du concours des siens, de sa famille,
de son village, de son ethnie. Tourné vers le passé,
respectueux des traditions qui lui avaient été révélées
au cours d'initiations successives, il était englobé dans
un univers régi par les forces religieuses dont la stricte
observance des rites et des interdits assurait l'équilibre
sacré.

Ces sociétés noires, repliées sur elles-mêmes, n'étaient
pas systématiquement hostiles à l'étranger, surtout
lorsque ce dernier se montrait amical. Et c'est là la
seconde évidence qui s'impose. Les populations, peu

denses, de l'Afrique atlantique, qui, en général, tournaient le dos à l'Océan, considéré par certaines comme le séjour des morts, n'avaient pas de raison de craindre ces Blancs qui surgissaient de la mer, les bras chargés de cadeaux. Même ceux qui ne voyaient pas en eux les âmes réincarnées de leurs ancêtres les utilisèrent souvent comme une ethnie, dont l'alliance, dans certains cas, pouvait leur être précieuse et dont les activités pouvaient être partagées. A cette collaboration initiale s'ajouta, plus tard, la participation des Noirs de la côte à la pénétration, puis à l'administration des colonies.

Cependant, s'il n'y eut pas d'hostilité de principe, celle-ci se manifesta dans l'arrière-pays quand les Blancs se muèrent en conquérants et quand à une fructueuse collaboration se substitua une domination brutale. A côté du Blanc respectueux des accords qui l'autorisaient à s'établir et des palabres où se discutaient les termes des échanges, apparut alors le « commandant » qui agissait arbitrairement et abusait de sa force.

Sur ce fond bigarré d'ethnies diverses, de genres de vie plus ou moins stables, de slogans qui déformaient les Noirs aux yeux des Blancs et de progressives prises de conscience par les Noirs des virtualités des civilisations étrangères, on peut tenter de classer grossièrement les types d'indigènes auxquels le Blanc fut confronté en Afrique occidentale entre 1870 et 1914.

Le type le plus rare, mais le plus important pour l'étude du contact, est l'acculturé que les documents français qualifient avant 1920 de lettré, par la suite d'évolué. On le rencontrait depuis longtemps, dispersé le long des côtes, commerçant avec les Européens qu'il avait autorisés à construire des factoreries. Il y échangeait l'or, la gomme, le miel, les cuirs, l'ivoire et les esclaves contre les tissus, la bimbeloterie, les armes d'Europe ou les cauris des îles Maldives. Après l'abolition de la traite des Noirs, il se reporta sur l'exportation des oléagineux, arachides au Sénégal et en Gambie, huile de palme ailleurs, puis du caoutchouc au Congo.

Les évolués traitaient d'égal à égal avec les Blancs qui, pratiquement, dépendaient d'eux car ils étaient les maîtres des pistes et contrôlaient les courtiers qui rassemblaient les produits de l'intérieur où les Blancs ne s'aventuraient pas.

Ils se multiplièrent quand le commerce légal de ces produits remplaça la traite des esclaves. Celle-ci exigeait de gros moyens et était pratiquement monopolisée par les chefs coutumiers qui négociaient avec les négriers blancs. A ces chefs, aux « seniores » camerounais ou nigériens, qui n'hésitèrent pas à solliciter le protectorat britannique pour maintenir leur position dominante (Douala, 1884), s'opposèrent de nouveaux trafiquants d'huile, les « juniores [4] ». Au Dahomey, les « Brésiliens » vivaient fastueusement, à la manière européenne, et le roi Toffa de Porto Novo joua la carte française contre son cousin, Glélé d'Abomey. Les plus avancés et les plus nombreux de ces « lettrés » étaient les créoles du Sénégal, qui dominaient les communes de plein exercice (Saint-Louis, Gorée, Rufisque) et le conseil général [4].

Le caractère fondamental de ces acculturés n'est cependant pas qu'ils savaient lire et qu'ils parlaient français. C'est qu'ils avaient délibérément fait un choix. Ils souhaitaient accélérer l'évolution qui leur semblait pousser l'Afrique vers une civilisation occidentale dont les techniques étaient supérieures à celles de leurs traditions et dont l'esprit, chrétien, musulman ou humaniste, leur semblait conciliable avec leurs façons de penser. On peut distinguer deux courants, deux nuances parmi ces convertis à l'Occident. Les uns entendaient l'assimilation à la manière des Français de 1848 à 1900 environ. Ils étaient citoyens français dans les quatre communes du Sénégal, ils aspiraient à la naturalisation ailleurs, et les plus importants « Brésiliens » du Dahomey, les Xavier Béraud, Féraud, da Silva, etc., y parvinrent. Ils se distinguèrent volontiers de la masse inculte et se considéraient comme l'élite pionnière sur la voie du progrès. Les membres des « Jeunesses » sénégalaise ou dahoméenne invoquèrent la « mère patrie » en 1914 et furent volontaires pour aller combattre en France pendant la Première Guerre mondiale, à condition d'être incorporés dans des unités métropoli-

Sortie
d'une messe de mariage
à Porto Novo.

Le fétiche (A.O.F.).

taines et non dans des régiments de tirailleurs indigènes. Le modèle de ces assimilés fut Blaise Diagne, député du Sénégal, qui obtint en 1916 cette incorporation des citoyens « originaires » des quatre communes. A la même époque, la « Jeunesse de Porto Novo » adressa au lieutenant-gouverneur du Dahomey, Noufflard, une pétition signée de deux cent dix noms — et bientôt de cinq cents — pour obtenir la même faveur : « La France est en guerre avec l'Allemagne. Notre place, à nous, ENFANTS d'adoption, est à ses côtés, sous son DRAPEAU. L'heure qui a sonné, et que nos vœux veulent glorieuse, est pour nous aussi un appel de devoir filial. Nous y répondrons en nous mettant à la disposition de la Grande Patrie. Nous offrons à la France toutes les forces vives de notre ardente jeunesse, jusqu'au sacrifice. Qu'Elle nous accueille dans les rangs de ses soldats [5]. »

Dans un rapport de septembre 1915, Noufflard insista sur cette condition : comme les Sénégalais, « la jeunesse instruite du Bas-Dahomey considère les régiments de tirailleurs comme étant composés de sauvages (Baribas, Bambaras, Toucouleurs, etc.) et marque une répugnance non équivoque à s'enrôler dans les mêmes formations que ces derniers... Tous les originaires de Porto Novo, Cotonou, Ouidah, Grand Popo et la nouvelle ville française de Togo me chargent de vous faire connaître qu'ils seront heureux de pouvoir servir la mère Patrie dans les formations européennes comme les originaires de la Martinique [6] ».

Qu'un Noir comme Diagne pût devenir ministre, jouer un rôle important dans la France métropolitaine, que des Noirs fussent accueillis, sans réactions racistes, dans le pays, où, d'ailleurs, les Antillais les avaient précédés depuis 1848 et où les mariages mixtes n'étaient pas exceptionnels, prouvait que le pari pouvait être gagné. De futurs nationalistes, comme Hunkarin au Dahomey ou Lamine Gueye au Sénégal, l'ont cru. De même, Alioune Diop, adolescent, « condamnait successivement l'esclavage, les griots, la malpropreté à la maison, les préjugés contraires à l'hygiène, la méthode d'enseignement des marabouts, etc. », et, en classe de philosophie, apprit « à aimer les hommes comme des frères, abandonna l'idée de tradition pour celle de progrès [7] ». L'écrivain Birago Diop fut assimilé par le milieu toulousain où il trouva sa femme et sa belle-famille [8]. Le loyalisme des combattants et des anciens combattants de 1914-1918 révélait une francophilie persistante, même parmi les Noirs illettrés dont les enfants se pressèrent, après 1920, aux portes des écoles.

Ce choix se retrouve encore en marge de la conférence de Brazzaville. Parmi les « Points de vue d'intellectuels de l'Afrique centrale », on relève par exemple celui de Jean-Rémy Ayouné qui affirmait la « tendance générale à l'universalisation des civilisations et à l'uniformisation des hommes... Vouloir parquer un esprit par continent ou par région pour respecter des nuances, des saveurs locales, du reste mal définies et difficilement limitables, c'est l'atrophier délibérément... En résumé, nous sommes pour l'extension intégrale en Afrique de la civilisation occidentale. On peut, à la rigueur, restreindre momentanément cette extension pour des raisons pratiques et temporaires nées par exemple des besoins immédiatement à satisfaire. Mais l'extension sans discrimination ne soulève, à notre avis, aucune objection véritable et décisive [9] ».

L'autre courant, plus culturel et qui finit par l'emporter, réunissait ceux qui s'inspiraient de la formule plus tardivement exprimée par M. Léopold Sédar Senghor en 1945 : « Assimiler, non être assimilé [10]. » Sans renier l'héritage culturel africain, dont les expressions artistiques, musicales, littéraires pouvaient enrichir le « cartésianisme » français, ses partisans affirmaient la valeur du « métissage » propre à toutes les grandes civilisations, celles des Nubo-Egyptiens, des Gréco-Romains, des Gallo-Romains, des Anglo-Saxons, des Français, etc. Cette idéologie remonte à Lamine Gueye, à René Maran dont le *Batouala* obtint le prix Goncourt en 1921, se développe magnifiquement sous les plumes d'Aimé Césaire et de Léopold Sédar Senghor, inventeurs du terme de « négritude ». On la rencontre également dans l'œuvre de Fily Dabo Sissoko et dans toute la collection de la revue *Présence africaine* dont Alioune Diop était l'âme [11].

Ces écrivains ont en effet, incontestablement, enrichi la littérature française. Leur inspiration, leur rythme poétique, leur dynamisme et leur ouverture, leur syntaxe et leur vocabulaire lui ont apporté une dimension nouvelle. Cela pose le problème de la possibilité pour un individu de pleinement assimiler plusieurs cultures. Problème qui reçoit autant de solutions qu'il y a d'intéressés, de solutions non généralisables.

Dans tous les cas, le choix a été conscient, et les assimilés, qui s'expriment en français, ont, tout en les valorisant, rejeté les pratiques ancestrales et souhaitent, la main dans la main des colonisateurs, contribuer à orienter vers l'Occident les masses africaines qui les qualifient ironiquement de « nègres blancs ». Ils ne sont pas dans une situation fausse. Ils ont été convertis.

Si le courant métisseur l'a finalement emporté, c'est parce que ces assimilés s'aperçurent que les Français cessaient de croire à l'assimilation intégrale, au sens quarante-huitard du terme, substituaient à l'assimilation intégrale des formules d'association, de communauté, de francophonie qui, en fait, écartaient les assimilés de la direction de la communauté. Ces derniers alors seront tentés de poursuivre seuls l'œuvre de « civilisation » des masses et, tout en valorisant les éléments de négritude assimilables par l'Occident de leur passé, de s'appuyer sur elles pour jouer dans l'autonomie, puis dans l'indépendance politique, le rôle prédominant qui leur revient.

L'évolution individuelle de ces leaders, passant d'une conception à l'autre de l'assimilation, apparaît clairement dans la biographie de la plupart d'entre eux, de MM. Senghor, Houphouët-Boigny, Birago Diop, Mongo Beti, etc., et leur effort pour définir une civilisation et une philosophie du métissage et de l'africanéité se poursuit.

Le deuxième type est celui du collaborant. Ce terme, évidemment, ne doit pas être pris dans le sens du collaborateur en Europe au cours de la Seconde Guerre mondiale. Le collaborant est celui qui assiste le colonisateur, blanc ou noir, sans pour autant renoncer à son identité, sans estimer supérieures à celles des Noirs les manières des Blancs, bref sans se convertir. Souvent illettré, généralement peu instruit, toujours attaché à son ethnie, à son village, à sa famille, il souffre plus qu'il ne jouit de la relative individualisation à laquelle son emploi l'oblige. Relativement libéré des contraintes du milieu coutumier, relativement rattaché à la société occidentale, il ne participe pleinement à aucune des collectivités que sa présence met en rapport.

Il est, la plupart du temps, issu des couches inférieures des hiérarchies coutumières. Sa collaboration au système colonial, presque toujours volontaire, le libère dans une certaine mesure de la domination de l'ancien ou du chef, à l'égard desquels il pouvait éprouver des sentiments comparables à ceux du prolétaire occidental. Mais il retrouve, dans la collaboration, une autre sujétion à l'égard du Blanc. Loyal la plupart du temps, agent double à l'occasion, il est fondamentalement mal à l'aise car il ne peut pas, à l'instar de l'évolué, faire appel au Blanc contre le Blanc, à Paris contre Libreville, aux droits de l'homme et à Victor Hugo contre l'indigénat.

S'il n'a pas délibérément et préalablement adopté la civilisation occidentale, qu'est-ce donc qui l'a poussé à collaborer? Des motifs individuels, sans doute. Mais rappelons d'abord que ce comportement, que l'usage de passer au service du vainqueur après la défaite n'était ni une nouveauté ni, aux yeux des parents, une trahison. Les personnels des Etats noirs précoloniaux n'étaient pas recrutés uniquement au sein de l'ethnie fondatrice de l'Etat. Les tirailleurs n'étaient pas moins respectables que les sofas de Samory. Faut-il invoquer l'obscur appétit de puissance qui sommeille en la plupart des humains, le prestige de l'uniforme et de la fonction qui transformait l'ancien esclave en maître? La raison essentielle de la facilité avec laquelle les colonisateurs trouvèrent toujours autant de collaborants qu'ils voulurent, de miliciens, de laptots, de plantons, de « boys », d'infirmiers, etc., ou, au niveau supérieur, d'interprètes et de chefs de canton, fut cependant, sans doute, la sécurité croissante dont ils jouirent dans cette Afrique où l'individu ne pouvait pas subsister. Le rattachement au monde blanc ouvrait des possibilités multiples d'avenirs diversifiés aux enfants de ceux dont la naissance et le milieu bornaient l'horizon.

Haut fourneau
près de Bamako, Soudan.

Village dahoméen.

Régionalement, ces collaborants se recrutèrent surtout dans les villes et parmi les classes inférieures des sociétés indigènes. On les transférait du Sénégal et du Dahomey, surtout, au Soudan, en Guinée, au Congo. Ils y intervinrent souvent dans les sociétés dites « segmentaires », non urbanisées et dépourvues d'organisations politiques structurées.

Ces marginaux, dont certains s'instruisirent et rejoignirent les acculturés, dont la plupart retournèrent au village et contribuèrent involontairement à l'incubation par les sociétés noires d'éléments de la civilisation occidentale, ont joué un rôle capital. La masse instable de ces subordonnés, qui vont, viennent, changent d'emploi, désertent, se convertissent à l'islam ou au christianisme sans pour autant renoncer à la protection de leur fétiche et aux cérémonies animistes, assura la permanence du contact et l'expansion en tache d'huile de l'Occident dans les milieux coutumiers : un contact non ajusté comme par une charnière bien vissée, mais plutôt incertain comme par une colle susceptible de se dessécher.

*
**

Le dernier type est celui de la masse des paysans noirs [12]. Relativement homogène parce que intimement pénétrée par les croyances animistes, profondément attachée aux us et coutumes ruraux des genres de vie pratiqués depuis toujours, elle était, aussi depuis toujours, habituée aux dominations successives des chefs militaires qui la rançonnaient.

Le paysan était peu concerné par les façons de vivre du Blanc et de l'évolué qui tourbillonnaient autour de lui comme autant de moustiques. Son caractère fondamental semble être la *résistance passive*. Il tolérait le colonisateur comme il avait toléré d'autres maîtres et ne réagissait, subitement, brutalement, qu'aux exigences abusives. Lorsque l'intervention étrangère s'attaquait aux modes de production traditionnels, aux défrichements excessifs, aux feux de brousse, aux fétiches vénérés, lorsqu'elle soutenait quelque ethnie voisine et traditionnellement hostile, la résistance devenait active. C'était alors autant d'explosions, d'abord victorieuses

Chemin de portage (A.E.F.).

Tam Tam Mvouté, Cameroun.

parce que imprévues, puis réprimées, toujours limitées, et sans que jamais une solidarité africaine se dégageât du groupe d'ethnies en révolte et réunît d'une façon générale les Noirs contre les Blancs.

Cette majorité silencieuse était cependant parcourue de tensions internes, de rancunes contre les chefs qui l'exploitaient, souvent avec la bénédiction du Blanc auquel ils s'étaient soumis. Elle évoluait selon un rythme beaucoup plus lent que les autres groupes, mais finalement dans le même sens.

La notion de rythme est essentielle. Elle rejoint d'ailleurs celle du centre moteur et de la périphérie des civilisations. Elles ont leur propre rythme d'évolution, mais elles ne sont jamais absolument immuables. C'est là que l'historien est déçu par l'ethnologue. Ce dernier décrit les formes apparemment immuables des rites et des cérémonies et s'en fait expliquer le sens en interrogeant les vieillards. Il s'inquiète rarement de l'interprétation qu'ils en donnent et qui ne concorderait pas forcément avec celle des anciens. Quant à ces derniers, si attentifs qu'ils soient à respecter les rituels, il est évident que ceux-ci ne peuvent pas avoir la même valeur, le même poids qu'autrefois pour ceux qui utilisent des outils, cultivent des plantes, manient des concepts inconnus dans le passé. Penser et sentir, aimer et souffrir exactement comme un lointain ancêtre en s'abstrayant complètement d'un environnement différent, est-ce vraiment possible ?

Le rythme lent s'est maintenu jusqu'à nos jours dans les régions où le colonisateur n'est guère intervenu. Les populations du Congo méridional ont poursuivi leurs activités traditionnelles en dehors des zones exploitées par les compagnies concessionnaires. Mais dans les régions où la colonisation a brusquement accéléré l'évolution des populations, sans ménagement, sans la subordonner à l'alphabétisation et à un contact intime avec les évolués, les masses, en brousse, se sont trouvées « frustrées » de leurs traditions sécurisantes sans être capables d'adopter immédiatement le rythme accéléré. Les colonisateurs, soucieux de mise en valeur et de rentabilité, n'ont pas été attentifs à ces problèmes d'intégration et les ont légués aux Etats décolonisés. Ces derniers cherchent, en se recommandant d'idéaux

Fileuse, Guerzé-Guinée.

Coiffeuse, Guinée.

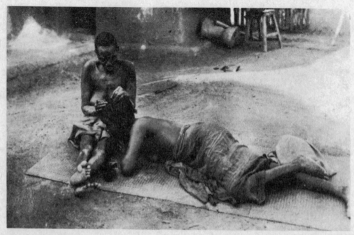

divers, d'origine capitaliste ou socialiste, spirituelle ou matérialiste, un rythme africain propre à la formation de sentiments nationaux. Une évolution semblable dans les cadres étatiques, différents de ceux du partage impérialiste, aurait, dans une plus longue durée, sans doute également intégré l'Afrique au monde occidental. Mais, si remarquables que soient les facultés de l'homme à s'adapter à diverses conditions, il y faut le temps.

On voit que l'histoire de la colonisation ne peut encore être que régionale. On ne saurait distinguer de grandes périodes pour l'ensemble de l'A.O.F. et de l'A.E.F. Ici et là, selon les lieux, on rencontre des pays qui évoluent au rythme lent de la tradition ou au rythme accéléré de la colonisation. Et les erreurs d'appréciation de ceux qui commandent ces rythmes forment jusqu'à nos jours la trame sur laquelle se développe l'histoire événementielle de l'Afrique noire contemporaine.

CHAPITRE VI

ROIS DE LA BROUSSE

I. Les interprètes

Vers 1880, la France exerçait sa souveraineté sur le Sénégal et ses dépendances. Vingt ans plus tard, elle dominait sur un territoire treize fois plus étendu que le sien et sur quelque douze millions d'habitants en A.O.F. et trois millions au Congo. Les administrateurs n'avaient pas de difficultés à opérer dans les villes où étaient groupés les chefs de services et où les rapports étaient aisés avec les indigènes, car il y avait de nombreux lettrés qui savaient le français et coopéraient volontiers. Ainsi, très tôt, on voit des notables sénégalais servir comme interprètes auprès des tribunaux de justice indigènes, puis des affaires politiques. En 1842, Hamat, Noir libre, marchand, lettré, fils du tamsir (chef de la justice et de la religion musulmane) N'Diaye Anne, interprète du gouvernement, fut commissionné comme deuxième interprète, à 30 francs par mois, en raison des services rendus journellement en l'absence de son père. Il devint ensuite lui-même tamsir à Saint-Louis et mourut chevalier de la Légion d'honneur en mai 1879 [1].

Son successeur, Bou El Mogdad, qui obtint, comme secrétaire interprète, une subvention de la Commission des comptoirs pour faire le voyage à La Mecque, « si facile depuis l'occupation d'Alger », et pour accroître son prestige aux yeux des musulmans de Saint-Louis, mourut en 1880, et son décès fut considéré comme « une véritable calamité pour l'administration de la colonie [2] ».

Par la suite, on rencontre constamment de loyaux collaborateurs musulmans, tels Ibrahima, marabout sénégalais « qui peut traduire de l'arabe, du peul, du sarracol et du malinké... Son dévouement, note le capitaine Péroz, au retour d'une mission dans le Ouassalou en 1887, est resté à toute épreuve comme par le passé », ou Alassane Dia que Gallieni fit décorer de la Légion d'honneur et sur la tombe duquel Etienne fit apposer une plaque en 1887 [3].

Mais le « commandant », isolé en brousse, théoriquement tout-puissant, était paralysé s'il ne trouvait pas des coopérants noirs disposés à le renseigner et à exécuter ses décisions. Les plus importants furent les interprètes, c'est-à-dire des gens qui parlent français et une ou plusieurs langues indigènes. Leur rôle fut capital au cours de la période d'expansion et d'établissement. Il décrut ensuite, au fur et à mesure que l'enseignement se développa, multipliant les personnes capables de s'exprimer dans deux langues. Rôle capital parce que le commandant d'une part, les chefs coutumiers de l'autre en étaient souvent réduits à croire ce que disait l'interprète, même si sa traduction n'était pas fidèle.

Les plus nombreux parmi ces interprètes furent toujours les occasionnels, choisis pour le besoin de la cause, rémunérés au gré de l'embaucheur, abandonnés à la fin de l'exploration ou de l'expédition. On les rencontre partout, dans les récits de voyage, dans les rapports administratifs, dans les actes judiciaires, dans les propositions de décoration. Les différentes séries d'archives, les journaux officiels, les annuaires en font mention, sans qu'il soit possible de préciser leur origine, de connaître les divers emplois qu'ils ont remplis avant d'être utilisés comme interprètes, l'avenir de leur famille. Beaucoup furent d'anciens tirailleurs qui baragouinaient le français mais étaient disciplinés. M. Hampaté Bâ, dans son roman admirablement documenté, *L'Etrange Destin de Wangrin,* en décrit plusieurs, Racoutié par exemple, interprète à Bandiagara en 1906 :

> ... L'interprète Racoutié, ce rustique vieux tirailleur aux doigts chargés de bagues d'argent et de cornaline, illettré en français et ignare en arabe, était le second

personnage du cercle et venait immédiatement après le commandant. Parfois même celui-ci dépendait de lui. Il pouvait à volonté monter et démonter les affaires. Qui n'allait pas chez Racoutié était sûr de trouver un malheur sur sa route.

L'époque était, pour Racoutié, tel un riche hivernage. Les pourboires pleuvaient nuit et jour. Chaque nuit des guitaristes et des chanteurs allaient l'égayer. Il mangeait et faisait manger gras. Ses femmes ne savaient plus où mettre leurs bijoux d'ambre, de corail, d'or et d'argent. Ses deux chevaux mangeaient du couscous fin et buvaient du lait. Il possédait un mouton de case qui, dit-on, était son fétiche. Gras comme un porc, l'animal portait aux oreilles deux grosses boucles en or et au cou un collier en perles d'agate rouge.

Wangrin habitait en face de la demeure de l'interprète. Il voyait donc tout ce qui s'y passait et entendait tout ce qui s'y disait.

« ... Je suis Racoutié, ancien sergent de Fantirimori, classe 1885, matricule 6666.

« Je suis présentement l'interprète du commandant. Je suis son œil, son oreille et sa bouche. Chaque jour, je suis le premier et le dernier auxiliaire qu'il voit. Je pénètre dans son bureau à volonté. Je lui parle sans intermédiaire.

« Je suis Racoutié qui s'assied sur un banc en beau bois de caïlcedrat devant la porte du commandant blanc. Qui parmi vous ignore que le commandant a droit de vie et de mort sur nous tous? Que ceux qui l'ignorent sachent que ma bouche, aujourd'hui, Dieu merci, se trouve être la plus proche de l'oreille du commandant [4]. »

Parfois aussi, d'anciens boys instruits par leur maître servirent d'interprètes et finirent par être titularisés. Ainsi Boubou Penda, d'origine servile, engagé comme cuisinier au Sénégal en 1885 par Noirot qui l'emmena en Europe lorsqu'il fut attaché au Commissariat de la section française de l'exposition coloniale d'Anvers et le conserva à ses côtés au Sénégal de 1886 à 1896. Boubou put faire fonction d'interprète au Siné Saloum, mais il paraît avoir sérieusement abusé de la confiance de son chef en Guinée, à Timbo d'abord (1897-1901), puis à Konakry où Noirot, directeur des Affaires indigènes de 1901 à 1905, le fit titulariser en 1901 comme interprète de troisième classe et où il acquit le 1er octobre 1902 une concession de terre gratuite. Il mourut en prison en 1906, ses exactions de Timbo ayant été révélées [5].

On trouve de nombreux exemples de ces interprètes
peu instruits dans le dossier des décorations de 1896 à
1907. Il abonde en propositions favorables à ces agents,
titulaires ou non, dont le dévouement, au cours de
missions, de tournées pour la levée de l'impôt, de
dénonciations de complots, est attesté.

L'importance de l'interprète, dont on ne pouvait
absolument pas se passer, mais dont il était parfois sage
de se méfier, explique que très tôt on se soit préoccupé
de le contrôler et de s'assurer de sa loyauté. Jaurégui-
berry, en décembre 1862, développa et étendit le corps
des interprètes affectés au service judiciaire du Sénégal,
formé en 1860, par un arrêté qui servit de modèle aux
premiers gouverneurs des diverses colonies créées après
1880 :

« Nous, Gouverneur du Sénégal et Dépendances,

« Vu les services chaque jour plus importants que
sont appelés à rendre les interprètes des diverses
langues que parlent les populations placées sous notre
autorité ou avec lesquelles nous entretenons des relations politiques et commerciales d'un haut intérêt ;

« Considérant que l'administration ne peut aujour-
d'hui apporter dans le choix de ces agents toute la
sévérité nécessaire parce que leur organisation ne leur
donne ni des garanties ni une solde susceptible de les
attacher à leur fonction en rémunérant convenablement
leurs services...

« Avons arrêté et arrêtons... [6]. »

Le même souci incita le colonel Dodds à créer dès la
conquête du Dahomey en 1892 un cadre d'interprètes et
à augmenter leurs soldes en 1894 :

« Nous sommes en relations directes avec des populations auxquelles il importe d'inspirer confiance pour les
attirer à nous d'une façon définitive. Il nous faut, pour
nous aider dans cette tâche, des agents zélés, connaissant suffisamment notre langue, et en qui nous puis-
sions avoir une confiance absolue. La première condition
pour arriver à recruter ces agents est de leur faire une
situation sortable et de leur allouer un traitement
supérieur à celui qu'ils pourraient trouver dans le
commerce [7]. »

De fait, les listes d'interprètes publiées à diverses
reprises abondent en représentants des grandes familles

de traitants, les Béraud, Féraud, d'Almeida, da Silva, da Souza, etc. Ils sont onze sur treize mentionnés en 1894 et dix-huit sur les vingt-deux du tableau de 1899 [8].

Cette méfiance persista et se lit en filigrane dans toute la réglementation. En A.E.F., en 1912 encore, le gouverneur général Merlin, auquel son remplaçant avait soumis un projet de réglementation, opinait :

« Ils ne sont pas recommandables ; beaucoup d'entre eux ne désirent pas qu'un Européen entre en contact direct avec des indigènes susceptibles de révéler des faits qu'ils entendent dissimuler. Ils s'efforcent alors de troubler les investigations et d'écarter des témoignages gênants, c'est pourquoi, lorsqu'on le peut (*sic*), c'est de se priver de leurs services, d'apprendre une langue de communication parlée par plusieurs tribus et de s'en servir pour converser directement avec les indigènes [9]. »

Le seul moyen dont disposait l'administration pour s'assurer de ses interprètes était de les encadrer et de bien les payer. Plus la hiérarchie prévue était longue, moins, sans doute, la confiance du gouverneur était grande : le désir d'avancement maintenait l'interprète dans le droit chemin. Un interprète arrivait aussi, en fin de carrière, à gagner autant qu'un administrateur adjoint (solde d'Europe). Même les plus honnêtes, en outre, augmentaient substantiellement leur traitement par les avantages de leur situation, les cadeaux des indigènes auxquels ils avaient rendu service, les facilités à se procurer des objets européens, etc. Mais le contrôle des administrateurs était limité par l'insuffisance des budgets locaux. D'où la variation du nombre des auxiliaires qui espéraient une titularisation toujours aléatoire car ils pouvaient être « licenciés dès que leur concours n'était plus nécessaire ».

Les cadres apparurent au Dahomey le 15 juin 1892, au Soudan le 18 novembre 1895, en Côte-d'Ivoire le 31 juillet 1897, en Guinée le 14 septembre 1901, en Mauritanie le 26 septembre 1906. Les réglementations furent souvent complétées par des réorganisations ultérieures. A étudier ces textes, on est frappé par les différences entre les statuts établis par chaque gouverneur, selon ses possibilités. Les conditions de recrutement des auxiliaires, âgés, selon les colonies, de dix-huit à vingt-cinq ans au moins, les connaissances exigées — savoir lire et écrire le français et connaître un ou plusieurs idiomes indigènes —, les commissions d'examen, les notations confidentielles transmises au gouverneur une ou deux fois par an, les peines disciplinaires, les hiérarchies, les soldes varient considérablement d'un territoire à l'autre. Le tableau suivant (p. 112), limité aux hiérarchies et aux soldes, rend compte des différences entre les carrières d'interprètes en fonction en A.O.F. en 1906, avant que ne se manifeste l'effort d'uniformisation tenté par le gouverneur général.

On y voit les grades et échelons varier de 5 en Côte-d'Ivoire à 10 au Dahomey; les soldes vont en Guinée de 450 à 2 400 francs, au Dahomey de 600 à 5 000 francs. Les auxiliaires ne sont pas classés en Côte-d'Ivoire, parce que l'arrêté de 1897 prévoit que, « en dehors du cadre, il pourra y avoir des interprètes auxiliaires. Ils recevront une indemnité qui sera, pour chaque cas, fixée par le Gouverneur ».

Après la création de la fédération, en 1895, le gouverneur général eut grand-peine à imposer son contrôle. Il fit d'abord porter son effort sur les domaines nouveaux, comme la réglementation des concessions, où les interférences métropolitaines incitaient les gouverneurs à la prudence. Puis, ayant acquis assez d'autorité pour que les projets d'arrêtés concernant l'administration et les affaires indigènes lui fussent obligatoirement soumis, fussent promulgués par lui et publiés au *Journal officiel de l'A.O.F.,* il s'efforça, chaque fois qu'un gouverneur éprouvait le besoin de réorganiser son cadre, d'imposer des textes similaires. Les arrêtés signés par William Ponty sur les cadres d'interprètes indigènes en Haut-Sénégal et Niger, en Côte-d'Ivoire, en Mauritanie, en Guinée, au Dahomey, beaucoup plus détaillés que les textes qu'ils remplacent, furent conçus sur le même plan; les rubriques sont les mêmes, les règles disciplinaires identiques; les différences d'une colonie à l'autre, dans l'uniforme, dans les congés qui ne sont pas prévus en Guinée, dans la hiérarchie et les soldes, sont faibles. La tendance à l'uniformisation est évidente. A comparer les cinq arrêtés, respectivement du 23 avril 1910, du 22 novembre 1910, du 12 novembre 1912, du 19 décembre 1912 et du 25 février 1914, on

note que la proportion des auxiliaires était de 50 % en
Côte-d'Ivoire, en Mauritanie et en Guinée, de 35 % au
Dahomey — où il y avait beaucoup de droits acquis. Le
nombre des grades et des échelons est de neuf, quinze,
douze, treize et quatorze, la différence entre la solde la
plus faible et la plus élevée varie de 360 francs
(stagiaire en Côte-d'Ivoire) à 4 000 francs (interprète
principal au Dahomey). Les soldes sont identiques pour
les interprètes principaux des trois classes, varient de
100 à 600 francs dans le groupe des titulaires et un peu
plus dans celui des auxiliaires. La tendance générale
par rapport aux arrêtés précédents est de réduire les
traitements les plus élevés et d'augmenter ceux des
débutants [10].

En A.E.F., le cadre fut créé très tardivement par un
arrêté du gouverneur général par intérim Estèbe, le
29 avril 1914. Le texte de cet « arrêté portant organisation d'un cadre d'écrivains interprètes indigènes » est
comparable à celui des règlements de W. Ponty, avec
une hiérarchie plus courte, à neuf échelons et 70 % de
titulaires payés de 1 200 à 2 200 francs. Auparavant, on
ne trouve trace que d'occasionnels, dont les services
furent tarifiés dès le 7 juillet 1887 au Gabon par Ballay,
ou de militaires, interprètes d'arabe dans l'Oubangui [11].

Les soldes des interprètes étaient relativement élevées. Ils figurent parmi les mieux rétribués des agents
indigènes et les plus favorisés d'entre eux. Les mieux
traités touchaient autant qu'un administrateur français
en Europe, et beaucoup plus que le petit personnel
indigène ; les gardes civils indigènes recevaient à ce
moment, selon les colonies et les grades, de 180 à
1 200 francs en A.E.F. et de 360 à 1 200 francs en
A.O.F.

*
**

Il est difficile et sans doute vain de préciser le
nombre des interprètes en fonction. Difficile parce que
les arrêtés ne le fixent pas toujours ; ils insistent la
plupart du temps sur le caractère aléatoire des auxiliaires ou des stagiaires, engagés selon les besoins et les
possibilités budgétaires. Par ailleurs, les diverses publications officielles, bulletins, annuaires, journaux

HIÉRARCHIE ET SOLDES DES INTERPRÈTES EN FONCTION EN A.O.F. EN 1906

COLONIE	Sénégal	Soudan	Dahomey	Côte-d'Ivoire	Guinée	Mauritanie	Solde d'Europe*** des administrateurs des Colonies
Source	J.O. Sénégal 2 déc. 1893 Arrêté du 23 nov. 1893	J.O.A.O.F. 4 janv. 1896 Arrêté du 18 nov. 1895	J.O. Dahomey 15 mars 1899 Arrêté du 6 mars 1899	J.O. Côte-d'Ivoire 1897 Arrêté du 31 juil. 1897	J.O. Guinée 1er oct. 1901 Arrêté du 14 sept. 1901	J.O.A.O.F. 29 sept. 1906 Arrêté du 26 sept. 1906	Bulletin officiel du min. des Colonies Décret 4 juil. 1906
Interprète principal hors classe		6 000					5 500-6 000 Adm. de 2e classe
Interprète en chef 1re classe			5 000				4 500-5 250 Adm. de 3e classe
2e classe			4 000				
Interprète principal 1re classe	3 600	3 600	3 600	1 800		3 600	
2e classe	3 000	3 000	3 000	1 500		3 000	
3e classe			2 400				

					2 200-2 400*	2 500
[Interprète titulaire] 1re classe	2 000	2 400	1 800		2 200-2 400*	2 500
2e classe	2 000	1 800	1 500	1 000	1 900-2 100	2 000
3e classe	1 500	1 200	1 200	800	1 600-1 800	1 500
4e classe	1 200		1 000	600	1 300-1 500	1 200
5e classe					1 000-1 200	
Interprète auxiliaire 1re classe	1 000	900			600-900	1 000
2e classe	800					800
Interprète stagiaire			600			
Élève interprète					450-550	
Nombre en fonction en 1904	5	29 (19)**	43	56	21	2

* Par avancement de 100 F pour les titulaires et de 50 F pour les autres.
** Le tableau d'ensemble de l'Annuaire de l'A.O.F. indique 19. Le pointage, cercle par cercle et poste par poste, 29. Il y en aurait donc 10 non régulièrement encadrés.
*** La solde coloniale est le double de la solde d'Europe.

officiels, ne sont pas toujours d'accord. Pour nous borner à un exemple, l'*Annuaire de l'A.O.F.* indique pour 1913 en Guinée vingt-neuf interprètes civils et sept militaires. Le *Journal officiel* du 1er février 1913 publie une « Décision du Lieutenant-Gouverneur [Dolisie] portant classement des interprètes », suivie d'une liste nominative datée du 23 janvier ; elle recense quarante-neuf interprètes, dont quatre titulaires, trente auxiliaires, treize stagiaires et deux « suspendus de leur fonction, dont le classement est réservé ». Sept d'entre eux, hors cadre, font fonction d'écrivain ou de « chef de Dubreka », sont en service au tribunal de Konakry, à la justice de paix de Boké, ou à la mairie de Konakry ou de Kankan[12].

Une même publication, comme l'*Annuaire de l'A.O.F.*, omet parfois la rubrique « Interprètes » dans certaines colonies. Ainsi, entre 1900 et 1913, aucune série n'est complète. Même au Dahomey, dont les mentions paraissent les plus sérieuses, les interprètes sont absents en 1909 et 1912. En Côte-d'Ivoire, ils n'apparaissent qu'en 1903 et font défaut en 1908, 1909, 1912. Des lacunes du même genre s'observent au Haut-Sénégal et Niger (1906-1909), etc. Au Dahomey, où il n'y a que deux lacunes (1909 et 1912), on ne comprend pas la chute de trente-sept en 1906 à deux l'année suivante, alors que l'on revient à trente-sept en 1908. Mais si l'on ne se contente pas du chiffre de trente-sept indiqué par le tableau d'ensemble en 1906, et si l'on fait un pointage détaillé par cercles et postes, on n'en trouve que vingt. Il en est de même au Haut-Sénégal et Niger en 1904 (vingt-neuf et dix-neuf). De longues recherches permettraient peut-être de compléter le tableau et d'expliquer les anomalies : tantôt Sénégal et Soudan sont confondus, ou bien les auxiliaires ne sont pas comptés, ou bien la négligence est évidente. Mais ce travail serait vain parce que les interprètes encadrés ne représentaient que l'élite d'un corps infiniment plus nombreux, élite de quelque deux cent quarante-huit membres en A.O.F. et quarante-neuf en A.E.F. en 1913. Combien de Noirs faisaient-ils alors pratiquement fonction d'interprètes, d'occasionnels rétribués sur les crédits locaux des postes ou des missions, ou de tirailleurs, instituteurs, commis, commerçants qui cumulaient

volontiers la fonction, toujours lucrative, d'interprète ?
C'est là le fait dominant et qui rend décevante, en
dernière analyse, une enquête sur le rôle des interprètes. Capital, évidemment, mais lié aux qualités
personnelles et de l'interprète et du « commandant » qui
lui fait confiance.

*
**

Pour apprécier dans quelle mesure la méfiance de
l'administration était justifiée, pour estimer plus exactement le rôle joué par l'interprète qui formait, avec le
commandant, en brousse, un couple parfois mal assorti,
la voix indigène doit aussi être entendue. Elle est
difficile à percevoir parce que presque toute la documentation est d'origine métropolitaine.

On peut cependant penser que les interprètes, collaborant, même loyalement, à la colonisation, ont fréquemment éprouvé, face au Blanc, des sentiments d'humilia-
tion que partageaient la plupart des indigènes. Le
témoignage de Kuoh Moukouri les exprime bien.

Né en 1909, quatrième enfant de la troisième femme
de son père qui avait déjà onze enfants, ce Douala fut
appelé Moukouri du nom d'un frère aîné, très malade et
condamné. Il était donc « dans sa famille le 12ᵉ de son
père, le 4ᵉ de sa mère et le 2ᵉ Mukuri ». Il fut scolarisé
à Yaoundé où il devint à dix-sept ans écrivain-
interprète, hors de sa région d'origine. Il y fut employé
dans les bureaux, pendant douze ans, puis fut promu à
Douala, où il milita dès 1939 dans la « Jeunesse came-
rounaise française ». Son activité politique le conduisit
par la suite au cabinet du ministre Aujoulat en 1954, à
une promotion comme administrateur de la France
d'outre-mer à titre exceptionnel en 1957, et finalement,
au lendemain de l'indépendance, aux postes d'ambassa-
deur en France et dans les pays de la C.E.E. en 1960,
puis aux Etats-Unis et au Canada.

Il décrit la carrière de l'écrivain-interprète sous la
colonisation dans les termes suivants :

> ... Embauché dès 1916, à l'âge moyen de dix-neuf ans,
> l'écrivain-interprète possédait au maximum son certificat
> de fin d'études primaires allemand. Il était, en général,
> célibataire, mais déjà chef de famille ; son père, heureux

d'avoir un successeur qui était en plus « encyclopédiste », lui laissait pratiquement l'autorité sur ses autres frères et sœurs.

Dans le village, même s'il souffrait quelquefois de la jalousie des camarades qui ont moins bien réussi, il était un grand personnage. Sa réputation débordait le cadre du village ou du quartier pour s'étendre sur toute une contrée.

Il était, de sa propre famille, le principal soutien, la fierté. Pour le pays, il était le représentant tout désigné pour servir de contrepoids à l'éventuelle action néfaste du « COMMANDANT ». Au fond, n'était-il pas aussi scientifique que celui-ci ? N'entendait-il pas, comme lui, avec les yeux ?...

Pour le « Commandant », l'« Ecrivain » était, dans les secrets administratifs, moins que la cinquième roue du char. Toutefois, et selon les besoins de la cause, le « Commandant » en faisait son porte-parole, son agent de renseignements, son associé gratuit mais sans voix, consultative même. Il était tutoyé à merci et, pour qu'il n'en ignore, on désignait devant lui tout Européen par « Monsieur » que lui devait vouvoyer. La réciprocité n'était ni possible, ni concevable.

Voilà, en peu de mots, ce qu'était la personnalité à la fois grande et petite de l'« ECRIVAIN » [13].

A considérer certaines carrières d'interprètes, en essayant de pénétrer dans leur intimité, on se pose la question de savoir qui, au juste, ils servaient : la résistance africaine, active ou passive, la colonisation française, ou simplement eux-mêmes, à l'instar de Wangrin et consorts ?

La réponse n'est pas aisée, parce que les trois termes ne s'excluent pas. Tous, bien entendu, même les plus honnêtes qui ne commettaient pas d'exactions, ont été attentifs à leurs intérêts, à leur avancement. Cela ne les empêchait pas de servir l'un ou l'autre des groupes qu'ils mettaient en relation. Mais il arriva souvent qu'ils aient successivement servi l'un et l'autre. Avant d'en citer des exemples, il faut rappeler l'extrême fragilité de la présence française en brousse et le nombre insuffisant, la compétence et la qualité — souvent médiocres — des administrateurs, ainsi que leurs fréquentes mutations. « Le commandant passe, l'interprète reste. » Dès lors, si le nouveau commandant ne s'impose pas, par sa personnalité morale autant que par sa compétence, il tombe sous la dépendance de l'interprète. Les circonstances ont évidemment influencé la conduite des interprètes; les révoltes, les guerres, les messianismes qui faisaient planer un doute sur la persistance de la domination française incitaient les collaborants à prendre des assurances pour conserver leur situation.

Diaman Demba Battily, par exemple, originaire de Kayes, fait campagne au Dahomey en 1889, est décoré, accomplit diverses missions de confiance chez Samory, en Côte-d'Ivoire, au Libéria. Il est commissaire de police en 1894-1895, devient interprète titulaire de deuxième classe en 1896, passe en première classe en 1897, lors de la fondation du poste de Bobo-Dioulasso qu'il occupera jusqu'à sa mort. Il accompagne le lieutenant-colonel Audéoud dans la colonne de Sikasso et est proposé pour une médaille d'honneur de première classe en or en juillet 1898. Le colonel semble lui avoir remis le brevet, non la médaille, à la suite d'une «faute». Affaire vénielle sans doute puisque, par la suite, Battily est décoré de la Légion d'honneur. Il se crée une situation telle que, lors de la réorganisation du cercle à la suite des troubles dus au recrutement de 1916, voulant à tout prix rester à Bobo-Dioulasso, il «n'hésiterait pas, écrit l'administrateur Muller, à faire table rase de vingt-huit années qu'il a passées au service des Français, et à abandonner la pension de retraite à laquelle il pourrait bientôt prétendre». Soupçonné d'avoir contribué au «complot» du soulèvement de l'Ouest-Volta, il est convoqué à Bamako, où il meurt d'une hémoptysie foudroyante constatée par autopsie le 13 avril 1918. Les diverses perquisitions et enquêtes n'ont pas pu réunir de preuves contre lui [14].

De même Ousman Fall, riche traitant de Médine qui vient saluer Gallieni au départ de la colonne de Nango. Il est, par la suite, couvert de décorations: médailles d'honneur en 1878 et en 1886, chevalier du Cambodge en 1887, de la Légion d'honneur en 1888, du Nicham Iftikar en 1890. En 1889, il cumule les fonctions d'interprète à Médine et de chef du canton de Sanié. Cependant, le capitaine Quiquandon, envoyé en mission pour faire rentrer l'impôt en décembre 1889, recueille de nombreuses plaintes contre un nommé Demba Alarba. Ce dernier, ancien employé d'un commerçant de Saint-Louis (1880), infirmier à Médine (1883), se livre, en

cheville avec Ousman Fall, au commerce des bœufs.
Ousman lui délègue, d'accord, selon lui, avec le lieutenant Baudot, commandant du cercle de Médine, le droit
de rendre la justice. Il en abuse en exigeant des
cadeaux, en imposant des amendes, en trafiquant sur
des captifs libérés. Au cours d'une enquête rapide,
Quiquandon découvre d'autres agents d'Ousman. Tout
un réseau surgit dont les affiliés exploitent le Bambouk.
Une enquête approfondie délie les langues de nombreux
témoins. L'acte dressé à Kayes le 30 mai 1890 retient
cinq chefs d'accusation : Ousman s'est substitué à l'autorité régulière pour rendre la justice ; il a exploité pour
en tirer bénéfice le droit qu'il s'est ainsi arrogé ; il a
levé des impôts à son profit ; il a fait des détournements
au préjudice de l'Etat ; il a pris comme captifs et vendu
des individus libres domiciliés à Médine.

Le dossier est transmis au gouverneur, Clément
Thomas, par le commandant supérieur du Soudan,
Archinard, qui demande qu'Ousman ne soit pas
traduit devant un tribunal civil « pour éviter des
complications en ce temps de surexcitation » (16 juillet
1890). Il propose qu'Ousman, révoqué par lui de son
commandement de chef de canton, le soit également de
sa fonction d'interprète titulaire, soit radié de la Légion
d'honneur et interdit de séjour au Soudan, même
comme simple particulier, ses deux fils étant autorisés à
y sauvegarder ses intérêts.

Le gouverneur révoque l'interprète « principal »,
« pour indélicatesse, infidélité, exactions et abus de
pouvoir », le 15 août, puis son successeur, Henri de
Lamothe, effrayé des proportions du scandale, en réfère
au sous-secrétaire d'Etat, Etienne, le 5 novembre : « Il y
a longtemps qu'Ousman Fall rançonnait les pays dépendant du cercle de Médine, et commettait de nombreux
actes répréhensibles qui n'ont pu être relevés dans cette
enquête ; mais bien qu'il eût été à plusieurs reprises
soupçonné, jamais, grâce à la terreur qu'il inspirait, on
n'avait pu aboutir à des preuves complètes. »

On étouffe donc l'affaire qui, évidemment, aurait
donné lieu à un débat parlementaire — Ousman s'en
tire à bon compte —, et le vrai responsable, le
lieutenant Baudot, qui siège dans la commission d'enquête, n'est pas mis en cause [15].

Enfin Djiguiba Kamara, interprète révoqué à la demande de l'administrateur du cercle de Kankan, écrit au président de la Ligue des droits de l'homme, Francis de Pressensé, pour se plaindre de cette injustice. Pressensé, député, transmet au ministre des Colonies, qui transmet au gouverneur général de l'A.O.F., qui réclame une enquête au gouverneur de la Guinée. Le rapport finalement expédié au ministre le 26 novembre 1910 est très détaillé. Il en résulte que Djiguiba Kamara, fils d'un chef de canton du cercle de Beyla, nommé interprète auxiliaire en 1900 au poste de Kérouané, est déplacé à Beyla en 1901 à la demande du chef de poste « car il entravait sérieusement notre action politique, empêchait de plus nombre d'indigènes d'entrer en relation avec le représentant de la France ». De Beyla, il fut en 1903 éloigné pour raisons politiques, à la demande du capitaine commandant le cercle. Il est bien noté pendant les deux ans qui suivent, puis en 1907 suspendu pour un mois pour manquements graves envers l'administrateur du cercle de Faranah. C'est cependant lui qu'on met à la disposition du gouverneur Richaud, chef de la mission de délimitation de la frontière libérienne, car il connaît « les divers dialectes de la Haute-Guinée et de la Côte-d'Ivoire » (23 mai 1908). En août, Richaud le renvoie car « inutilisable ». Il regagne son poste de Faranah, où « il jette le discrédit sur les fonctionnaires européens parmi la population des villages » et où « il n'hésitait pas, en outre, à l'insu de M. l'Administrateur, à prendre connaissance des archives et de la correspondance courante et à se servir, à sa manière, de la documentation qu'il s'était illicitement procurée, pour contrecarrer notre action publique déjà fort délicate ». Le nouvel administrateur de Faranah constate ensuite que « cet indigène, intermédiaire officiel obligatoire entre [lui] et les autochtones, abusait de sa situation pour exiger des cadeaux de la part des indigènes qui désiraient se mettre en relation avec le Représentant du Chef de la Colonie ». Il demande sa révocation en novembre 1908. Le gouverneur, Liotard, se contente de déplacer Kamara à Kankan (11 décembre). Serait-ce parce que Liotard n'a pas grande estime pour cet administrateur ?

A Kankan, il y a deux postes d'interprètes et Kamara entre en conflit avec son collègue Fodé Dountzou. Chacun accuse l'autre d'intriguer avec les indigènes, de les inciter à la rébellion, de s'immiscer dans les affaires de la justice européenne et indigène.

L'administrateur Figarol, lassé, finit par les convoquer pour, dit-il, leur faire « loyalement » part qu'il demande leur déplacement au gouverneur.

Ce n'était pas très malin, et le fait que tous deux là-dessus « refusent séance tenante de continuer leur service » fait désirer voir le dossier personnel de Figarol. Finalement, le gouverneur inflige aux deux interprètes dix jours de retenue de solde et les mute. Dountzou se soumet. Kamara non. Il est révoqué mais se plaint à l'administrateur en chef Bobichon, en tournée d'inspection, puis à la Ligue des droits de l'homme.

Abandonnons-le ici. Il multipliera les démarches et, en 1914 encore, écrira au ministre pour demander une retraite car son emploi à la Banque de l'Afrique occidentale ne suffit pas à subvenir aux besoins de sa famille [16].

Dans ce cas particulier de Djiguiba Kamara, et dans ce milieu particulier de la Haute-Guinée, en voie de pacification et d'organisation, cet interprète, certainement hostile au colonisateur, et dont les abus ne sont pas de la taille de ceux des deux cas précédents — il ne semble pas s'être beaucoup enrichi —, était sans doute plus intelligent que les administrateurs qui le censuraient et le craignaient. On l'accuse d'intrigues multiples ; on n'arrive pas à réunir de preuves convaincantes. Il ne se range pas nettement du côté des populations prêtes à la révolte. Il reste constamment à la limite entre les autorités blanches et les administrés récalcitrants. En fera-t-on un héros de la résistance, ou verra-t-on plutôt en lui un représentant de ces collaborateurs de la première phase de l'établissement du régime colonial ? Un être déchiré, qui balance entre la collaboration, avec les avantages de carrière qu'elle promet, et le milieu coutumier dont sa fonction le sépare ?

Cette ambiguïté, propre à tous les collaborateurs de cette époque, est profondément ressentie par l'écrivain-interprète camerounais Kuoh Moukouri, en fonction entre 1926 et la Seconde Guerre mondiale : écrivain de seconde zone, c'est-à-dire employé en dehors de sa région d'origine,

> ... son rôle devenait autrement plus difficile et par conséquent plus méritoire. D'abord, il se devait de ne point se prononcer le premier ni de tenter d'expliquer le premier, et avec conviction, une réforme administrative qui lui eût paru heureuse. Il devait être très psychologue et diplomate pour « sentir » le penchant du chef.
>
> Sa naissance ne l'autorisant pas à participer (comme membre du siège) aux divers conseils du village, force lui était de se faire renseigner par des voies indirectes. A cet effet, il devait s'attacher discrètement un notable qu'il entretenait copieusement, à l'insu du « Commandant », donc en dehors des « fonds auxiliaires », et ce, pour être au courant de tout et paraître aux yeux du « Commandant », le cas échéant, comme un homme admis, apprécié et estimé de la population.
>
> Il pouvait donner, partager, sans s'attendre à aucune réciprocité spontanée. Son gain était considéré comme un bien mal acquis qui ne devait pas lui profiter.
>
> On le solidarisait avec le « Commandant » en cas de soi-disant mauvaise politique. Il était vu avec méfiance, traité comme traître. La conversation changeait dès qu'il apparaissait. Des relations avec lui n'avaient aucune cordialité sincère. Ses rares « amis » devaient le fréquenter avec précaution sous peine de passer pour délateurs.
>
> En cas de « bonne politique administrative », il ne partageait aucune gloire avec le « Commandant ». Au contraire, dans le village le mérite revenait plutôt aux Chef et Notables qui se voyaient félicités pour leur « efficace intervention ou représentation ».
>
> Bref, en cas de bonne ou mauvaise fortune, l'Ecrivain de seconde zone était la bête noire. Il était épié directement par la population et indirectement par le « Commandant ».
>
> Du village, le « Commandant » recevait contre lui des rapports et dénonciations. Son zèle auprès de tiers passait facilement pour tentative d'exaction, de combines sur lesquelles on ne lui demandait aucune explication.
>
> Les Chefs et Notables, qui étaient toujours à l'affût, ne perdaient pas la moindre occasion pour demander son déplacement du poste. Ils se gardaient, bien entendu, de donner les causes profondes de leur démarche qui souvent n'étaient autres que le crime pour l'Ecrivain d'être de seconde zone ; c'est-à-dire espion salarié de l'Administration.
>
> Or, comme dans la majorité des cas les fonctionnaires indigènes servaient, pendant presque toute leur carrière, hors de leur localité d'origine, il est facile de mesurer

l'étendue de leur calvaire de trente ans, émaillé d'insultes publiques, basses corvées, sanctions, voire coups, le tout à la discrétion du « Commandant ».

Le dévouement de l'Ecrivain se devait d'être doublé d'une endurance à toute épreuve pour mériter une grâce du « Commandant ». Il devait non seulement arriver au bureau avant celui-ci et partir après lui, mais arriver avant l'heure et partir après l'heure. Il devait pouvoir faire tout : du bureaucrate au cantonnier en passant par peintre en bâtiments, jardinier, etc. Il devait faire bonne figure à tout et surtout ne pas se faire répéter deux fois un ordre.

Mais si, malgré cela, les dieux décidaient de son déplacement, il devait partir : partir comme un hargneux, un indésirable. S'il était étranger à la région, sa case et ses plantations risquaient d'être pillées. S'il était de basse extraction, il devait partir, peut-être avec l'espoir de se fixer définitivement là où il pourrait moins déplaire. Ou encore, et comme personne ne demandait son retour au village où il n'avait aucun rôle politique à jouer, il n'y revenait que retraité, usé, fatigué, misérable.

Ainsi, pour l'intérêt de sa carrière, l'Ecrivain devait-il savoir y faire pour qu'en lui le « Commandant » perçoive le pouls de la population entière, laquelle, à son tour, en lui, devait voir l'émanation de l'Administration dont il ne faisait pas réellement partie. Bref, l'Ecrivain devait être le trait d'union entre le Colonisateur dont il n'était pas le partenaire et le Colonisé qu'il ne devait plus être tout à fait [17].

Cette ambiguïté rend perplexe si l'on cherche, en conclusion, à définir le rôle de l'interprète dans la colonisation. Il varie évidemment, selon l'époque, selon les lieux et selon la personnalité de l'administrateur.

Ce qu'on retiendra, c'est d'abord son importance fondamentale au cours de la période d'établissement et d'organisation du régime colonial : 1880-1920. A ce moment, il est indispensable aux Français. Après, l'instruction se développant, son rôle diminue et son influence décroît rapidement.

En deuxième lieu, il faut noter que ce rôle est joué sur la scène locale du cercle ou du poste, où l'interprète évolue entre l'administrateur français et le chef ou la population coutumiers. Sa marge de manœuvre est donc plus ou moins large selon les qualités ou les défauts de ces derniers.

En troisième lieu, le cas des interprètes s'apparente à celui plus général du collaborateur. Sans tenter ici une analyse approfondie, nous constatons qu'ils ont été des ferments actifs de désagrégation des sociétés coutumières. Mais, surtout à partir des créations rapides et nombreuses de « cadres locaux indigènes » après 1910, ces gens qui étaient auparavant des individus isolés tendent à former une nouvelle classe sociale, entre celle des colons blancs et celle des paysans ou chefs coutumiers noirs. Et c'est de cette classe des collaborateurs, que les écrivains africains qualifient parfois de nègres blancs, que surgiront beaucoup des leaders de la résistance et de l'indépendance africaines.

CHAPITRE VII

ROIS DE LA BROUSSE

II. Les chefs noirs

Les principaux interlocuteurs du commandant, par le biais de l'interprète, étaient les chefs. Le terme — européen — est ambigu. Il pouvait désigner aussi bien le souverain d'Etats solidement structurés que le petit potentat local qui régnait sur un village, un groupe ou un sous-groupe ethnique. Des premiers nous ne parlerons pas. D'un Etat à l'autre, les institutions, les croyances, musulmanes ou animistes, les équilibres fondamentaux, économiques et culturels, sont si divers qu'on ne saurait les fondre dans une synthèse. Les plus importants ont fait l'objet de travaux d'historiens ou de sociologues[1]. Leur seul point commun était que, sans résistance armée ou après avoir été battus par les troupes noires des Français, ils avaient renoncé à leur indépendance politique. Des traités de protectorat garantissaient leur prestige en échange d'une certaine collaboration à l'administration coloniale. Celle-ci, par leur intermédiaire, maintenait la paix, assurait la construction et l'entretien des réseaux de communication routier ou télégraphique, percevait l'impôt. Elle ne se mêlait pas, ou peu, des affaires intérieures, croyances, parentés ou justice indigène.

Au niveau du cercle, l'administrateur était en relations constantes avec les chefs. Comme les grands princes, dont ils dépendaient parfois, ces indigènes détenaient l'autorité sur des groupes plus ou moins nombreux qui les reconnaissaient et les respectaient.

Comme eux, ils exerçaient aussi certaines fonctions religieuses qui rehaussaient leur prestige. Ils présidaient à des rites pour fertiliser le sol, faire tomber la pluie, garantir le succès de la chasse ou de la pêche. Ils rendaient la justice et veillaient au respect de la coutume. Celle-ci, également connue des prêtres ou d'anciens qui entouraient les chefs, les empêchait, en principe, de se conduire en despotes.

Le chef, sacré par son ascendance qui le mettait en communication avec le héros fondateur de l'ethnie ou du village, ou avec le conquérant fondateur de l'Etat, par les rites de son intronisation ou par les interdits qui lui étaient propres, était respecté, en somme, en fonction de l'ancienneté de son pouvoir. Qu'un conquérant étranger le destituât et lui substituât une autre personnalité, il fallait longtemps avant que celle-ci fût reconnue par la population. D'où la distinction entre le chef coutumier et le chef administratif nommé par les Français. Mais, après plusieurs générations, la distinction s'effaçait. Il en allait souvent des chefs comme du sentiment national. Inexistant parmi les populations diverses arbitrairement réunies dans un Etat créé par un conquérant, noir ou blanc, il se développait progressivement avec les institutions du nouvel Etat et finissait, après plusieurs générations de vie commune, par coiffer les consciences ethniques des populations initiales.

Les chefs pouvaient être de loyaux collaborateurs ou des résistants. Dans ce dernier cas, s'ils se révoltaient, ils étaient battus par les troupes noires des Blancs, et généralement destitués. S'ils adoptaient la voie plus payante de la résistance passive, ils pouvaient conserver une forte influence tant que leurs sujets, progressivement gagnés par l'érosion de l'école et des diverses influences individualisantes de l'Occident, ne leur échappaient pas. A la longue cependant, et jusqu'à nos jours dans les Etats décolonisés, ils perdaient leur autonomie et tendaient à se muer en simples rouages administratifs.

Lorsqu'ils collaboraient, ce n'était pas à la suite d'une conversion idéologique. Ils y trouvaient leur intérêt. En dehors des « cadeaux politiques » en espèces que les administrateurs pouvaient distribuer aux collaborateurs

Moro Naba
et ses serviteurs,
Ouagadougou.

les plus sûrs — en 1905, en Côte-d'Ivoire, 33 000 francs
furent ainsi affectés au cercle du Baoulé[2] —, les chefs
étaient dispensés de l'indigénat et des corvées, recevaient une part de l'impôt qu'ils étaient chargés de
percevoir. Il s'y ajoutait les abus tolérés. Si, en effet, le
chef noir craignait le commandant blanc, la réciproque
n'était pas moins vraie. L'administrateur avait besoin
du chef pour maintenir l'ordre, pour obtenir la main-
d'œuvre indispensable à l'entretien des pistes, des
postes et au portage. Ne disposant pas localement d'un
petit personnel blanc, il était littéralement à la merci
du chef. Ce dernier le savait et ne se gênait pas pour
lever plus d'impôts qu'il n'était dû, pour condamner des
innocents à des amendes excessives, parfois pour favoriser la traite des esclaves. Tout cela aboutissait à un jeu
subtil où aucun des partenaires n'était dupe. Le Blanc
fermait les yeux sur les abus du Noir quand ils
n'étaient pas plus criants qu'avant la colonisation et
quand ils ne risquaient pas de provoquer des troubles.
Le Noir savait jusqu'où il pouvait aller trop loin. S'il
dépassait les bornes, cela pouvait entraîner sa déposition, mais, comme dans le cas d'Ousman Fall (voir
chapitre VI), on hésitait à le condamner car il était
difficile de le remplacer.

Une « Circulaire au sujet des autorités indigènes »
adressée en septembre 1900 par le gouverneur de la
Côte-d'Ivoire, Henri Roberdeau, « à Messieurs les Administrateurs et Chefs de poste » montre bien tous les
éléments en jeu dans l'administration locale : le souci
primordial d'alimenter le budget du cercle par un
impôt, l'impossibilité de percevoir cet impôt sans la
participation du chef, la méfiance à l'égard de ce
collaborateur indispensable et la volonté de se le
concilier :

« Messieurs,

« J'ai observé que les administrateurs et chefs de
poste intervenaient d'une façon trop fréquente et trop
directe, soit pour punir les délinquants, soit pour juger
les contestations entre indigènes...

« Cette manière de faire, qui a pu être bonne et
même nécessaire autrefois, doit maintenant être mo-
difiée, car son maintien serait de nature à nuire aux
intérêts de la colonie. La connaissance actuelle du pays,

des habitants et de leurs mœurs doit permettre à notre autorité de se manifester d'une manière plus haute et moins directe.

« La nécessité d'appliquer un impôt, dans un avenir prochain, exige que l'autorité des chefs soit plus étendue et plus effective. Je ne vois pas, en effet, la possibilité d'un régime financier indigène sans le concours d'une autorité indigène, soit pour faire la répartition de l'impôt, soit pour le percevoir, soit encore pour régler l'emploi de la partie du produit qui devra être affectée au profit des villages eux-mêmes et dans un intérêt d'ordre général.

« Il importe donc de modifier peu à peu et méthodiquement le système actuel d'administration en s'efforçant de donner aux chefs l'autorité qui leur est nécessaire.

« Je n'ignore pas les difficultés que vous rencontrez : vous aurez à lutter contre le mauvais vouloir ou la faiblesse de certains chefs et contre l'esprit insoumis des populations ; vous aurez aussi, par contre, à empêcher les exactions, les injustices de chefs trop avides ou trop autoritaires. Ce sera une tâche délicate, qui exigera beaucoup de patience, de doigté et aussi de fermeté pour être menée à bien.

« Chaque chef de village devrait commander réellement la population, la maintenir dans l'obéissance et dans l'ordre ; il réglerait sous votre contrôle toutes les contestations et querelles entre indigènes ; il appliquerait les peines encourues et vous sanctionneriez ses jugements...

« Je dois attirer particulièrement votre attention sur la considération que vous devez accorder aux chefs, devant leurs administrés, afin d'en faire des auxiliaires utiles et dévoués. Le chef qui serait traité avec mépris ou dédain perdrait toute autorité.

« Si certains chefs faisaient preuve d'une incapacité absolue ou de sentiments hostiles à notre égard, ils seraient déposés ; leur successeur devrait être autant que possible élu par la population et selon les coutumes. C'est seulement devant un choix trop défavorable que l'administrateur pourrait désigner le chef d'office...

« Au-dessus des chefs de village, vous devez étudier la nomination des chefs de peuplades ou de groupes de

Case
du roi des Toucouleurs,
Bandiagara, Soudan.

Le chef supérieur
des Cabrais,
Togo.

villages, en tenant compte des groupements existants et des inimitiés qui peuvent séparer les peuplades.

« Un registre spécial en vue de l'impôt futur serait ouvert dans chaque cercle ; il devrait indiquer le nom de chaque village connu du cercle, le nom de la peuplade, le nom du chef, le chiffre exact ou approximatif de la population, nombre de bœufs, moutons, volailles, etc., la richesse ou la pauvreté de la population de façon à faciliter, le moment venu, l'établissement de l'impôt...

« Il serait prématuré de vous indiquer dès maintenant le programme précis de cette organisation financière qui a donné de si heureux résultats dans certaines colonies d'Afrique et notamment au Sénégal, où les budgets régionaux fonctionnent avec une grande régularité et ont été acceptés très vite par l'élément noir, dès qu'il a été à même d'en apprécier les résultats.

« Dans les grandes lignes, cette organisation consiste dans la suppression de toutes les redevances perçues au profit du chef dans des conditions généralement assez vexatoires et le remplacement de ces redevances par un impôt dont le produit recevrait les affectations suivantes :

« 1. Une part pour le chef.

« 2. Une part pour les travaux à exécuter dans les circonscriptions des contribuables, chemins, sentiers, puits, écoles, voies téléphonique ou télégraphique, etc.

« 3. Une part pour le service local.

« La variété des populations, le degré de contact avec l'Européen, la situation commerciale, l'organisation des indigènes, leur groupement, tout diffère profondément suivant les régions et je ne puis que laisser à chacun de vous le soin de poursuivre, par les moyens qu'il jugera les plus avantageux, la préparation des populations à ce régime qui offre à la fois un gros intérêt au point de vue politique, économique, financier, et je dirai même commercial ; car la consolidation de l'autorité des chefs et la création de groupements réels ayant des intérêts communs ne peut que faciliter l'entente entre l'indigène et l'administration ; elle facilite par suite l'impulsion à imprimer à l'indigène en vue de l'augmentation de la production et de l'amélioration des procédés de production... [3]. »

Le chef, à tous les niveaux, incarne l'Afrique précoloniale, l'Afrique coutumière. Ses rapports fluctuants avec ses suzerains ou ses rivaux forment la trame de l'histoire événementielle précoloniale. On y trouve déjà des soumissions, des disparitions, des créations de chefferies nouvelles. On pourrait tenter, colonie par colonie, d'esquisser la carte de chefferies politico-religieuses que le colonisateur rencontra lorsqu'il intervint activement, dans les années 80.

Au cours de la période d'établissement, certains chefs, volontairement ou par contrainte, ajoutèrent à leurs responsabilités anciennes les tâches imposées par une collaboration plus ou moins étroite avec l'administration coloniale en train de se constituer; d'autres furent déposés et remplacés par des agents plus souples; dans d'autres cas encore, des chefferies nouvelles furent créées dans les cadres des partages coloniaux. Ces chefferies administratives tendirent à remplacer les coutumières. L'orientation générale visa à la diminution de l'autorité du chef coutumier au profit du chef administratif, à la laïcisation, au sens occidental du terme, du chef coutumier. Le chef devint progressivement un rouage de l'administration coloniale. Une deuxième carte pourrait distinguer, vers 1914, les territoires d'administration directe de ceux régis par des chefs coutumiers collaborants ou par des chefs administratifs nommés.

Une troisième carte enfin situerait les chefferies coutumières résiduelles, privées d'une partie de leur autorité, vers 1960. Ces îlots, menacés par la lente et irrésistible marée des administrations de type occidental, françaises puis africaines, continuent d'être érodés de nos jours.

Ainsi l'évolution d'une institution politico-religieuse précoloniale à une institution administrative étatique s'est poursuivie, non sans heurts, mais selon la même orientation, qui est celle de l'intégration de l'Afrique noire à la civilisation mondiale.

CHAPITRE VIII

LES POLICES

Les décisions, plus ou moins inspirées par les interprètes, étaient finalement exécutées par les forces de police. Leurs agents ont porté divers noms, gardes de sûreté, gendarmes, miliciens, gardes régionaux, gardes civils, gardes indigènes, gardes de cercle. Leur caractère spécifique était de dépendre uniquement des autorités civiles (gouverneurs, administrateurs) qui leur confiaient des missions civiles : police, transmission des ordres des administrateurs, escortes, garde des convois et, en cas de troubles, sauvegarde de la vie et, si possible, des biens des Européens et des protégés indigènes, en attendant l'arrivée de la troupe chargée d'assurer le rétablissement de l'ordre [1].

Le recrutement se fit essentiellement parmi les anciens tirailleurs et ne fut jamais forcé. Les candidats étaient attirés par les soldes, relativement élevées en comparaison des gains d'un boy ou d'un porteur, par les profits accessoires tirés de l'exercice abusif de leur fonction, par le prestige que celle-ci leur conférait.

« Les gardes, écrivait le gouverneur de la Guinée française, Cousturier, dans sa circulaire aux administrateurs du 29 juin 1901, ne sont pas des militaires. Les agents locaux conservent leur établissement dans le pays, y ont leur champ, leur bétail et tous leurs biens... Il ne saurait s'agir que de mercenaires complètement civils... et susceptibles d'être employés à des corvées auxquelles on n'astreindrait pas des soldats. Il est notamment de principe dans diverses colonies, que la garde de police construit ses casernements par ses propres moyens, comme tout indigène. Il en est d'ailleurs de ce personnel particulier comme de tous les personnels indigènes. Il importe donc de ne pas se faire d'illusions sur la valeur très relative des gens qui le composent et qui sont toujours aisément remplaçables par d'autres d'égale valeur... Jamais nous ne risquerons de manquer de personnel dans aucune des catégories [2]. »

Il existait, depuis 1862, un « corps indigène de gardes de sûreté » au Sénégal : trois brigadiers et trente gendarmes, montés, armés, chargés de la police dans les arrondissements et soldés de 25 à 35 francs par mois ; la police de la ville de Saint-Louis était assurée par douze agents et deux brigadiers, soldés de 40 à 50 francs par mois [3]. L'extension de la domination française et des pays de protectorat exigea ensuite la mise à la disposition des administrateurs des cercles, « où il n'existe aucune force militaire, d'un groupe de quatre ou cinq indigènes spécialement affectés à toutes les missions de police ». Par mesure d'économie, on s'efforça de remplacer la quantité par la qualité. « Or le premier élément de qualité que puissent avoir les représentants de la force publique en pays indigène, c'est leur armement. Si nos gardes de police ou gendarmes indigènes sont armés avec des armes à tir rapide, avec des fusils modèle 1874 par exemple, ils deviendront de suite un élément sérieux de force [4]. »

Trois arrêtés en 1893 et en 1894 créèrent des corps de gendarmes à cheval et à pied, finalement dénommés gardes régionaux. L'arrêté du 21 avril 1894 fixa les effectifs à soixante-douze hommes dont douze gradés, le garde régional étant soldé à 720 francs par an et le garde principal à 1 200 francs. Ces corps de police, urbaine ou régionale, furent enfin réorganisés le 6 juillet 1911 en gardes de cercle et agents de police [5].

Les différents postes et comptoirs, dont le développement aboutit à la création de colonies autonomes, dépendirent d'abord du Sénégal [6] ; on s'attendrait à ce que leurs gouverneurs s'inspirent de la réglementation sénégalaise pour organiser leur police. Il n'en fut rien. Comme pour les interprètes, les gouverneurs agirent sous la pression des circonstances locales, avec un effort évident pour correspondre directement avec le ministre, même quand le Sénégal était intéressé. La même

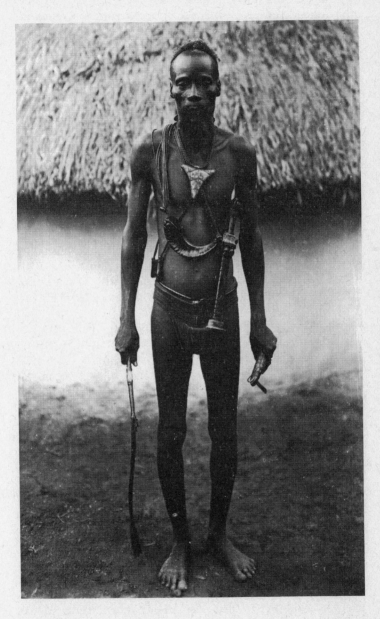

Ancien guerrier de Samory,
Guinée.

tendance s'observe après la création du gouvernement
général (1895), qui eut beaucoup de peine et mit une
quinzaine d'années à imposer son contrôle aux gouverneurs subordonnés. Chacun se voulut maître chez soi, et
particulièrement jaloux de « ses » troupes. Il en résulta
une autre, longue rivalité avec les militaires qui
prétendaient contrôler les gardes indigènes. Il n'y
réussirent complètement qu'en 1917[7] ; entre-temps, les
gouverneurs avaient multiplié les gardes de cercle,
restés sous leur entière dépendance et dont le gouvernement général ne réussit à unifier le statut qu'à la veille
de la Première Guerre mondiale.

Un tableau de la situation des gardes à des dates
comparables montre, comme pour les interprètes, de
grandes différences d'une colonie à l'autre.

Ces différences, qui apparaîtraient aussi dans les
conditions de recrutement, manifestent l'absence d'une
politique raisonnée et systématiquement appliquée.

Les débuts des polices furent souvent pittoresques. En
Côte-d'Ivoire, dont les postes français avaient été éva-
cués en 1871, le résident français à Grand Bassam,
Arthur Verdier, qui habitait La Rochelle, demanda au
ministère de la Marine, à titre gratuit, vingt-cinq fusils
à piston et autant de ceinturons, baïonnettes, gibernes
pour « la petite troupe de police indigène chargée de
maintenir l'ordre dans nos établissements de la Côte-
d'Or » (août 1886). On eut grand-peine à trouver ce
vieux matériel déclassé, que le ministère de la Guerre
ne céda qu'à titre remboursable. Verdier reçut, à partir
du 1er janvier 1887, une subvention de 6 000 francs par
an, payée à La Rochelle, pour l'organisation d'une police
indigène, qui comptait alors dix hommes. Ils étaient
vingt à Grand Bassam et Assinie en mars, et reçurent
uniformes, armes et cartouches aux frais du budget
local du Sénégal. Puis, quand l'expédition de Treich-
Laplène, agent sur place de Verdier, fut organisée en
1888, vers Kong, à la rencontre de Binger parti du
Sénégal, on rééquipa cette milice de vingt hommes[8].
Quand Binger, nommé gouverneur en mars 1893, organisa la colonie, il prit, le 29 décembre 1894, deux
arrêtés sur la police et la garde indigène[9]. Il fallut
ensuite attendre 1910 pour que, sous le nom de gardes

SITUATION DES GARDES DANS DIFFÉRENTES COLONIES

	Sénégal	Guinée	Côte-d'Ivoire	Bénin-Dahomey
Dates et sources	J.O. Sénégal Arrêté du 21 avril 1894	J.O. Guinée Arrêté du 1er juin 1901 Annuaire A.O.F. 1904	J.O. Côte-d'Ivoire janvier 1895 Arrêté du 29 décembre 1894	J.O Dahomey Arrêté du 23 juin 1894
Noms	Gardes régionaux	Gardes de police	Gardes	Gardes civils
Nombre de gardes	72	329	72	355
Nombre de grades indigènes	4	4	6	6
Soldes indigènes..........	720 à 1 200 F	480 à 720 F	360 à 1 080 F	456,25 à 1 000 F

de cercle, ce corps fût réorganisé sur le modèle des gardes indigènes des autres colonies de l'A.O.F. [10].

En Guinée, d'où le Sénégal retira ses tirailleurs quand la colonie devint autonome, le lieutenant-gouverneur par intérim, Cérisier, créa d'urgence, « en attendant la réglementation définitive, actuellement à l'étude et concernant l'organisation policière et militaire générale des Rivières du Sud du Sénégal et de nos Etablissements de Grand Bassam et Assinie », un corps de cinquante et un gardes civils indigènes à répartir dans les postes. Les trente-six gardes de première et deuxième classe seraient rétribués à 1,35 ou 1,25 franc par jour, les cinq sergents et les dix caporaux respectivement à 40 et 50 francs par mois. Mais ils n'étaient pas armés.

Le gouverneur Ballay, envoyé en mission spéciale, alerta d'urgence le sous-secrétaire d'Etat aux Colonies : « Le poste de Benty, écrivit-il de Konakry, le 21 octobre 1890, au sous-secrétaire d'Etat (Etienne), n'a pas un seul fusil, une seule cartouche, Boffa a deux fusils, Dubreka et Boké chacun dix. A Konakry même, les indigènes sont des plus inoffensifs, mais, dans le cas où j'aurais à imposer ma volonté, les moyens me feraient absolument défaut. Mais c'est surtout au point de vue de notre influence que cette situation pourrait amener à la longue les résultats les plus déplorables, car dans l'esprit des indigènes, c'est la force seule qui est respectable. Le nombre actuel des miliciens étant de cinquante et un, il y en a par conséquent trente et un qui ne sont pas armés. L'année prochaine le personnel de la milice sera augmenté. En outre des miliciens, il y aurait d'ailleurs intérêt à armer les agents européens des douanes, leurs canotiers et certains laptots », soit douze Blancs et cinquante-sept Noirs [11].

Une réglementation sérieuse n'intervint qu'en 1901. Elle précisa les missions, les soldes, la hiérarchie et la discipline, ne posa pas de conditions au recrutement par les administrateurs dans les cercles et par le commissaire de police à Konakry, subordonna aux circonstances l'effectif variable selon les « circonscriptions », les besoins du moment et les prévisions budgétaires. Cet effectif fut, d'après l'*Annuaire de l'A.O.F.* de 1904, de un commissaire de police, deux brigadiers et trente gardes de police à Konakry, de trente-six brigadiers et deux cent soixante gardes dans les cercles[12]. Le recrutement local explique sans doute la médiocre qualité de ce personnel.

Au Dahomey, le lieutenant-gouverneur des Rivières du Sud à Porto Novo institua également de sa propre initiative, au moment de la séparation d'avec le Sénégal, par arrêté du 9 novembre 1889, « une force armée comprenant une compagnie de gardes civils indigènes pour la protection des Etablissements du Golfe du Bénin » de cent quatorze gardes et deux Européens. Le général Dodds, après la conquête du Dahomey, réglementa cette troupe civile en s'inspirant de l'organisation militaire : trois cent cinquante-cinq hommes dont neuf Européens, répartis en trois compagnies[13]. Et, comme pour la Côte-d'Ivoire, le gouverneur général William Ponty promulgua, en 1909, un règlement d'ensemble des gardes de cercle. L'Annuaire de l'A.O.F. de 1910 distingue ces derniers des gardes indigènes ; on y trouve sept gardes de cercle, cent trente-trois agents et gradés de police dont un Blanc d'une part, cinq cent quarante gardes indigènes (dont deux inspecteurs blancs) de l'autre[14].

Une circulaire du gouvernement général à tous les gouverneurs d'A.O.F. s'efforça le 21 octobre 1910 d'uniformiser les polices (gardes de cercle). Elle insista sur le recrutement parmi les anciens militaires pourvus d'un certificat de bonne conduite, sur l'instruction, sur la hiérarchie commune : brigadiers-chefs, brigadiers, gardes de première et de deuxième classe, et sur le même uniforme. Ces conseils furent suivis dans l'arrêté du 3 février 1913 sur l'organisation des gardes de cercle du Niger[15].

A ce moment la distinction est faite entre les gardes de cercle et la garde indigène, force militaire entretenue sur les fonds des budgets locaux des colonies, contrôlée à la fois par le général commandant supérieur des troupes pour le recrutement, l'instruction, la discipline et par les gouverneurs pour la répartition et le maintien de la sécurité intérieure. « Son personnel est interchangeable avec le personnel des troupes régulières[16]. » La militarisation des gardes indigènes, à l'origine corps de police civile, s'achèvera par leur

fusion en 1917 avec les tirailleurs sénégalais. Mais les
polices civiles, d'autre part, se sont maintenues et sont
contrôlées sous le nom de gardes de cercle ou d'agents
de police urbaine, à la disposition exclusive des administrateurs.

Au Congo et en A.E.F., les milices indigènes, milita-
risées, recrutées localement depuis, semble-t-il, 1891 [17],
furent remplacées par les gardes régionaux dont les
brigades, à la disposition des administrateurs, remplissaient les missions de police civile. Mais leur instruction, dans une « portion centrale », et la hiérarchie de
dix échelons entre le garde de quatrième classe et
l'adjudant les rapprochaient des militaires moins bien
payés. Leur valeur militaire, cependant, était faible. « Il
faut se borner, concluait le rapport de l'inspecteur
Sabatier en mars 1914, à l'envisager comme une force
de police et de gendarmerie destinée à seconder les
administrateurs dans leur action de tous les jours
vis-à-vis des indigènes », et il faut souhaiter qu'elle se
transforme « et qu'elle réponde le plus tôt possible au
vœu de la loi qui voit en elle l'auxiliaire éventuel de
l'armée régulière [18] ».

Des pointages sur le nombre des divers agents de
police ou gardes, opérés dans les annuaires de 1900 à
1914, révèlent une augmentation continue des effectifs
indigènes : trois cent quatorze en 1900, trois cent
soixante-neuf en 1902, neuf cent trente en 1903, mille
trois cent soixante-quinze en 1904, mille six cent
cinquante l'année suivante, puis deux mille trois cent
soixante-cinq en 1906, deux mille quatre cent treize en
1909 et trois mille huit cent trente-deux en 1910,
régressant à trois mille six cent cinquante-huit l'an
d'après. En A.E.F., sept cents gardes régionaux en 1902,
deux mille trois cent trente et un en 1911 (rapport
d'inspection). Cela représente en gros en 1911 quelque
trois mille six cent cinquante-huit indigènes en A.O.F.
et deux mille trois cent trente et un en A.E.F., et en
1913 cinq mille huit cent cinq en tout. Ces cinq mille
huit cent cinq Africains étaient faiblement encadrés par
des Européens. La plus forte proportion que j'ai décelée
est celle des commissaires de police urbaine en A.E.F.
Cinq pour soixante agents, soit 8,3 %. En 1902, dix-huit
Européens commandaient sept cents gardes régionaux,

soit 2,59 %. En A.O.F., la proportion tomba de 4,10 % en 1900 à 1,03 % en 1911. Les gardes noirs n'étaient pas étroitement contrôlés.

Que valaient-ils ? Ils avaient mauvaise presse, mais les policiers ne sont jamais aimés. Leurs fonctions mêmes les induisaient en tentation. Dispersés en petits détachements, sans contrôle permanent d'un garde principal, d'un commissaire ou d'un officier, ils trouvaient normal d'accepter les petits cadeaux, de vivre sur le pays quand ils escortaient un convoi, de menacer pour faire plus vite rentrer l'impôt, de recourir parfois à d'abominables violences. Dans les cas extrêmes, mentionnés par la littérature, ils ne le cédaient pas aux interprètes du type d'Ousman Fall. Fily Dabo Sissoko décrit les tortures des paysans de la région de Dori en 1910-1911 :

> Les gardes-cercles, entre autres pratiques utilisées dans la récupération de l'impôt, recouraient à celle-ci : les gens étaient enfermés dans une case enfumée, alors qu'on avait jeté, par poignées, du piment dans le feu ! Les moins violents de ces gardes-cercles se faisaient accompagner de marchands de céréales ou de bestiaux.
>
> Les greniers étaient vidés, le mil battu sur l'aire ; et les marchands estimaient à vil prix, avec leur propre mesure !
>
> Une vache laitière estimée à cent francs était abandonnée à quinze !...
>
> Ces cas, me dites-vous, sont individuels et relèveraient plutôt de la cautèle des informateurs, sinon de leur mauvaise foi.
>
> Car, sans la France, où en serait-on avec les Samori, les El Hadj Omar, les Rabah ?

Mais le même auteur, dans le même livre, rencontre aussi des gardes honnêtes, comme cet ancien esclave de son père, qui, s'étant enfui à Saint-Louis, s'engagea dans les tirailleurs :

> J'étais libre. Mes maîtres pouvaient venir.
> Cependant, pour moi, les débuts furent très durs.
> Le soleil ne vous trouve pas sur la natte.
> Les corvées succèdent aux corvées.
> Et vous n'avez pas droit à la parole.
> Tout le monde vous donne des ordres : du caporal, aux bras chargés de galons sans valeur, au sergent ; du sergent à l'adjudant, puis au lieutenant, au capitaine.
> Pour un rien, vous risquez le conseil de guerre.

Un garde civil
et sa femme,
Dahomey.

Les campagnes m'ont sauvé.
J'ai fait le « Congo-Nil », avec Marchand, Mangin, Ger-
main et Dyé ; avec Dat, Largeau, Baratier, le docteur
Emily ; avec Samba Rabi, Kamori, Moriba Keita.
Le 14 juillet, à Fachoda, les Anglais eurent peur.

J'ai terminé sergent, médaille militaire.
J'ai reçu douze blessures.
Je touche mes quinze ans.
Je me suis engagé comme garde-cercle.
J'ai huit ans, à Dori, comme garde-cercle.
J'ai connu le commandant Bouchez, le bon patron [19].

Les miliciens, au su ou à l'insu de leurs chefs,
sévirent en Guinée, au Congo, etc., [20]. La liste des abus
serait longue et paraît confirmée par des rapports
officiels.

Les inspecteurs des colonies, en effet, ont été sévères
pour les policiers recrutés par les gouverneurs. L'inspecteur Hoarau-Desruisseau, par exemple, constatait en
1895 que les miliciens hâtivement engagés en Guinée
n'avaient aucune instruction militaire. Et le gouverneur, Cousturier, rappela que le recrutement local ne
permettait pas d'organiser un corps capable de remplacer éventuellement les militaires qui avaient été rapa-
triés au Sénégal en 1890. Il insista sur le « manque
d'esprit de discipline chez les Soussous », sur « la
tendance de tous les indigènes revêtus d'un semblant
d'autorité à en abuser immédiatement, et le peu de
confiance qu'on peut avoir en ces miliciens dès qu'ils
sont livrés à eux-mêmes. Il serait impossible, à l'heure
actuelle, de détourner ces miliciens de la modeste tâche
d'agents de police dont ils s'acquittent de manière assez
satisfaisante [21] ». Six ans après, le même Cousturier, à
la suite d'abus commis par de faux miliciens au
Fouta-Djalon, prit un pittoresque « Arrêté local au sujet
du port de la chéchia bleue réservé aux gardes de
police, interdit aux autres indigènes » :

« ... Considérant qu'il a été commis par des individus
vêtus en miliciens de nombreuses exactions dont il
importe de prévenir le retour, et que l'organisation
nouvelle de la police offre une occasion favorable pour
atteindre ce résultat,

« Considérant que la chéchia bleue, n'étant pas actuellement un article de vente, aucune gêne ne sera
apportée au commerce local du fait de son interdiction,

« Arrête :

« Article 1 : Le port de la chéchia bleue est réservé exclusivement aux gardes de police de la Guinée française, et expressément interdit à tous autres indigènes... [22]. »

En A.E.F., les inspecteurs de la mission Frézouls en 1910-1911, secondant les efforts des militaires pour contrôler la garde nationale, déplorèrent que celle-ci ne fût qu'une « force de police et de gendarmerie destinée à seconder les administrateurs dans leur action de tous les jours vis-à-vis des indigènes ». Les gardes, envoyés au détachement, constatait Frézouls, étaient uniquement sous l'autorité des fonctionnaires commandant les circonscriptions. Ils perdaient vite leurs qualités militaires et étaient, par exemple, affectés à Libreville « pendant une quinzaine, sur l'ordre du lieutenant-gouverneur, à la reconstruction du lazaret, érigé en maison de campagne du chef de la colonie ». Le lieutenant Lasserre, chargé d'organiser un convoi de transport dans le Moyen Logone, traitait les gardes de « brutes dangereuses, paresseuses et indisciplinées » et critiquait le recrutement local : les autochtones, disait-il, sont « des isolés qui cherchent un moyen soit d'assurer leur existence matérielle, soit de disposer d'une parcelle d'autorité leur permettant de pressurer leurs compatriotes [23] ».

Il ne faudrait cependant pas trop noircir le tableau. Les auteurs les plus sévères connaissent aussi de bons gardes. Comme Fily Dabo Sissoko, M. Hampaté Bâ rencontre des gardes devenus interprètes et honnêtes. Les propositions pour la médaille d'honneur retracent les carrières de nombreux tirailleurs, rengagés comme gardes et passant parfois interprètes. Ainsi Moussa Diakité, spahi de 1890 à 1899, libéré comme maréchal des logis, rengagé comme garde et décoré en 1903, ou Mamadou Ba, né en 1875, spahi de 1895 à 1901, devenu garde régional dans le cercle de Kaedi : blessé en poursuivant des Maures qui avaient enlevé des moutons appartenant au cercle de Gattaga, il ne put être promu brigadier parce qu'il était illettré, mais fut décoré [24]. On multiplierait aisément les exemples.

La qualité des gardes tendit sans doute à s'améliorer avec la fin de l'expansion et les progrès de l'instruction.

L'impression générale est cependant, pour ces agents d'exécution comme pour les interprètes, que l'extrême fragilité des cadres, trop réduits, trop instables, trop peu familiarisés avec la vie locale, empêchait l'autorité coloniale de s'exercer pleinement.

Les colonisateurs pouvaient aussi compter sur l'appui des militaires qui, en août 1914, groupaient en A.O.F. quatorze mille cent quarante-deux hommes de troupe noirs, encadrés par des officiers blancs. Il n'y avait de soldats blancs que le bataillon d'infanterie coloniale stationné à Dakar. En revanche, quinze mille hommes de troupe noirs servaient en Afrique du Nord [25].

CHAPITRE IX

LE PETIT PERSONNEL NOIR
ORIGINE ET RECRUTEMENT LOCAL

Administrateurs et chefs de service blancs, chefs noirs, interprètes et policiers constituaient l'armature de la colonisation. Au fur et à mesure que les colonies se développèrent, il fallut renforcer et diversifier l'armature. Mais les moyens faisaient défaut. Pour seconder, même médiocrement, les Blancs en place, pour alimenter les bureaucraties naissantes, on fit appel à un petit personnel indigène, d'abord très élémentaire. D'anciens tirailleurs baragouinant le français, d'anciens élèves des écoles de brousse ou des missions, d'anciens boys instruits par leurs maîtres fournirent des plantons, des commis, écrivains ou expéditionnaires, des infirmiers, des imprimeurs, des agents politiques, des exécutants de tous les services progressivement institués.

On les rétribuait selon les disponibilités, on les recrutait sur place, on les licenciait de même, on les traitait, selon les cas, avec condescendance ou avec un mépris affiché ; on ne les ménageait pas car les volontaires abondaient.

Ces initiatives locales des administrateurs sont bien décrites dans une circulaire du gouverneur de la Guinée, Cousturier, le 13 juin 1901 :

« Circulaire à MM. les Administrateurs et Commandants de cercle au sujet de l'engagement des agents indigènes inférieurs et des augmentations de solde à leur accorder.

« 1. Quelques Administrateurs ou Commandants de cercle, ayant à doter leur circonscription de certains agents indigènes inférieurs, ont cru pouvoir de leur propre autorité fixer le nombre de ces agents et la solde à leur attribuer sans recourir à un arrêté du Gouverneur, rendu selon les formes réglementaires.

« D'autres ont créé de leur propre chef des fonctions diverses avec des indemnités, se basant uniquement sur ce que ces fonctions et indemnités ont été prévues pour d'autres Colonies.

« Le Gouverneur tient à rappeler à tous que ce mode de procéder est absolument irrégulier et qu'il peut entraîner de fâcheuses conséquences.

« Aucune fonction, si minime qu'elle puisse être, aucune solde, aucune indemnité, si infimes qu'elles soient, ne peuvent être constituées, et inscrites aux dépenses, que par un arrêté en forme.

« Le chef de la colonie est tout disposé à écouter et à examiner les propositions qui peuvent lui être faites, à leur donner satisfaction quand elles lui paraissent fondées et dans la limite du possible ; mais il faut que les règles générales d'administration soient respectées par tous et qu'on ne puisse relever aucun manquement attaquable ou reprochable par le Service de l'inspection et par la Cour des comptes.

« 2. Il est parfois demandé (quand il n'est pas accordé directement) des augmentations de solde pour le personnel indigène inférieur tel que : laptots des embarcations des postes, des manœuvres au mois, des bergers, des palefreniers, des piroguiers passeurs, des gardiens de caravansérail, etc. Le Gouverneur fait remarquer que ces augmentations, toutes les fois qu'elles ne sont pas basées sur un renchérissement réel et notable de la vie dans le cercle, n'ont aucune raison d'être. Les traitements qui sont attribués aux indigènes de ce personnel doivent l'être une fois pour toutes.

« Il ne s'agit pas de fonctions dont le titulaire gagne avec le temps une compétence nouvelle, un accroissement ou un perfectionnement de ses aptitudes. Il ne s'agit pas d'un personnel qui soit lié à l'administration, ni qu'on ait intérêt réel à lier au service.

« Et il faut tenir compte de ce qu'au contraire les indigènes qui en font partie se trouvent, par la régularité de leur paie, par la ration qui leur est distribuée lorsqu'ils y ont droit, dans une excellente situation. Des motifs qui inspirent à l'indigène sa demande d'augmentation nous n'avons aucun compte à tenir. Il ne servira pas mieux une fois augmenté, et si la manière dont il conduit son existence et sa maison lui font un devoir d'augmentation il n'y a qu'à lui rendre sa liberté, et à engager un autre employé en son lieu et place.

« L'insertion de la présente circulaire au *Journal officiel* tiendra lieu de notification.

« Conakry, le 13 juin 1901
« Signé : COUSTURIER [1]. »

A parcourir les innombrables arrêtés des gouverneurs des différentes colonies, on a l'impression d'une sorte d'anarchie : chacun crée, organise, réforme des services, selon ses besoins et ses moyens. A travers une réglementation pléthorique, les textes promulgués, rapportés, modifiés se suivent sur un rythme rapide. Ils prétendent assurer la bonne marche du service, contrôler, voire protéger l'indigène.

Cela conduit parfois l'administrateur à s'ingérer dans les affaires privées. Dès 1887 par exemple, le gouverneur du Gabon, Noël Ballay, prit un « Arrêté portant tarif des experts, interprètes, témoins et gardiens » dont les quatre titres précisaient exactement les indemnités dues dans tous les cas qui pouvaient se présenter [2]. Cousturier publia dans le premier numéro du *Journal officiel de la Guinée* un « Arrêté portant fixation des salaires de la main-d'œuvre à la Guinée française... afin de prévenir autant que possible les différends entre patrons et ouvriers et d'éviter les difficultés de toute nature que présente dans l'état actuel de la colonie l'absence de tout règlement à cet égard ». La mesure s'expliquait par les recrutements des chantiers du chemin de fer. Mais il s'agissait de salaires maximum, et aucune sanction n'était prévue [3]. Au Dahomey, une circulaire « au sujet de la rétribution de la main-d'œuvre indigène » posa, en 1908, le principe que celle-ci devait être rétribuée ; aucun travail ne devait être entrepris en l'absence de crédits suffisants. Il s'agissait essentiellement de la construction des routes [4].

Les boys formaient, au contact négro-blanc, une frange particulièrement instable. Les contrôler était malaisé. Un arrêté de 1909 imposa, en Côte-d'Ivoire, à tout indigène au service d'un Européen la possession d'un livret de domestique indigène, qui serait visé tous les semestres par le commandant de cercle. Un rappel, deux ans plus tard, constata que l'arrêté sur les livrets des boys avait souvent été perdu de vue[5].

Au Dahomey, un arrêté local de 1913 imposa aux « boys, cuisiniers, manœuvres, cochers, palefreniers, etc. » la possession d'un livret d'identité, délivré par les commandants de cercle ou les chefs de poste, en présence de deux témoins, moyennant une taxe de 3 francs. Le livret devait également être visé tous les semestres[6]. Des livrets semblables furent établis pour les indigènes de Libreville en 1915[7].

***

L'initiative locale résultait à la fois de l'appétit de puissance de chaque gouverneur, jaloux d'affirmer son indépendance en se démarquant du voisin, et de la loi de finances de 1900 qui limitait les dépenses administratives aux revenus de chaque colonie. On observe dès lors que certains statuts indigènes n'existent que dans certains territoires — celui des porteurs de canne ou des hamacaires et des magasiniers au Dahomey[8]; celui du « personnel des jardins d'essai et des plantations » en Guinée, sans doute inspiré de la pratique sénégalaise, avec sa hiérarchie de manœuvres et de surveillants variant de 25 à 80 francs par mois, et dont le nombre dépendait chaque année des disponibilités budgétaires[9]. Les piroguiers et passeurs y furent également réglementés.

Le recrutement de porteurs posa partout, avant la construction des voies ferrées et l'organisation de la navigation fluviale, de redoutables problèmes. Les abus les plus scandaleux — prises d'otages, rations insuffisantes, sévices corporels —, fréquents au Congo, ne pouvaient empêcher les désertions, les révoltes ou les vols. En A.O.F., les administrateurs tentèrent parfois de séduire cette indispensable main-d'œuvre en lui assurant une rémunération convenable et la sécurité de l'emploi. La réglementation la plus détaillée que nous ayons trouvée organisait en 1903 en Côte-d'Ivoire une

« compagnie de deux cents porteurs indigènes » pour le ravitaillement des postes. Chefs, sous-chefs, porteurs étaient recrutés par engagement volontaire de trois ou de six mois, renouvelable. Les porteurs élisaient leurs chefs. Ils étaient convenablement rétribués, les tarifs variant selon les lieux ; les retours sans charge étaient indemnisés. Les arrêtés successifs précisant les détails prouvent que le système a fonctionné. Ils ne renseignent évidemment pas sur son respect par les différents commandants de cercle ou chefs de poste, et moins encore sur les abus vraisemblables de corvées de portage en dehors des volontaires de la compagnie[10].

L'initiative locale apparaît également dans les créations à des dates différentes et dans la diversité des conditions faites aux indigènes des services clés indispensables auxquels nous consacrerons le chapitre suivant.

*
**

Qui étaient ces hommes ? A défaut des Blancs du cadre métropolitain, qui coûtaient cher, on forma, avec d'anciens officiers ou sous-officiers, ou avec des candidats colons qui n'avaient pas réussi, des « cadres recrutés à l'extérieur », après examen, et mieux rétribués que les indigènes locaux. Partout, entre 1890 et 1906 environ, on s'adressa volontiers à d'anciens tirailleurs. La double préoccupation des militaires, soucieux de former une réserve d'éventuels soldats instruits, et des administrateurs, désireux de remplacer, dans les emplois qui n'exigeaient pas de connaissances particulières, le Blanc par un Noir discipliné, explique l'arrêté du gouverneur général Ernest Roume « au sujet des emplois administratifs à donner aux militaires indigènes recrutés ou libérés avant retraite » (13 janvier 1905). La durée du service du tirailleur indigène, limitée à quinze ans au maximum par le décret du 14 novembre 1904, permettait d'instruire un plus grand nombre de soldats. Les pensionnés après quinze ans de service, ou les libérés avant, pouvaient avantageusement être utilisés dans les services civils. Il importait donc de leur réserver certains emplois.

« ... En fait la plupart de ces situations administratives sont actuellement occupées par d'anciens militaires recherchés tant à cause de leurs principes de discipline, d'ordre et d'obéissance inculqués pendant leur passage au régiment qu'à cause de la connaissance plus ou moins approfondie de notre langue ainsi que de nos mœurs et de nos habitudes.

« Il ne s'agit donc que de régulariser l'état de choses actuel pour créer un débouché normal à nos militaires retraités. Dans ce but, M. le Ministre des Colonies prescrit de déterminer par un arrêté les différents emplois qui pourraient être concédés et les conditions nécessaires pour leur obtention.

« J'ai l'honneur de vous prier de vouloir bien m'adresser des renseignements précis sur la nature et la proportion des emplois qui peuvent être réservés dans les services placés sous votre autorité, en donnant les conditions requises pour l'admission à ces emplois : plantons, agents de police, des douanes, de la sûreté, gardiens de prison, gardes de cercle, agents de surveillance ou d'exécution dans les travaux publics, les chemins de fer, etc.

« Je vous serais obligé de me soumettre toutes les propositions que vous croirez utiles, vos renseignements serviront de base à la réglementation qui doit être élaborée [11]. »

Des commissions d'examen, formées de trois officiers, dont le président, et de deux civils, furent prévues à Dakar, Saint-Louis, Kayes, Kati (Mali), Tombouctou-Niamey, Konakry, Grand Lahou, pour délivrer des certificats d'aptitude aux quatre catégories d'emploi énumérées par une circulaire du ministre des Colonies le 17 septembre 1905 [12]. Les candidats devaient être âgés de moins de quarante ans. En 1912, les emplois « réservés aux anciens militaires indigènes étaient ceux de plantons, personnel indigène des Postes et Télégraphes, gardiens, infirmiers des hôpitaux et léproseries, concierges, ouvriers civils des établissements militaires, agents de police, gardiens de phares et sémaphores, gardes de cercle, personnel du chemin de fer, gardiens de prison, chefs de commune ou de canton, agents politiques et interprètes [13] ».

Sur la personnalité de ces hommes, la documentation, comme pour les interprètes, ne devient relativement sûre qu'à partir du moment où l'on éprouva le besoin de préciser leur statut; encore les arrêtés en fixent-ils rarement le nombre et n'en donnent-ils guère les noms. Les comptes définitifs des budgets ne sont pas d'un grand secours pour cette période antérieure à 1914. Nous avons cherché, dans les dossiers des décorations et dans ceux des prisons, ou parmi les sanctions parfois motivées publiées aux journaux officiels, des profils de carrière. L'enquête aurait été décevante si elle ne nous avait conduit, une fois de plus, à une mise en garde pour l'appréciation de ces gens : ils ne sont absolument pas comparables aux « collaborateurs » de la Seconde Guerre mondiale en Europe. Ils n'étaient pas et ne pouvaient pas être qualifiés de « traîtres » pour la bonne raison que les sentiments de solidarité raciale ou nationale n'existaient pas au-delà de la vigoureuse conscience ethnique. Les familles et même les villages étaient fiers de ces collaborateurs susceptibles de se muer en intercesseurs. Nul ne songeait à les blâmer. Ils restaient moralement immergés dans leurs familles et dans leurs villages, bien que physiquement employés par les colonisateurs. D'ailleurs, avant l'installation des Blancs, n'était-il pas normal de voir bien souvent les vaincus servir loyalement leur nouveau maître ?

A en juger d'après l'épaisseur du carton « Décorations » et d'après l'abondance de la réglementation sur les médailles, on serait tenté de penser qu'elles étaient recherchées par les indigènes. On en créa des dizaines, non seulement pour les militaires qui avaient participé aux expéditions coloniales — la plus importante étant la médaille coloniale (1893) —, mais encore pour les civils, blancs ou noirs : médaille d'honneur des Affaires étrangères en 1871, médaille des actes de courage et de dévouement (1900), médaille pénitentiaire coloniale (1898), médaille d'honneur pour les « ouvriers et employés français ou indigènes, non naturalisés, comptant plus de vingt ans de services consécutifs dans un même établissement industriel ou commercial situé dans des colonies françaises » (13 avril 1899), médaille d'honneur des épidémies, réglementée pour les colonies en 1903 [14].

Etienne ne doutait pas de la concupiscence des indigènes lorsqu'il adressa aux gouverneurs des colonies la circulaire du 28 juillet 1887 :

« Sur mon initiative il a été décidé que les indigènes de nos colonies, non citoyens français, pourront être décorés de la Légion d'honneur au titre étranger.

« Je vous prie d'examiner s'il n'y aurait pas lieu de faire bénéficier de cette disposition des indigènes habitant les territoires dépendant de votre gouvernement. Vous auriez à m'adresser dans ce cas, pour ceux que vous en jugeriez dignes, des propositions motivées.

« Je n'ai pas besoin d'insister auprès de vous, Messieurs, sur les avantages qu'est de nature à produire, pour le succès de notre politique, l'application de la mesure libérale prise par le gouvernement de la République [15]. »

Naïveté révélant l'ethnocentrisme impénitent des colonialistes ou habileté de l'homme politique maniant la carotte et le bâton, assuré que la médaille était garante du loyalisme de celui qui l'avait reçue ?

Espérant trouver dans les motivations des précisions sur l'origine sociale et sur le passé des élus, nous avons été déçus. Les demandes soumises au ministre entre 1896 et 1907 [16], tant pour la Légion d'honneur que pour d'autres médailles concernant des chefs de canton et des notables, furent agréées à l'ancienneté, sans précision de motifs. Ainsi Abd el-Kader, chef des provinces autonomes, entré en 1868 au service de la France à laquelle il a toujours « prouvé son profond attachement », successivement décoré d'une médaille d'or de première classe et de celle de chevalier du Nicham Iftikar, ne reçut la Légion d'honneur qu'en 1897. Meïssa M'Baye, qui avait participé aux expéditions du Baol et du Djolof en 1890, du Fouta en 1891, fut nommé chef du Saniokhor occidental et décoré en 1905 d'une médaille d'or de deuxième classe. Sega Poulo Sow, chef du canton de Kaolak, au Sénégal, fidèle à la France depuis l'attaque du poste par un marabout en 1867, reçut en 1897 une médaille d'or de deuxième classe. De même Bariane Diao, chef du canton de N'Dombo, qui n'avait cessé de faire preuve « du plus grand attachement pour la France » depuis le jour où il avait perdu l'oreille gauche dans un combat, en 1892, ne fut décoré de la médaille d'argent de première classe « en reconnaissance des services rendus » qu'en 1897 ; il avait alors trente-cinq ans.

Ce furent souvent les actes de courage que l'on récompensa: le propriétaire et armateur N'Diouga Dieng, conseiller municipal de Gorée, avait participé à de nombreux sauvetages de bateaux lorsqu'il reçut en 1898 une médaille d'or de première classe. « Ce brave indigène, conclut le maire de Gorée, auteur de la proposition, entretient dans l'esprit de ses compatriotes l'estime et l'amour de la France, le respect et la soumission à l'autorité. »

Nombreux furent les pilotes, les laptots, les gardiens de phare décorés à la suite d'actes de sauvetage et beaucoup de médailles furent distribuées lors des épidémies de fièvre jaune.

Ces fournées de décorations — en septembre 1906 le gouverneur du Soudan proposa quarante-quatre indigènes pour des médailles d'honneur, en or, argent, vermeil ou bronze — renseignent peu sur la personnalité de ces collaborateurs.

C'est en enquêtant sur la hiérarchie des médailles et sur les récompenses et les sanctions publiées par les journaux officiels que l'on voit bien se préciser la différence de mentalité entre Noirs et Blancs.

Lorsque les colonisateurs éprouvèrent le besoin de réglementer ce petit personnel sans lequel ils ne pouvaient rien, mais dont la qualité devait être améliorée, ils s'inspirèrent tout naturellement des modèles métropolitains. Les nombreux arrêtés des gouverneurs sur les conditions de recrutement, les hiérarchies, les soldes, la discipline des agents noirs reprennent en général les stipulations des règlements français.

Les sanctions appliquées en métropole allaient du blâme à la suspension et à la révocation. Les récompenses, qui n'étaient pas prévues dans les règlements, consistaient pratiquement en décorations ou en avancements au choix.

A parcourir les journaux officiels de la Guinée française de 1892 à 1913 et de la Côte-d'Ivoire entre 1896 et 1913, nous avons relevé de nombreuses récompenses accordées tant aux indigènes qu'aux Européens. Ce ne sont pas les mêmes. Les « témoignages de satisfaction » et les « gratifications » — de 5 à 200 francs — sont fréquents. Sans trop nous inquiéter d'une rigoureuse exactitude numérique, nous constatons que

les Noirs n'étaient pas sensibles aux mêmes distinctions
que les Blancs; le tableau suivant le révèle:

	Guinée (1892-1913)		Côte-d'Ivoire (1896-1913)	
	Noirs	Blancs	Noirs	Blancs
Témoignages de satisfaction	52	173	19	120
Gratifications	91	34	95	7

Et le fait qu'un brigadier-chef des gardes de cercle,
blessé au cours d'une mission, reçut une montre en plus
du témoignage de satisfaction confirme une différence de
mentalité que l'étude des sanctions révèle également [17].

Si celles-ci ne fournissent guère d'informations sur
l'origine des agents et sur leur vie antérieure à leur
recrutement, elles témoignent d'une sensibilité indigène
différente de celle des Blancs. Elles allaient, en France,
dans les cadres civils, de l'avertissement ou de la
réprimande au blâme avec inscription au dossier, à la
suspension, avec ou sans retenue de solde, à la rétrogradation et à la révocation. Dans les cadres militaires, de
la salle de police à la prison, à la rétrogradation et à la
révocation. En Guinée et en Côte-d'Ivoire, on voit se
développer les retenues de solde sans suspension, qui
n'existent pas en France. Il y a d'ailleurs des variantes.
La suspension sans retenue de solde, par exemple, est
fréquente en Côte-d'Ivoire et inconnue en Guinée. De
même, dans une même colonie, la hiérarchie des peines
varie selon les cadres ou selon les dates. Ainsi, en
Guinée, les arrêtés du 1er octobre 1901 rendent les
interprètes des Affaires indigènes et les agents des
Postes passibles de réprimande, blâme, retenue de solde
de un à quinze jours, suspension avec retenue, rétrogradation, révocation. Puis, pour les agents des Postes,
l'arrêté du 15 janvier 1911 réduit la liste au blâme, à la
suspension avec retenue, à la rétrogradation et à la
révocation. Cette échelle tend à s'imposer dans l'ensemble de l'A.O.F. à partir de 1910, quand le gouverneur général promulgua les arrêtés de création ou de
réorganisation des cadres des diverses colonies [18].

Certains cadres eurent des sanctions propres, tels les infirmiers indigènes de Guinée, susceptibles, entre la réprimande et la suspension de solde de un à quinze jours, de consigne à l'hôpital et de garde hors tour, ou les ouvriers imprimeurs de Côte-d'Ivoire dont la « suspension de fonction », sans précision sur la solde, précède la rétrogradation[19].

Nous avons recensé, tant en Guinée qu'en Côte-d'Ivoire, au cours des mêmes périodes que pour les récompenses, plus de trois mille cent sanctions. Une analyse superficielle des chiffres révèle l'écrasante supériorité des retenues de solde. En corollaire, les blâmes indigènes sont peu nombreux, les rétrogradations rares, les révocations fréquentes : en Guinée, sur mille trente-huit sanctions, il y eut six cent quatre retenues de solde, soit 58,18 %, trois cent quarante-huit révocations, soit 38,45 %, vingt-cinq blâmes, dont sept seulement pour les indigènes, quatorze rétrogradations.

Les mentions disciplinaires concernent évidemment surtout les agents des services les plus anciens et les plus importants : les Postes et Télégraphes en réunirent, en Guinée, 18,47 %, la police et les gardes de cercle 15,12 %. En Côte-d'Ivoire, la police domine avec huit cent soixante-douze sanctions sur deux mille soixante-neuf, soit 42,3 %, les Postes n'en réunissant que 27,4 %.

Il est difficile d'apprécier la proportion sanctionnée du personnel indigène. Un même agent a souvent été puni à plusieurs reprises et les statistiques sur l'ensemble du personnel noir font défaut. Les comptes définitifs du budget donnent parfois des indications[20]. Dans les Postes et Télégraphes de la Côte-d'Ivoire, on trouve :

	Sanctions	Personnel indigène	%
1907	18 − 2 Européens = 16	97	16,5
1910	91 − 91	122	78,5
1913	54 − 8 Européens = 46	122	37,7

La poussée de 1910 s'explique peut-être par la substitution massive au petit personnel blanc de Noirs encore mal habitués au service et massivement recrutés par le nouveau gouverneur Angoulvant.

Même observation pour les licenciements, qui ne sont pas des sanctions, qui sont rarement motivés et qui peuvent s'expliquer autant par des raisons budgétaires que par l'incompétence. En Guinée, sur un total dans tous les services, entre 1891 et 1914, de cent quarante-neuf licenciés, le service de santé intervient pour trente-cinq agents, dont vingt-cinq infirmiers en 1910. En Côte-d'Ivoire, pour les années du sondage, on relève quatre cent soixante-dix-neuf licenciements dont cent quatre-vingt-dix-neuf dans la police, quatre-vingt-cinq (dont un Européen) dans les Postes, soixante-neuf interprètes et cinquante-sept (dont trois Européens) dans les douanes.

En A.E.F., les données sur le personnel indigène sont inexistantes. Un rapport de l'inspecteur Métin sur les délits et crimes du personnel blanc entre 1909 et 1911 déplore leur nombre inusité. Les négligents et les coupables appartiennent au « prolétariat administratif blanc » qu'on ne devrait pas condamner à une vie de souffrance et à des tentations en l'envoyant dans les colonies : vingt-sept cas sont exposés, et un tableau de trois pages dactylographiées relève les « crimes et délits commis par les agents des sociétés concessionnaires, depuis 1900, portés à la connaissance de l'administrateur [21] ».

Les révocations furent nombreuses : en Guinée, entre 1890 et 1914, les Postes en totalisèrent quatre-vingt-trois sur trois cent quarante-huit, la police et les gardes de cercle soixante-neuf. Suivent les soixante-deux chefs de village ou de province à partir de 1905. On révoquait rarement les Européens, même incapables et blâmés. Nous n'en avons relevé qu'un seul cas, celui d'un commis des Affaires indigènes. En Côte-d'Ivoire, nous avons compté deux cent trente-neuf révocations dont soixante-quatorze douaniers, soixante-treize postiers et trente-six interprètes.

Les motivations des sanctions devraient être une source privilégiée pour l'étude des rapports entre Noirs et Blancs. Elles déçoivent cependant aussi, d'abord par leur défaut : plus du tiers des sanctions et licenciements relevés en Côte-d'Ivoire ne sont pas motivés. Ensuite par leur laconisme : négligence, manquement grave, indélicatesse, mauvaise volonté ou mauvaise conduite, paresse, violence, abus de pouvoir, insubordination, incorrection, etc., justifient sans doute la plupart des sanctions inférieures à la révocation, mais ne permettent pas d'expliquer le comportement des indigènes.

Dans certains cas cependant, on comprend à la fois l'innocence du Noir et l'exaspération du Blanc : tels le commis des Postes N'gour, rétrogradé de la première à la deuxième classe pour avoir « violé les instructions données pendant l'épidémie de fièvre jaune en expédiant par pirogue de Bassam à Bingerville un paquet de correspondance non désinfecté et en ne prenant que des précautions de fumigation insuffisantes [22] », ou le garde de police frappé de quinze jours d'arrêt sans solde parce que, étant de garde à la prison, il « a laissé deux prisonniers aller coucher dans leurs cases [23] », ou le garde qui subit la même peine pour avoir « réglé un palabre alors qu'il était chargé d'un courrier [24] ». Ou encore : quinze jours d'arrêt sans solde à un garde de deuxième classe qui « était le plus ancien d'un groupe venu présenter une réclamation collective non justifiée [25] ».

Au Dahomey, un commis local de troisième classe des Postes et Télégraphes ne subit qu'une suspension de solde de huit jours pour « retards répétés et volontaires dans la transmission des télégrammes officiels et grossières inconvenances vis-à-vis de ses collègues [26] ». Il dut aussi, par suite d'abus du droit de franchise télégraphique, « rembourser le double de la taxe du service abusif qu'il s'est permis d'adresser au receveur de Porto Novo ».

En Guinée, un infirmier stagiaire fut licencié à la suite de « soustraction et vente de médicaments [27] ».

On glanerait à foison d'autres exemples. Le *Journal officiel de la Guinée* publia chaque mois à partir de 1907 de longues listes nominatives de sanctions.

Un rapide débroussaillage des sanctions et licenciements motivés en Côte-d'Ivoire permet le classement suivant : 47 % concernent les fautes de service — mauvais travail, paresse, incompétence, erreurs, absences injustifiées, retards, violences, rixes, brutalités, exactions diverses, vols —, 14,7 % se réfèrent à des conflits avec les supérieurs — indiscipline, refus d'obéissance, manque de respect, injures, voies de fait —, 4,9 %

à des abus à l'égard des indigènes — extorsions de fonds, brutalités, abus d'autorité, de la part, essentiellement, de gardes de police et d'interprètes.

*
**

Les sondages opérés ici et là, un peu au hasard, dans l'espoir de reconstituer des biographies individuelles de coopérants, ont surtout révélé la différence des mentalités entre Blancs et Noirs. Les nombreux candidats aux emplois rétribués par les Blancs n'étaient pas, comme souvent les lettrés de la côte ou les citoyens des communes de plein exercice du Sénégal, des néophytes, convaincus de la supériorité de la civilisation occidentale qu'ils souhaitaient voir se répandre en Afrique. Ils restaient des Africains précoloniaux et n'avaient pas changé de mentalité. Ils n'avaient absolument pas conscience de ce qu'ils étaient en réalité : un groupe social en formation.

La plupart accomplissaient des tâches dont l'utilité ne leur apparaissait pas. Plantons, ouvriers des travaux publics, chefs non coutumiers ne comprenaient pas toujours la nécessité des fonctions qu'ils remplissaient et surtout pas celle d'agir à heure fixe. Ils étaient en général assez peu convaincus pour éviter les conflits de conscience : les nombreux gardiens de prison sanctionnés pour avoir laissé s'échapper ou aidé à s'évader un condamné de leur ethnie se seraient sentis beaucoup plus coupables s'ils ne lui avaient pas prêté assistance. La prison ? Les médailles ? Les blâmes avec inscription au dossier ? Manières de Blancs. Que leur importait à eux qui n'avaient pas la même conception de l'honneur que le Blanc ! En revanche, ils se seraient sentis coupables s'ils s'étaient désolidarisés d'un parent éloigné dont le crime et la condamnation eussent laissé insensible l'Européen.

Si frustes qu'ils fussent, ces premiers collaborateurs ne restèrent pas également inconscients de l'intérêt du travail accompli : très vite une formation plus poussée fut exigée d'eux. Le secteur le plus important, où elle était indispensable, était celui des Postes avec ses divers services de guichet, d'entretien des lignes télégraphiques, de distribution du courrier. Nous y revien-

drons. Le développement de services nouveaux requé-
rant, comme celui des Postes, un minimum de connaissances techniques — infirmiers, imprimeurs, agents
d'agriculture, mécaniciens — rendit plus difficile l'accès
à des cadres recrutés au concours et favorisa l'évolution
des mentalités. Quand les cadres se stabilisèrent, quand
le « système colonial » fonctionna, ceux qui le manœu-
vraient prirent progressivement conscience de son utilité ainsi que de leurs droits et devoirs. L'indigène
colonisé se mua lentement, au cours de deux ou trois
générations, en indigène colonisateur. Le lettré isolé
s'effaça, se fondit dans la nouvelle classe sociale des
évolués. Alors, au contact de subordination pure et
simple se substitua un contact de collaboration. L'évolution de la réglementation entre 1880 et 1925 environ
permet de s'en rendre compte.

La fédération de l'A.O.F. fut créée en 1895. Mais les
gouverneurs généraux eurent peine à s'imposer. Des
réorganisations successives augmentèrent leurs pouvoirs. Celle de 1902 précisa qu'ils auraient seuls le droit
de correspondre directement avec le ministre et qu'ils
contrôleraient désormais les budgets locaux, ainsi que
toute l'activité des « lieutenants-gouverneurs » auxquels
il leur était loisible de déléguer certains pouvoirs. Celle
de 1904 accrut les services généraux du gouvernement
général qui disposa désormais d'un budget important,
alimenté en particulier par les revenus des douanes, et
fut habilité tant à recevoir des contributions des
diverses colonies qu'à leur distribuer des subventions.
La politique de Roume, puis celle de Ponty tendirent à
former un véritable Etat fédéral, doté d'un bon réseau
de communication et de services généraux communs
pourvus de bureaucraties éprouvées.

Cela ne se fit pas en un jour. Le gouverneur général
ne disposait ni des moyens ni du personnel nécessaires
pour intervenir partout. Il procéda par retouches, au fur
et à mesure que les lieutenants-gouverneurs lui soumet-
taient leurs projets d'arrêtés. Peu à peu, ceux concernant le personnel furent conçus selon le même plan,
avec des dispositions semblables sur le recrutement, la
hiérarchie, la discipline. Mais les disparités étaient
telles que le gouverneur général se réserva d'abord la
nomination des agents rétribués au-dessus de

2 400 francs, abandonnant celle des « sous-agents » à l'initiative locale.

Le modèle de cette procédure fut l'arrêté de Roume du 10 janvier 1906 « réorganisant le personnel des Postes et Télégraphes en A.O.F. ». Son but était, selon le rapport de l'inspecteur des Postes et Télégraphes, l'organisation similaire du service dans chaque colonie ; ce « cadre local » comprenait des receveurs et des commis (chapitre II) qui pouvaient éventuellement être assistés de commis auxiliaires issus d'un cadre spécial au traitement maximum de 1 800 francs (chapitre III). Ces auxiliaires pouvaient, après dix ans de service et de très bonnes notes, être promus commis. Cela revenait en somme à remplacer une partie des commis blancs à 2 400 francs par des Noirs à 1 800 francs.

Les sous-agents indigènes formèrent une section spéciale dont l'organisation était abandonnée aux lieutenants-gouverneurs : « Il n'a pas été possible, dit le rapport, de fixer les émoluments des sous-agents chargés de l'entretien des lignes et du matériel ou de la distribution des correspondances. Ce personnel est essentiellement recruté dans les régions mêmes où il doit exercer ses fonctions, et à des taux qui, étant donné les conditions très variables de l'existence, diffèrent trop notablement d'une colonie à l'autre pour qu'on puisse songer à unifier les situations pécuniaires. L'article 11 laisse à MM. les lieutenants-gouverneurs le soin de déterminer eux-mêmes le cadre, l'effectif et la solde de ce personnel... Cela ne modifie pas le pouvoir que vous avez délégué aux lieutenants-gouverneurs de nommer aux emplois jusqu'au traitement de 2 400 francs inclusivement. Le personnel des Postes et Télégraphes, s'il se trouve désormais soumis aux mêmes règles dans toute l'étendue du Gouvernement Général, n'en continuera pas moins à former dans chaque colonie un cadre distinct placé sous l'autorité du lieutenant-gouverneur [28] », le cadre local.

Les lieutenants-gouverneurs réglementèrent donc les cadres locaux, en y réservant une section aux sous-agents indigènes. Puis, peu à peu, ils distinguèrent du cadre local, toujours accessible aux « citoyens ou sujets français » (article 18), le « cadre local indigène » dont le personnel gagnait moins de 2 400 francs [29].

Au Dahomey, un cadre local indigène fut créé dès 1906 dans les Douanes, avec des soldes de 600 à 2 400 francs et un examen initial, et le « cadre des préposés indigènes », créé le 29 janvier 1909, groupait d'après l'Annuaire cent trois indigènes aux côtés de trente-trois Européens. Ils étaient en 1914 respectivement cent treize et vingt-quatre [30].

Les cadres locaux indigènes n'ont évidemment pas tous été créés au même moment. Sans chercher l'exhaustivité, en feuilletant rapidement les journaux officiels, nous relevons par exemple : en Guinée, les cadres locaux indigènes d'écrivains expéditionnaires en 1910, d'agents du service actif de Douanes en 1911, d'agents auxiliaires du chemin de fer, etc. ; au Dahomey, de commis et écrivains expéditionnaires en 1910, d'agents du service de l'Agriculture et des Forêts en 1913 ; en Côte-d'Ivoire, d'agents du service de l'Agriculture en 1913 et de conducteurs d'automobiles en 1914 [31].

En juillet 1914, les journaux officiels publièrent les tableaux d'avancement des agents des cadres locaux indigènes ivoiriens suivants : aides-médecins, agents des Postes et Télégraphes, imprimeurs, instituteurs, douaniers, gardes de cercle, écrivains [32].

En Afrique équatoriale française, entre 1910 et 1930, nous voyons se développer des cadres locaux indigènes de plantons, d'agents des Postes et des Douanes, de moniteurs et instituteurs adjoints indigènes, d'ouvriers et apprentis d'imprimerie, d'infirmiers, d'interprètes. Les soldes de ces personnels furent relevées à plusieurs reprises [33].

Après la Première Guerre mondiale, de nouvelles réorganisations administratives regroupèrent agents et sous-agents, Noirs et Blancs, citoyens ou sujets français dans les mêmes cadres locaux. Les cadres locaux « indigènes » disparurent progressivement en A.O.F., non en A.E.F., toujours en retard.

Nous ne pouvons pas étudier en détail l'évolution de chacun de ces cadres dans chacune des colonies. Nous constaterions que l'évolution a été semblable et a partout conduit à une augmentation du nombre des agents, à une qualification croissante et, parallèlement, à un relâchement très lent, ou plutôt à une mutation des rapports entre ces individus et leur collectivité

Une école primaire indigène
en Guinée.

d'origine, familiale ou ethnique. L'agent devenait à la fois le bienfaiteur obligé par les traditions de solidarité familiale d'assister ses « cousins » et, plus insidieusement, l'artériole par laquelle un peu de culture occidentale pénétrait dans la masse indigène.

Il est difficile d'apprécier quantitativement l'augmentation de ces collaborateurs indigènes et la place qu'ils occupaient au sein de chaque administration. Les Annuaires de l'A.O.F. sont une source douteuse, avec leurs lacunes, leurs irrégularités, leur évident dédain des indigènes, dont les noms ne sont pas toujours mentionnés. Jusqu'en 1910, les brusques variations des chiffres induisent en méfiance. A partir de 1911 ou 1912, les données paraissent un peu plus sérieuses ; les effets de la circulaire ministérielle de Messimy recommandant la multiplication des cadres locaux indigènes se font sentir.

Il n'y a cependant pas de statistiques officielles fiables pour l'ensemble de l'A.O.F. et pour plusieurs années. Quelques recoupements sont possibles quand les arrêtés des journaux officiels donnent des précisions. Ainsi le nombre des agents des Postes et Télégraphes en Guinée en 1911 correspond à celui de l'Annuaire. Mais la même année le *Journal officiel de la Côte-d'Ivoire* mentionne cent trente indigènes dans les Postes, alors que l'Annuaire n'en compte que quatre-vingt-un[34]. A ne demander à ces données imprécises que des ordres de grandeur et des indications sur le sens général de l'évolution, on observerait, comme pour les forces de police, une augmentation du nombre des Noirs et une sensible diminution des Blancs qui les encadrent. Entre 1911 et 1913-1914, le pourcentage approximatif des agents blancs des Postes et des Douanes serait passé, d'après les Annuaires :

	Postes et Télégraphes	Douanes
au Sénégal	de 18,82 à 8,30	de 75,43 à 25,30
en Guinée	de 22,34 à 6,25	de 16,23 à 22,22
en Côte-d'Ivoire	de 25,68 à 7,69	de 49,20 à 2,22
au Dahomey (1912) ...	de 8,24 à 5,95	de 17,03 à 17,51

Un recensement des nouveaux emplois créés au Sénégal entre 1900 et 1910 permet de dresser le tableau suivant[35] :

Service	Nombre d'emplois créés	Dont Indigènes
Police	302	287
Travaux publics	96	81
Postes et Télégraphes	114	81
Douanes	101	69
Hôpitaux et Hygiène	95	67

La plupart des chiffres recueillis dans ce chapitre, comme d'ailleurs dans les autres, sont douteux, mais ils conduisent tous à une conclusion qui, elle, ne l'est pas : la marée noire montait.

A titre d'exemples, les fonctions d'autorité ayant été étudiées dans les chapitres précédents, nous considérerons de plus près le plus important des services, celui des Postes, le moins nombreux, celui de l'Imprimerie, et le plus inégalement développé, celui de la Santé.

CHAPITRE X

DES CADRES LOCAUX INDIGÈNES

I. Les Postes et Télégraphes

Des trois services qui ont accaparé le plus grand nombre de cadres blancs, les Douanes, les Travaux publics et les Postes et Télégraphes, ce dernier a été le plus important et le plus fréquemment réglementé. Sans télégraphe, en effet, pas de colonisation. Les communications rapides et régulières étaient la condition d'établissements durables. On s'inquiéta très tôt, partout, de les organiser.

Au cours de la période d'initiative locale, jusqu'en 1906, les gouverneurs des colonies issues des dépendances du Sénégal s'inspirèrent de l'arrêté « réorganisant le service télégraphique du Sénégal et Dépendances » pris par le gouverneur Brière de L'Isle le 31 octobre 1880. Le service avait été créé le 28 février 1862 comme « Service télégraphique », les autres opérations apparaissant secondaires. Le règlement déplorait l'insuffisance du nombre des agents et posait le principe de l'appel aux militaires en cas d'urgence, car « la télégraphie électrique contribue à la protection de la colonie ». Le service comprenait d'une part des commis et employés, appelés à gérer les bureaux, d'autre part des techniciens, « agent spécial mécanicien, chefs surveillants et surveillants ». Il était assuré par un personnel détaché de la métropole ou recruté sur place. L'arrêté fixa la hiérarchie de ce cadre colonial dont les quatorze classes de solde allaient de 600 francs pour les facteurs ou pour les surveillants de troisième classe à

3 600 francs pour les commis principaux de première classe. Tout le personnel, commis principaux, employés, surnuméraires, chefs surveillants, surveillants, facteurs, était nommé par le gouverneur. Les candidats surveillants ou facteurs fournissaient un extrait d'acte de naissance et un certificat de bonne vie et mœurs, les surnuméraires devaient être français — ce qui, au Sénégal, ne signifiait pas blanc. Ces surnuméraires, âgés de seize à trente ans, devaient passer un examen :

1. Une page d'écriture faite sous la dictée.

2. La même page recopiée à main posée.

3. Rédaction d'une lettre ou d'une note sur un sujet donné.

4. Formation d'un tableau conforme à un modèle donné.

5. Arithmétique élémentaire (les quatre premières règles, les fractions, les règles de trois simples et le système métrique).

6. Géographie générale des cinq parties du monde. Grandes divisions politiques, villes principales, notions détaillées sur la France et le Sénégal, notions générales sur les colonies françaises.

Les surnuméraires passaient employés de cinquième classe, à 1 500 francs, après un stage de six mois dans un bureau de la colonie.

L'arrêté réglait ensuite l'avancement, les indemnités spéciales (par exemple, celles des facteurs ou des surveillants qui se déplaçaient d'un bureau de poste à l'autre, parfois distants de plusieurs jours de marche), et les peines disciplinaires [1].

Dans les colonies en formation, on conserva la distinction entre les sédentaires des bureaux et les actifs, mécaniciens, surveillants ou facteurs.

Des décisions d'urgence furent prises au Dahomey, où les bureaux de Cotonou et de Porto Novo avaient été gérés par des employés sénégalais, où le gouverneur, en 1893, nomma des « piétons » et des manœuvres à 25 francs par mois, pour acheminer le courrier et entretenir les lignes télégraphiques, et où, en 1901, il fixa la hiérarchie des agents et sous-agents indigènes, tous nommés par le gouverneur, aucun ne pouvant « prétendre à aucune retraite ».

Il y avait, des stagiaires rétribués à 300 francs aux

agents hors classe à 3 600 francs, douze classes de
solde pour les agents et, des piétons à 300 francs
et des piroguiers à 420 francs aux chefs surveillants
à 1 400 francs, dix-huit autres classes, soit au total
trente échelons de solde. Les agents, âgés d'au moins
dix-sept ans, devaient passer un examen (écriture,
orthographe, rédaction, arithmétique). Les sous-agents
devaient être « choisis dans la population parmi les
individus sachant autant que possible parler le
français [2] ».

En Côte-d'Ivoire, l'arrêté du 24 mars 1897 « portant
organisation du personnel du service des Postes et
Télégraphes » divisait également le personnel en sédentaires — receveurs, commis, commis auxiliaires, surnuméraires — et actifs — chefs surveillants, surveillants,
surveillants auxiliaires, facteurs et facteurs auxiliaires.
Il fixa vingt-quatre classes de solde, du facteur auxiliaire à 500 francs au receveur de première classe à
6 000 francs. Nommés par le gouverneur, les surveillants et facteurs, âgés de dix-huit ans au moins,
devaient savoir lire. Les commis auxiliaires, recrutés
entre seize et vingt-cinq ans, devaient passer un
examen dont le programme serait fixé ultérieurement.
De même pour les commis, nommés entre dix-huit et
trente ans, mais ils devaient en outre être français,
c'est-à-dire, en Côte-d'Ivoire à cette époque, blancs. La
limite se situait donc entre les commis auxiliaires de
première classe à 2 000 francs et les commis de
quatrième classe à 2 500 francs.

Des agents des Postes et Télégraphes de la métropole
pouvaient en outre être détachés dans la colonie. Les
articles sur l'avancement, la discipline, les indemnités
diverses s'inspiraient également de l'arrêté sénégalais [3].

En Guinée, le 23 juillet 1901, « considérant qu'il est
indispensable, pour assurer le fonctionnement du service des Postes et Télégraphes et faciliter le recrutement de son personnel, d'organiser un corps d'agents
locaux dont la situation soit nettement définie », le
gouverneur, Cousturier, prit un arrêté sur le « personnel
indigène local » des Postes. Il y avait aussi un personnel
blanc local, puisque l'article 2 prévoyait une solde
d'Europe ou de congé. L'article 4 précisait que « le cadre
du personnel local indigène est fixé par le Gouverneur

chaque année selon les besoins du service et les prévisions budgétaires ».

Divisé en trois catégories, commis, surveillants et facteurs, ce personnel était réparti en dix-huit échelons de solde, de 360 francs pour le facteur auxiliaire à 3 400 francs pour le commis principal de première classe. Une décision du 3 août versa dans la nouvelle formation les employés et sous-agents dont les noms suivent :

« 27 indigènes, le plus élevé en grade étant le commis de 1re classe Mathurin Diop, à 2 800 francs. » Les Blancs devaient donc se situer entre 2 800 et 3 400 francs. « Les commis, surveillants ou facteurs non compris dans la présente décision pourront être ultérieurement versés dans la nouvelle formation à mesure que leur conduite et leur manière de servir leur mériteront des propositions du Chef de Service des Postes et Télégraphes. »

Combien y avait-il auparavant de Noirs au statut incertain, recrutés ou prorogés annuellement ? Nous ne le savons pas, mais, pour distinguer ceux qui allaient jouir d'une relative sécurité de l'emploi dans la nouvelle formation, l'arrêté, après avoir prévu l'avancement « au choix, hiérarchiquement de classe en classe dans chacune des catégories de personnel » et les peines disciplinaires, dotait les facteurs d'une casquette avec l'inscription « Postes » et les surveillants d'une calotte en drap bleu foncé avec les foudres[4].

Le tableau suivant montre bien la disparité entre les personnels indigènes des services des Postes organisés par les gouverneurs :

Colonies	Arrêtés	Nombre de classes	Soldes	Age et niveau inférieurs
Côte-d'Ivoire	24 mai 1897	16	500-2 000	18 ans. Lire
Dahomey.....	19 oct. 1901	30	300-3 600	Autant que possible parler français
Guinée........	8 août 1901	18	360-2 800	—
A.O.F.	10 janv. 1906	—	—	Lire et écrire couramment

*
**

Ces réglementations furent révisées après l'arrêté de Roume de 1906. Nous avons vu que les grandes nouveautés de celui-ci furent de réserver au gouverneur général la nomination de tous les agents payés plus de 2 400 francs par an et d'inciter les lieutenants-gouverneurs à créer des cadres spéciaux de commis auxiliaires dont la rétribution ne dépasserait pas 1 800 francs. Par ailleurs, les traitements des agents au-dessus de 2 400 francs furent unifiés en général en hausse ; des examens furent prévus pour les promotions à un grade supérieur et les niveaux de connaissances furent plus élevés. Les facteurs, par exemple, durent « savoir lire et écrire couramment » et les brigadiers-facteurs employés à la surveillance, en dehors des bureaux, de tous les agents préposés au relevage des boîtes, à la distribution des correspondances et au transport des dépêches durent « pouvoir rendre compte par écrit de leurs constatations ». Les fonctions des agents de toutes les classes furent minutieusement définies.

Se référant à ces textes, le lieutenant-gouverneur par intérim Richard prit en Guinée un arrêté réglementant le personnel des sous-agents indigènes des Postes et Télégraphes, dont les soldes, de 500 à 2 400 francs, furent augmentées, et le lieutenant-gouverneur Liotard, en 1909, en publia un autre « adjoignant un cadre spécial de commis auxiliaires au cadre des commis titulaires indigènes[5] ». En Côte-d'Ivoire, des arrêtés créèrent de même en 1907 un cadre de commis auxiliaires et fixèrent l'année suivante le traitement et le classement des sous-agents indigènes[6].

L'évolution fut ensuite rapide. Sous la pression des besoins en personnel nécessaire à la bonne marche des bureaux de poste qui se multipliaient, les lieutenants-gouverneurs, approuvés par Ponty, élargirent leur compétence à réglementer les sous-agents. Cela conduisit à la généralisation de « cadres locaux indigènes », mais cela ne signifiait pas que les Noirs fussent strictement confinés dans les emplois subalternes. Ils accédèrent, au contraire, à des fonctions et à des soldes supérieures aux 2 400 francs de l'arrêté de 1906. C'était une politique d'africanisation, imposée par les besoins locaux et par les disponibilités budgétaires.

Les règlements qui, dans les Postes, marquent bien le passage à la troisième étape que nous avons distinguée, celle de 1910 à 1925 environ, sont les arrêtés de Ponty « portant création d'un cadre local indigène des Postes et Télégraphes » en Guinée française et en Côte-d'Ivoire. Les deux arrêtés furent signés à Dakar le 22 novembre 1910, publiés à Konakry et à Grand Bassam le 15 janvier 1911. Ils furent suivis pour le Dahomey d'un arrêté du 29 novembre 1911. L'article premier précisait : « Il est constitué en Guinée française, pour les besoins des différents services de la Colonie, en vue de seconder le personnel européen, un cadre local indigène des Postes et Télégraphes comprenant des agents, des commis auxiliaires et des sous-agents. » L'article 2 distinguait les agents, dont les affectations et mutations devaient être approuvées par le gouverneur général, les commis auxiliaires, qui ne formaient plus un cadre spécial, et les sous-agents. Les indigènes, pratiquement limités auparavant au traitement maximum de 2 400 francs des sous-agents, accédaient au grade de commis principal de première classe à 4 000 francs, à 4 500 francs au Dahomey. Les soldes varièrent selon les colonies, mais les commis devaient passer un examen, au chef-lieu, devant une commission composée du chef de service, d'un receveur-comptable et d'un fonctionnaire appartenant à un autre service. Epreuve relativement facile : une dictée servant également d'épreuve d'écriture, les quatre règles d'arithmétique et le système métrique, la géographie élémentaire de la France et de ses colonies, la reproduction d'un état ou d'un tableau d'après un modèle donné.

Les commis auxiliaires culminaient toujours à 1 800 francs et les sous-agents à 2 400 (mécaniciens de première classe)[7].

Toujours soucieux d'uniformiser le service dans l'ensemble de la fédération, Ponty prit l'année suivante un « Arrêté réorganisant le service des Postes et Télégraphes en A.O.F. » qui précisa bien la place, réduite

mais dominante, des Blancs : le service était assuré par
des agents détachés du cadre métropolitain, des agents
du cadre des Postes et Télégraphes commun à toutes les
colonies du groupe, des auxiliaires européens lorsque les
circonstances l'exigeaient et des agents indigènes des
cadres locaux spéciaux à chaque colonie. Les trois
premières catégories groupaient des citoyens français,
âgés de vingt et un ans au moins et touchant une solde
coloniale double de la solde européenne.

Le titre IV de l'arrêté concernait les Noirs : dans
chaque colonie, « un cadre local indigène est constitué
par arrêté du gouverneur général sur la proposition du
lieutenant-gouverneur. Ces cadres ont pour but d'apporter aux agents européens qui doivent remplir les
fonctions de direction et de surveillance l'aide nécessaire pour assurer dans les meilleures conditions l'exécution du service. » Cette phrase répondait exactement
au vœu de la circulaire Messimy du 24 mai 1911 [8].

Les Blancs étaient cent seize en 1914, répartis comme
suit par l'arrêté fixant l'effectif et la répartition du
personnel des Postes et Télégraphes de l'A.O.F. : vingt-
trois au Sénégal, trente-deux au Haut-Sénégal et Niger,
treize en Guinée, quarante-trois en Côte-d'Ivoire, deux
au Dahomey, un en Mauritanie, deux dans le territoire
militaire du Niger [9]. Le cadre local indigène de la
Côte-d'Ivoire comprenait à lui seul cent quarante-quatre
agents [10].

Parallèlement à l'augmentation du personnel, surtout
indigène, nous voyons se multiplier les bureaux de
poste. Il y en avait, dans l'ensemble de l'A.O.F., cent
quatre-vingt-quatorze en 1907, deux cent trente-quatre
en 1909, deux cent soixante-deux en 1914. Tous n'exé-
cutaient pas toutes les opérations autres que la distribution des correspondances et, bien entendu, le télégraphe. Cent quatre seulement, en 1909, émettaient ou
payaient des mandats, et cent cinquante-neuf en 1914 ;
encore les mandats télégraphiques et métropolitains
étaient-ils exclus en Guinée et les métropolitains au
Haut-Sénégal et Niger. Les postes de téléphone ont
même régressé entre 1909 et 1914 de quarante-trois à
trente-quatre [11].

	1909	1913-1914
Côte-d'Ivoire...............................	23	22
Haut-Sénégal et Niger	9	2
Dahomey	6	5
Sénégal...	4	5
Guinée..	1	0

Il n'y avait pas en Afrique noire de clientèle suffisante pour y multiplier des centraux téléphoniques. Les Blancs en étaient les principaux usagers. Au Sénégal et en Côte-d'Ivoire, où le commerce, la recherche minière, de petites industries et des plantations se développaient, les réseaux téléphoniques pouvaient subsister. Ailleurs ils végétèrent.

1890-1920 : en une trentaine d'années, les Postes et Télégraphes, comme les autres services, sont passés d'une organisation embryonnaire où les Blancs recrutaient des auxiliaires noirs sans instruction à une institution fédérale relativement centralisée dont les rouages, contrôlés par une poignée de Blancs hautement qualifiés, étaient indigènes. Le nombre des Noirs, leur compétence, leur statut et leur comportement les distinguaient des masses paysannes qui tendaient à les assimiler au colonisateur dont ils partageaient les tâches. Ils rejoignirent les « lettrés » dispersés dans les ports et formèrent avec eux la nouvelle classe sociale des évolués, que l'on taxait parfois, en brousse, de « nègres blancs ».

L'évolution des Postes peut être citée en modèle. Les autres services ont, certes, eu leurs particularités : les Douanes avec une organisation paramilitaire, les Travaux publics avec leurs nombreux ouvriers temporaires, contractuels employés sur les chantiers, etc., mais tous ont suivi des voies parallèles à celle des Postes. Certains cependant méritent une étude plus approfondie en raison des perspectives que leur examen ouvre au chercheur.

CHAPITRE XI

DES CADRES LOCAUX INDIGÈNES

II. Les imprimeurs

L'imprimerie était un petit service, seulement représenté dans les chefs-lieux des colonies, mais aussi indispensable que les Postes ou la Police au fonctionnement de l'administration. Les lois, décrets, arrêtés, décisions ou circulaires n'étaient en effet applicables qu'après publication. En métropole, le *Bulletin des Lois* (an II—1931) et les Bulletins administratifs des différents ministères ou le *Journal officiel,* entreprise privée rachetée par l'Etat en décembre 1880, s'en chargeaient. Pour les colonies, ce furent le *Bulletin officiel du Ministère de la Marine* (1848-1951), *de l'Administration des Colonies* (1887-1893), *du Ministère des Colonies* (1894-1945), *du Ministère de la France d'Outre-Mer* (1945-1958).

Dans les colonies africaines apparurent successivement le *Moniteur du Sénégal et Dépendances* (1856-1859), la *Feuille officielle du Sénégal et Dépendances* (1860-1864), le *Moniteur du Sénégal et Dépendances,* le *Journal officiel* (1864-1887), le *Journal officiel du Sénégal et Dépendances* (1888-1895), le *Journal officiel de l'A.O.F.* (1895-1900), le *Journal officiel du Sénégal et Dépendances* (1902-1905), le *Journal officiel du Sénégal* (1905-1959).

En Guinée, le *Bulletin officiel de la Guinée française* (1890-1900), puis le *Journal officiel de la Guinée française* (1900-1958).

Au Dahomey, le *Journal officiel des Etablissements*

français du golfe du Bénin (1890-1894)), puis le *Journal officiel du Dahomey* (1894-1958).

En Côte-d'Ivoire, le *Journal officiel de la Côte-d'Ivoire* (1895-1958), en partie doublé par le *Bulletin officiel de la Côte-d'Ivoire* (1900-1908).

En Côte française des Somalis, le *Journal officiel de la Côte française des Somalis* (1900-1967), prolongé par celui des Afars et des Issas.

Au Haut-Sénégal et Niger, le *Journal officiel du Haut-Sénégal et Niger* (1906-1921), puis *du Soudan français* (1921-1958).

En Haute-Volta, le *Journal officiel de la Haute-Volta* (1919-1958).

Au Cameroun, le *Journal officiel du Cameroun* (1916-1960).

A Madagascar, le *Journal officiel de Madagascar et Dépendances* (1896-1958).

En A.E.F., le *Bulletin officiel administratif du Gabon-Congo* (1849-1897) fut doublé par le *Journal officiel du Gabon-Congo* de juin 1887 à décembre 1888, puis vinrent le *Journal officiel du Congo français* (1888-1904), le *Journal officiel des possessions du Congo français et dépendances du Moyen-Congo* (1904-1909), le *Journal officiel du Congo français* (1909-1910) et le *Journal officiel de l'A.E.F.* depuis 1910[1].

Les services des imprimeries du gouvernement qui produisaient ces feuilles étaient, avec un personnel réduit, plus divers que tous les autres car ils fonctionnaient en régies ; ils travaillaient aussi pour des particuliers ; les chefs des imprimeries étaient intéressés aux bénéfices de leur entreprise, en versaient les profits au Trésor et contribuaient ainsi à l'alimentation des budgets locaux.

Le texte initial est le « Décret du 18 novembre 1872 portant organisation du personnel des imprimeries du gouvernement dans les colonies ». Il ne semble viser que des Blancs, avec deux classes de chefs d'imprimerie, dont la solde d'Europe était de 2 000 et de 3 000 francs, et sept classes de personnel inférieur de 600 à 1 800 francs[2]. Le statut des indigènes fut précisé, en Afrique, au cours de périodes successives d'improvisations locales, de réglementations sous l'égide du gouverneur général après 1905 et, enfin, de créations de cadres locaux indigènes et d'uniformisation progressive après 1911.

Cependant, la réglementation ne paraît pas résulter, comme ailleurs, de la pression d'un personnel indigène de plus en plus nombreux. Elle se révèle au contraire comme un appel à des candidats qu'il faut encore former, que l'on séduit par un uniforme spécial, auxquels on laisse, par de longs congés, la possibilité de retourner à leurs activités antérieures, tout en les retenant par l'espoir d'avancement dans la hiérarchie, étonnamment longue, des classes de solde. On s'en aperçoit en jetant un coup d'œil sur le tableau suivant, extrait des arrêtés que nous résumerons ensuite.

Colonie	Source	Classes de soldes	Soldes	Classes d'apprentis
Guinée........	Arrêté du 1er juin 1901	31	360-2 400	17
Dahomey.....	Arrêté du 24 mai 1902	17	300-2 400	5
Côte-d'Ivoire	Arrêté du 13 févr. 1905	31	360-2 400	17
Guinée........	Arrêté du 15 mars 1911	11	480-3 200	5
Côte-d'Ivoire	Arrêté du 12 mai 1911	11	360-3 000	5

On voit que les classes d'apprentis sont, jusqu'en 1905, les plus nombreuses, sauf au Dahomey où les indigènes lettrés étaient moins rares.

En nous référant au décret de 1872, nous trouvons, au cours de la période des initiatives locales antérieures à 1905, au Dahomey, une décision de 1895 augmentant les soldes des ouvriers indigènes, puis, en 1901 et en 1902, des réglementations par le gouverneur Liotard.

L'arrêté du 20 mars 1901 distingua deux classes de chefs d'imprimerie. Celui de première classe percevait une solde d'Europe de 3 000 francs, un supplément colonial de 4 000 francs, des frais de bureau de 200 francs et 5 % sur les recettes de l'entreprise dont il était

responsable. Celui de deuxième classe, sans frais de
bureau ni pourcentage, arrivait à 4 500 francs. Le
personnel indigène comprenait trois typographes, un
imprimeur, un relieur et six apprentis dont les soldes
variaient de 120 à 1 500 francs. Au total donc : deux
Blancs et onze indigènes dont six apprentis[3].

Pourquoi, un an après, le même Liotard produisit-il
un arrêté démesuré «considérant le développement
acquis par ce service et l'insuffisance du personnel
indigène pour en assurer le fonctionnement» ? Il fixa la
hiérarchie et les soldes «de ce personnel dont le cadre
sera fixé chaque année au budget» : quatre grades de
quatre classes — agents principaux d'imprimerie,
agents d'imprimerie, ouvriers typographes imprimeurs
et relieurs, apprentis —, plus une classe d'apprentis
stagiaires, soit en tout dix-sept échelons de solde, du
stagiaire à 300 francs à l'agent principal de première
classe à 2 400 francs. Ce personnel, qui aurait atteint
trois ou quatre douzaines d'individus, devait être nommé par le gouverneur parmi ceux qui auraient passé un
examen comprenant une rédaction. Il était soumis aux
règles habituelles d'avancement au choix et de sanctions, et recevait un uniforme blanc avec boutons
portant l'inscription «Imprimerie coloniale» et casquette ornée de l'écusson I.M.P. également cousu sur le
collet du paletot[4]. Nous ne savons pas si les plantons ou
manœuvres, tels les deux indigènes employés à tourner
la roue de la presse de l'imprimerie, auxquels la
décision du 14 juillet 1901 accorda une indemnité
journalière de 25 centimes, avaient droit à la
casquette[5]. En 1941 cependant, l'imprimerie du gouvernement à Porto Novo comptait, outre le directeur et
deux ouvriers européens, vingt-quatre ouvriers et typographes indigènes[6].

Même évolution en Côte-d'Ivoire depuis l'arrêté de
1897 «portant organisation du personnel et du service
de l'imprimerie à la Côte-d'Ivoire». Assuré par un
personnel spécial dirigé par un agent de première classe
qui avait le titre de chef de l'imprimerie, sous l'autorité
du secrétaire général, le service occupait un personnel
dont le cadre et l'effectif seraient fixés chaque année
par le gouverneur. Cet effectif devait s'insérer dans le
cadre beaucoup trop large tracé par l'arrêté : sept

classes d'agents dont la solde d'*Europe* variait de 600 à
1 800 francs. L'objet du service était bien défini, *Jour-*
nal officiel, Bulletin officiel, Annuaire, impressions et
reliures pour les divers services de la colonie, travaux
exécutés pour des particuliers. Aucune collaboration
indigène n'était mentionnée à cette date [7].

Elle devait cependant exister et elle se développa
rapidement puisque, après la réorganisation du gouvernement général en 1904, le gouverneur général Roume
promulgua le grand arrêté du 13 février 1905 qui, à
côté d'un personnel européen de deux classes de chefs
et de sept classes d'ouvriers, rétribués de 600
à 3 000 francs, il distingua un personnel indigène ; ce
dernier, réparti entre six classes d'ouvriers compositeurs
assistés de sept classes d'apprentis, quatre classes
d'ouvriers imprimeurs assistés de cinq classes d'apprentis, quatre classes d'ouvriers relieurs assistés de cinq
classes d'apprentis, totalisait donc trente et un échelons
de solde, de 360 à 2 400 francs. Que penser de cette
hiérarchie quand nous voyons, en 1912, au Sénégal,
du stagiaire à l'ouvrier de troisième classe, seize
indigènes [8] ?

Ces trente et une classes d'indigènes, nous les rencon-
trons aussi en Guinée, dès 1901, Roume semblant avoir,
en 1905, simplement recopié l'arrêté guinéen signé par
le gouverneur Cousturier. Le personnel ne devait cependant pas être surabondant, puisque des heures supplé-
mentaires furent prévues l'année suivante. Les moins
chères étaient celles des manœuvres : 25 centimes de
jour et 40 de nuit [9].

A partir de 1911, les cadres locaux indigènes se
constituèrent dans l'imprimerie comme ailleurs. Il ne
fut d'abord question que d'« ouvriers auxiliaires temporaires ». La dénomination de « cadre local indigène
d'ouvriers auxiliaires d'imprimerie » apparut dans
l'arrêté du gouverneur général du 12 mai 1911 et fut
reprise au Sénégal le 31 décembre 1912. Ce fut alors
que le personnel, jusqu'à cette date composé d'agents
exclusivement temporaires, devint partout permanent,
au Haut-Sénégal et Niger en 1913, en Guinée en 1914,
au Dahomey en 1920 [10] et en A.E.F. en 1919.

Ces agents, bien instruits, assurés de leur emploi,
bénéficièrent cependant d'une curieuse latitude. Leur

statut prévoyait qu'ils pouvaient obtenir des congés
sans solde de trois mois à un an pour s'occuper de
commerce, d'industrie ou d'agriculture s'ils justifiaient
de moyens suffisants pour assurer la réussite de ces
entreprises [11] !

*
**

Le chef d'imprimerie était agent comptable. Il consi-
gnait, dans six registres, ses achats de matériel, les
travaux exécutés pour les différents services ou pour
des particuliers, les recettes dont il pouvait déduire au
maximum 8 % pour les déchets, les épreuves d'imprimerie, les versements mensuels au Trésor, après retenue
de sa commission de 5 %. L'imprimerie fabriquait et
vendait des carnets de bons à souches, des factures, des
registres, des étiquettes de bouteilles, des têtes de
lettres, des chemises en carton, des faire-part de mariage ou de deuil, des affiches, etc. Les tarifs de ces
produits variaient d'une colonie à l'autre. Le cent de
cartes de visite, par exemple, coûtait 4 francs, puis
3 francs en Côte-d'Ivoire, 4 francs en Guinée, 5 francs
au Dahomey, les cartes de deuil respectivement 5, puis
4, 5 et 7 francs [12].

Les journaux officiels, à côté des publications administratives, donnaient dans leur partie non officielle des
récits de voyages ou d'explorations, des chroniques
médicales, agronomiques, économiques, des comptes rendus de manifestations locales (concours agricoles,
14 Juillet), des horaires de courriers ou de bateaux, etc.
Vendus 1,25 franc le numéro, ils étaient lus par les agents
de l'administration, par la plupart des colons blancs et
par les lettrés indigènes. Des évaluations, douteuses, de
la situation générale de l'A.O.F. en 1908, nous retenons
qu'il y avait en Guinée neuf cent douze Français et six
cent cinquante-huit étrangers dont cinq cent cinquante-
quatre Syriens, en Côte-d'Ivoire six cent cinquante-deux
Français et quatre-vingt-dix-sept étrangers dont quatre-
vingt-cinq Européens, au Dahomey trois cent quatre-
vingt-un Français et quatre cent quinze étrangers dont
trois cent soixante-sept Africains. Cela ne permet pas

d'évaluer les tirages des journaux officiels à plus d'un millier d'exemplaires, voire à cinq ou six cents[13].

Mais il y avait d'autres imprimeries et d'autres journaux. Sur ce point, les recherches, difficiles, seraient encore à faire. Les missions religieuses ont eu des petites presses d'imprimerie. Les colons parfois aussi : où ? à partir de quand ? et quels ont été leurs rapports avec l'administration qu'ils concurrençaient en exécutant, eux aussi, des travaux pour les particuliers ?

L'enquête a été amorcée par M. Lokossou dans sa thèse *La Presse au Dahomey, 1894-1960*. Mais, comme elle a été préparée à Paris, l'auteur n'a pas tenté de s'informer auprès des héritiers des petites imprimeries indigènes dont certaines remontent au début du siècle. Un rapport de police de 1935 n'en mentionne pas moins de vingt, la plupart n'occupant que deux ou trois personnes. Les feuilles éditées paraissaient irrégulièrement, se répandaient sous le manteau, étaient commentées au village, sous la présidence du lettré local. Elles vivotaient grâce aux dons des lecteurs, à de rares abonnements, aux revenus de publicités qu'il faudrait aussi pouvoir analyser.

Le seul journal dont l'évolution est connue fut *L'Echo du Dahomey,* publié par un commerçant français, L. Cressent, en 1905. Dirigé contre le gouverneur Liotard, violent et injurieux à son égard, injuste dans ses critiques systématiques de l'administration, il disparut après le départ de Liotard, et le même Cressent lui donna en 1907 des successeurs très favorables à l'administration, *Le Bénin* et *Le Dahomey*. Il a peut-être influencé les indigènes en les incitant à adopter un ton virulent. Ce fut le cas du premier journal indigène, *Le Recadère,* de l'instituteur Louis Hounkarin en 1917[14].

Les journaux officiels ont été lus par les Blancs et par les indigènes. En témoignent les publicités constamment diffusées, à 100 francs la page, 13 francs le huitième de page pour la première annonce et moitié prix pour les suivantes.

Certaines de ces réclames sont simplement pittoresques. Ainsi, en Côte-d'Ivoire : « L'Elixir tonique antiglaireux du Dr Guillé. Employé avec succès depuis plus de quatre-vingt-dix ans comme PURGATIF et DÉPURATIF et contre les maladies du Foie, de l'Estomac, du

Cœur, de la Peau, Goutte, Rhumatismes, Grippe ou
Influenza, les Vers Intestinaux, et toutes les maladies
occasionnées par la Bile et les Glaires. Dépôt Dr Paul
Gage Fils, 9, rue de Grenelle-St-Germain, Paris 6e et
dans toutes les Pharmacies.» Ou: «Apéritif pour Da-
mes: Seul Préservatif de Choléra, Influenza, Fièvres de
toutes sortes, Dysenterie et Mal de Mer. Dépôt général
P. Jandin, Marseille, seul représentant MM. Million et
Faurie, Négociants à Porto Novo[15].»

En parcourant ces pages sans idée préconçue, nous
avons été frappés par les annonces qui révèlent la
pratique des ventes par correspondance. Cela nous a
incité à une étude plus méthodique de la publicité. La
vente sur catalogue ou par correspondance, devenue
possible grâce à l'organisation de services postaux
réguliers, ouvrait au commerce européen un marché
nouveau, distinct de celui qui était monopolisé par les
grandes compagnies, Maurel et Prom, Compagnie française d'Afrique occidentale, Société française de l'Ouest
africain, etc., qui avaient leurs flottes et leurs dépôts et
qui dominaient auparavant le commerce[16].

Les annonces de cette sorte les plus fréquentes et les
plus typiques sont peut-être celles du Printemps de
Paris:

«... Demandez le magnifique album illustré spécial
pour les Pays d'Outre-Mer... Ce catalogue est envoyé
gratis et franco contre demande affranchie... Toutes les
personnes déjà en relation avec le Printemps recevront
le catalogue ci-dessus sans qu'il soit utile d'en faire la
demande.

«Envoi franco de toute commande de 50 F pouvant
être expédiée en un seul colis postal de 5 kg et de toute
commande de 75 F pouvant être expédiée en un seul
colis postal de 10 kg. Sont également envoyés les
Echantillons de tous les Tissus[17].»

De petits négociants pouvaient ainsi s'approvisionner,
des colons ou des lettrés indigènes pouvaient commander au fabricant français, qui une glacière, qui une
montre ou un bijou. Les collectionneurs de timbres
étaient sollicités par les maisons de Paris: Champion
payait moitié prix de leur valeur certains timbres
oblitérés des colonies. Un fabricant de Saint-Claude
offrit en 1911 «deux bonnes et fortes pipes en bruyère

garantie (valeur 3 F) » en échange de cent vingt timbres-poste de la Guinée française, oblitérés ou non. Le naturaliste Skibisky de Lyon offrit de payer cher les insectes morts que ses correspondants lui enverraient [18].

Charlatanerie et pittoresque voisinent dans ces appels aux clients coloniaux. Ainsi en Côte-d'Ivoire : « L'Ivrognerie n'existe plus. Le célèbre remède "Freedy", nouvellement découvert, possède la qualité merveilleuse de dégoûter le buveur de tout alcool. A son insu, on peut le mélanger avec du café, du thé, de la bière, de l'alcool ou de la nourriture. "Freedy" travaille d'une façon tellement sûre et secrète que le buveur n'a jamais besoin de savoir ce qui a causé son amélioration. "Freedy" est absolument inoffensif et l'Institut détenteur de ce merveilleux produit enverra un échantillon à tous ceux qui en font la demande par écrit. Prière d'indiquer ce journal, et écrivez aujourd'hui plutôt que demain à l'Institut Freedy", 25 rue du Rhin, Paris [19]. »

De même, au Dahomey : « Mmes, MM. Nous vous chausserons à Cendrillon, sans vous faire connaître les tortures d'une chaussure mal faite. Nous sommes les seuls créateurs d'un procédé spécial breveté français qui permettra de vous faire bottines et souliers si vous nous envoyez votre pied par la poste. Notre marque est Incroyable !... parce que nos prix, comme notre méthode, ne semblent pas croyables. Tout ceci vous sera expliqué nettement, clairement et gratuitement par notre brochure, envoyée sur simple demande. Nous avons déjà chaussé des centaines de milliers de clients et leur exclamation générale est Incroyable ! et pourtant, c'est vrai... Ecrivez aujourd'hui même, Société des chaussures Incroyable, 36, Boulevard de Port-Royal, Paris [20]. »

On pourrait multiplier les exemples : les Graines et Semences Calvos-Gerand, de Bordeaux, spécialistes des colonies et pays à climat chaud, offrirent leur catalogue illustré franco sur demande ; la fabrique d'horlogerie, bijouterie, orfèvrerie Loiseau et Cie, de Besançon, de même, en promettant une remise de 10 % aux lecteurs du journal [21] ; les Scieries et Machines à travailler le bois Kirchner, de Paris, proposèrent leur album et l'établissement de devis et de plans d'installation [22].

Citons encore ce curieux « Avis aux commerçants : M. Liévin, ingénieur des Arts et Manufactures, demeu-

— 400 —

ERNST MATTHAEI. HAMBURG

" Le voyage dans le Busch sans fatigues ".

L'appareil perfectionné nommé la **Pousse Pousse " Afrique "** est construit dans le but de faciliter le voyage dans le Busch africain. Cet appareil peut être employé dans les **sentiers les plus étroits** et même dans les **steppes sans aucun chemin tracé.**

Tandis que jusqu'à présent, le voyageur du Busch était obligé de se servir de " hamacs " incommodes et était par conséquent obligé d'entretenir au minimum quatre porteurs, la Pousse-Pousse " Afrique " lui permet aujourd'hui de voyager non seulement sans fatigues, mais **à beaucoup moins de frais,** attendu que deux coolies, même inexpérimentés, sont en mesure de conduire le véhicule sans aucune fatigue, du matin au soir. En outre, une place étant réservée derrière le siège, il y a moyen d'y placer un **bagage** assez conséquent.

La Pousse-Pousse " Afrique " est construit au moyen de la meilleure qualité de **tubes d'acier** étirés sans soudure, émaillés en noir. Les poignées de derrière sont déplaçables. La roue se compose d'un moyeu à billes, nickelé, hermétique à la poussière, des rayons nickelés et des jantes émaillées en noir. Je livre cet appareil **exclusivement** pourvu de bandages pour tropiques. L'enveloppe intérieure est remplie d'une substance nommée " **Elcoda** " qui évite le gonflage à la pompe et qui fait se refermer d'elles-mêmes les déchirures éventuelles. Des bandages non bourrés de cette substance ne se prêtent pas aux tropiques, pas plus d'ailleurs que des bandages en caoutchouc plein. De plus ces derniers ne donnent pas non plus un roulement doux et sans cahots.

Le **siège** est en bois de hêtre poli.

Avant l'emballage, cet appareil est **démonté.** Une caisse contenant un appareil " Afrique " mesure environ ⅓ m³. Dans le cas où plusieurs de ces appareils sont placés dans une

seule caisse, ils peuvent **s'emboiter les uns dans les autres.** Quatre appareils par caisse ne représentent environ que 1 m³. De cette façon les frais d'emballages et d'expédition par mer sont **réduits au minimum.** Le remontage à destination **est des plus simples :** chaque pièce est marquée à cet effet et les vis se trouvent aux endroits qu'ils doivent occuper.

La Pousse-Pousse " Afrique " se vend comme suit :

Avec pneus de la meilleure qualité et bourrage " Elcoda ", sacoche à outils et tous les outils nécessaires.

Frein, lanterne, grelot, serviette à documents et autres accessoires ne sont joints que sur commande spéciale.

Prière de diriger les commandes par des Maisons Européennes d'exportation.

Le prix est de :　　Fr. **225.** »
Le frein coûte :　　»　**9.40**

Tous les autres accessoires sont facturés d'après qualité aux prix les plus réduits.

rant à Ekaterinbourg (Oural), a l'honneur d'informer les commerçants des colonies qu'il vient d'ouvrir dans cette ville un comptoir pour la vente des produits français. M. Liévin est tout disposé à fournir à ceux de nos compatriotes qui habitent outre-mer tous renseignements de nature à faciliter sur le marché russe la vente des articles de leur commerce et de leur industrie. Lui écrire directement [23]. »

Un fabricant Hambourgeois de pousse-pousse sollicita également la clientèle coloniale d'Afrique [24].

Et les autres étrangers : Compagnie maritime belge, Wœrmann Linie, King Bristol et John Marcus, de Hambourg, qui se manifestent surtout en Côte-d'Ivoire, comme la Bank of Nigeria et la Bank of British West Africa.

Nous avons donc recensé les annonces dans les journaux officiels de Guinée (1901-1914), de la Côte-d'Ivoire (1898-1914) et du Dahomey (1894-1914). A l'exception de ce dernier, où elles sont relativement nombreuses dès 1890, elles interviennent peu avant 1900.

Nous avons collecté pour l'ensemble des trois colonies quelque cinq mille deux cent quarante-neuf annonces. Si nous excluons celles concernant les publications des imprimeries du gouvernement, soit mille quatre cent onze, ou les cartes de géographie locales mises en vente par les imprimeurs, soit trois cent cinquante-cinq, il reste trois mille quatre cent quatre-vingt-trois annonces, qui sont le fait de deux cent vingt-deux annonceurs. C'est dire que certaines publicités se répétèrent fréquemment : l'élixir du Dr Guillé fut offert deux cent quatre-vingt-sept fois, les montres Loiseau, de Besançon, deux cent six fois, les produits Liebig cent soixante-treize fois en Côte-d'Ivoire, le lait condensé « A l'Ours » cent cinquante-neuf fois en Côte-d'Ivoire et cent cinquante-huit fois en Guinée, etc.

Nous avons grossièrement classé nos trois mille quatre cent quatre-vingt-trois annonces en les distribuant dans les quatorze rubriques du tableau ci-après :

Publicité dans les journaux officiels*	1901-1914 Guinée			1898-1914 Côte-d'Ivoire			1890-1914 Dahomey		
	Annonceurs	Annonces	Années	Annonceurs	Annonces	Années	Annonceurs	Annonces	Années
Alimentation: Liebig 173 C.I. L'Ours lait condensé 159 C.I. et 158 G Cordial Médoc 118 C.I.	15	355	1903-1914	8	548	1903-1914	9	37	1890-1900 1909-1910
Médecine - Pharmacie: Elixir antiglaireux du Dr Guillé 287 C.I.	6	54	1903-1911	9	415	1902-1914	3	19	1904 1908 1911-1914
Grands Magasins: Printemps 130 D Le Printemps nouveau 396 Ville Saint-Denis 33. C.I., etc., jusqu'en 1906	3	59	1902-1906	5	63	1899-1906	2	129	1891-1903
Commerces divers: Loiseau Montres 206 C.I. Sarda Montres 54 G Chaussures, pipes, bijoux, porcelaines, parfumerie, etc.	11	225	1903-1914	6	439	1902-1914	5	30	1891-1894 1899 1914
Outillage: Kirchner, machines à bois 108 C.I. Glacières 25 C.I., etc.				8	165	1900-1914			
Artisans: Horlogerie - Mécanique - Construction	5	18	1902-1906				2	5	1898 1912
Librairie - Périodiques - Journaux: Revue Argus 49 C.I.	9	60	1903-1911	11	122	1898-1911	6	30	1890 1894 1900 1911

Catégorie	1905-1914						1902 / 1910-1911		
Mines : Morin Essayeur Minerais 55 C.I. / Ivory Coast Goldfields Londres, 45 C.I., etc.				8	129	1902-1904 / 1910	3	3	1900 / 1911 / 1914
Import-export : Erbe Grand Bassam 29 C.I. / Compagnie française de C.I. 29 / King Bristol 25 C.I. / John Marcus Hambourg 24 C.I.	6	22	1901-1905 / 1911-1914	6	126	1910-1914			
Banques - Assurances - Mutuelles : Bank of Nigeria 55 C.I. / Bank of British West Africa 34 C.I.	6	21	1904-1913	7	122	1906-1914	5	9	1897 / 1907-1911
Compagnies Maritimes : Chargeurs Réunis Fraissinet / Compagnie maritime belge / Woerman Linie	2	4	1906-1910	3	42	1905 / 1912	4	9	1899-1901 / 1905 / 1911-1914
Timbres : Champion, etc.	4	18	1902-1904 / 1912-1914	5	20	1902-1909	1	4	1905 / 1914
Divers : Hôtels - Restaurants - Représentations / Palmas Hôtel C.I. 30 / Ventes de particuliers, etc.	7	57	1906-1913	6	50	1902-1903 / 1908-1914	14	24	1890-1895 / 1912-1914
TOTAUX : 222 annonceurs, 3 483 annonces	79	934		85	2 256		58	303	

* A l'exclusion des annonces de recueils de textes officiels et des cartes édités par les imprimeries du gouvernement (environ 1 411 et 355).

Ce tableau, qui aurait pu être plus détaillé, laisse cependant apparaître quelques traits qui confirment des remarques déjà faites précédemment. On y voit d'abord que l'alimentation, la pharmacie et la médecine groupent à elles seules environ 40 % du total des annonces. L'agriculture, au contraire, en représente moins de 2 %.

On constate ensuite que la Côte-d'Ivoire, avec deux mille deux cent cinquante-six annonces, représente près de 65 % du total, confirmant son caractère de colonie d'exploitation capitaliste, loin devant la Guinée (27 %) et le Dahomey (8,6 %). Elle est presque seule à intéresser l'outillage, les mines, les sociétés d'import-export, les banques et les compagnies maritimes.

La répartition des annonces dans le temps retient également l'attention. On s'interroge sur le cas des grands magasins. Leurs budgets leur permettaient évidemment d'assumer les frais de la publicité. La plupart des annonces du Printemps de Paris — cent vingt au Dahomey jusqu'en 1903, trente-huit en Guinée de 1902 à 1906 — sont en pleine page. Il semble qu'ils se soient partagé la prospection, le Printemps nouveau jetant son dévolu sur la Guinée, Chevrier, de Marseille, tâtant de la Guinée et de la Côte-d'Ivoire en 1902 et 1903, puis renonçant, La Ville-Saint-Denis se manifestant en Côte-d'Ivoire de 1899 à 1903 avec trente-trois annonces, puis en Guinée avec trente-neuf annonces entre 1902 et 1906, le Louvre se bornant à trois annonces en Côte-d'Ivoire en 1905 et 1906.

Après 1906, aucun grand magasin ne se manifesta plus. On a l'impression qu'après avoir espéré supplanter les anciennes grandes compagnies de commerce, solidement implantées, ils ont renoncé. Parce que, la percée opérée, il n'y avait pas de plus grande expansion à espérer dans une clientèle limitée ? ou parce que l'espoir d'acquérir un nouveau marché a été déçu ?

Pour développer ses affaires, il fallait conquérir la clientèle indigène. Cela demandait beaucoup plus que dix ans. Les Noirs n'ont pas été totalement étrangers à la publicité. Les lettrés lisaient les journaux et les commerçants indigènes ou européens de la côte les utilisèrent aussi pour recruter des clients. Cela se produisit surtout au Dahomey où, par exemple, dès

1899, Tovalou Quénom ouvrit une boucherie moderne, «provisoirement dans une dépendance de son habitation actuelle» à Porto Novo. «Des carnets à souches seront mis gratuitement à la disposition de MM. les commerçants européens ou indigènes, de MM. les fonctionnaires, en un mot, à tous ceux qui en feront la demande.» Ils devaient inscrire sur un bon détaché du carnet la quantité de viande désirée et remettre ce bon directement à Tovalou ou le glisser dans une boîte aux lettres, à la porte de la boucherie. La boîte était levée tous les jours à 4 heures, les livraisons faites à domicile. Des abonnements étaient prévus [25].

En 1894 et 1895, la maison Garrido frères annonça la récente réception à Porto Novo d'un important assortiment de porcelaines, d'articles religieux, de chaussures fines, d'ustensiles de cuisine et de papeterie.

Les fabricants d'eaux gazeuses et de limonades Gros et Garrido offrirent en 1895 de livrer leurs produits par caisses de douze bouteilles pour 8,50 francs, «soit dans la colonie, soit dans les colonies de Lagos ou du Togo allemand», et leur concurrent, Francisco de Paul, proposa en outre diverses liqueurs en 1898, tandis que Gonacello Lopez offrait du café à 2,50 francs le kilo, etc., [26].

L'un des plus actifs de ces probables «Brésiliens» du Dahomey fut Victor Badou, négociant et marchand de biens à Porto Novo et à Cotonou. Un autre Badou, Amédée Régis, horloger, fit insérer cinq annonces en 1912 pour proposer de réparer pendules et montres [27].

L'industrie hôtelière paraît avoir été dominée par le fabricant de glace Maccario qui gérait en 1906 deux grands hôtels, à Porto Novo et à Cotonou. Les chambres coûtaient 3 à 4 francs par mois, les repas 3 francs ou 2,50 francs avec tickets, la pension, à 120 francs par mois, étant valable dans les deux établissements. A Konakry, l'Hôtel et Café du Niger tenu par un Français offrait en 1907-1908 la pension complète, vin et café compris, à 135 francs par mois [28].

La participation indigène fut donc, jusqu'en 1914, peu importante.

L'étude des services de l'imprimerie confirme donc ce que celle d'autres services avaient indiqué sur l'africanisation progressive de personnels de plus en plus nombreux. Elle incite, par ailleurs, à des recherches sur deux questions rarement posées jusqu'à présent: la création de services postaux réguliers a-t-elle introduit dans les colonies, à côté des réseaux commerciaux anciens, contrôlés par les compagnies bordelaises et marseillaises, un réseau de vente par correspondance qui établit des relations directes entre le producteur européen et le consommateur des colonies africaines? Et, en dehors des imprimeries du gouvernement, celles, privées, des missions religieuses, des colons ou des indigènes lettrés ont-elles doté les nouveaux groupes sociaux engendrés par la colonisation de moyens d'expression qui échappaient au contrôle de l'administration? Dans l'affirmative, où, quand et comment?

CHAPITRE XII

DES CADRES LOCAUX INDIGÈNES

III. La santé

Le service de la Santé évolua comme les autres. Son personnel, d'une part, d'abord uniquement blanc, s'accrut progressivement. Son activité, d'autre part, s'étendit de la guérison à la prévention, en imposant des mesures d'hygiène et en développant une assistance médicale indigène adaptée aux maladies des pays chauds.

Jusqu'en 1890, ce furent les officiers du corps de santé de la marine qui soignèrent les malades. Détachés dans les hôpitaux ou dans les postes du Sénégal et de ses dépendances, ils ne relevaient pas du sous-secrétariat aux Colonies créé en 1881. Puis le « Décret portant constitution et organisation du corps de santé des colonies et pays de protectorat » plaça sous l'autorité des gouverneurs ceux d'entre eux qui optèrent pour ce nouveau corps (7 janvier 1890). Ils étaient peu nombreux en Afrique. Le tableau qui les recensa comptait, pour l'ensemble des colonies, cent quatre-vingt-un médecins et trente-quatre pharmaciens, pour l'Afrique respectivement trente-sept et cinq, répartis comme suit [1] :

	Médecins	Pharmaciens
Sénégal	21	3
Soudan	12	1
Gabon	4	1

Ils étaient astreints à des séjours de deux ans, sauf au Gabon, réputé malsain, où ils ne restaient que dix-huit mois.

Hiérarchisés en sept classes de 19 422 francs de solde coloniale pour le médecin-inspecteur de première classe à 5 040 francs pour le médecin ou pharmacien de deuxième classe, ils avaient un statut détaillé qui prévoyait, dans chaque colonie, un chef du service de santé, assisté d'un conseil de santé, et précisait les conditions de recrutement, d'avancement, la discipline, etc.

Ces médecins étaient assistés par des infirmiers dont le statut précéda de peu la constitution de leur corps. Le décret du 14 février 1889, portant création d'un corps d'infirmiers coloniaux, distingua en effet six classes d'infirmiers militaires permanents, du stagiaire ou de l'infirmier ordinaire de deuxième classe, assimilé au matelot de deuxième classe, à l'infirmier-chef de première classe, assimilé au premier maître de la marine. Les soldes coloniales variaient de 600 à 2 600 francs. Les infirmiers de première catégorie (gagnant plus de 1 400 francs) devaient être français ou naturalisés ; les « ordinaires » et stagiaires étaient recrutés parmi les militaires ou marins congédiés « ou, à défaut, parmi les habitants du pays ». Obligatoirement vaccinés, ils pouvaient, après un an de stage, contracter comme infirmiers d'infanterie de deuxième classe un engagement d'au moins cinq ans, éventuellement suivi de rengagements d'au moins trois ans. Les infirmiers ordinaires étaient nommés par le gouverneur, à raison, en principe, d'un infirmier pour huit malades. Ils portaient un uniforme avec casque ou casquette, vareuse, gilet, pantalon et boutons argentés aux initiales I.C. Ils percevaient une pension dans les mêmes conditions que les militaires, après quinze ans de service et cinquante-six ans d'âge [2].

Il y avait donc, parmi ce personnel militaire, essentiellement blanc, des indigènes ; logés et nourris à l'hôpital comme les Blancs, ils touchaient, lorsqu'elle existait, la ration indigène, ou, éventuellement, sa contre-valeur en espèces car ils ne se nourrissaient pas comme des Blancs. Ils ne devaient cependant pas être très nombreux en 1889. Dix ans après, ils étaient majoritaires et les gouverneurs se préoccupèrent partout de réglementer des cadres locaux d'infirmiers indigènes, subalternes, distincts des « infirmiers européens dont le cadre est fixé par le ministre ». Ils furent répartis en quatre classes correspondant aux grades de sergent, caporal, soldat de première classe et soldat. Des stagiaires ou auxiliaires s'y joignirent, sauf au Sénégal. Les infirmiers-majors (sergents) durent savoir lire et écrire. Quels que fussent leurs grades, les infirmiers indigènes devaient obéissance aux Européens [3].

Les différences de solde, selon les colonies, furent importantes, comme dans les autres services, au cours de cette période. Ainsi l'infirmier-major culmina au Sénégal et en Guinée à 1 200 francs, en Côte-d'Ivoire à 840 et au Dahomey à 750, et l'infirmier ordinaire de dernière classe à 600 francs au Sénégal, 660 en Guinée, 360 en Côte-d'Ivoire et au Dahomey.

Par la suite, le nombre des infirmiers indigènes s'accrut et le corps se diversifia selon les spécialisations : un arrêté guinéen de 1907, considérant que le corps des infirmiers indigènes tel qu'il fut organisé en 1901 « ne correspond plus aux besoins du service de santé de la colonie », distingua dans le « personnel infirmier des formations sanitaires de Guinée » trois corps différents : les infirmiers de visite de l'assistance médicale indigène, les infirmières, les infirmiers d'exploitation ou manœuvres. Les premiers formaient cinq classes, de l'adjudant-infirmier à 1 500 francs au stagiaire à 540, les infirmières culminèrent à 540 francs, les manœuvres à 360. En 1911, les infirmiers de visite formèrent à eux seuls huit classes, de 1 500 à 540 francs ; ils étaient donc beaucoup plus nombreux. Mais, là comme ailleurs, les cadres réglementaires ne furent en général pas remplis et on ne peut pas préciser combien il y avait d'agents dans chaque classe.

De même, en Côte-d'Ivoire, le corps des infirmiers indigènes réorganisé comprit dix classes, des stagiaires à 480 francs aux infirmiers-chefs de première classe à 2 100 francs.

Le tableau publié le 31 mai 1911 montre dans quelle mesure ce cadre fut rempli. Il y avait à cette date trente et un infirmiers en fonction, répartis comme suit [4] :

Classes	Infirmiers-majors	Infirmiers	Stagiaires
1re		3	
2^e	3	20	
3^e	3	1	1

En A.E.F., un grand arrêté de décembre 1910 décida que le « corps des infirmiers indigènes locaux » formerait un cadre spécial, relevant dans chaque colonie du lieutenant-gouverneur. Le recrutement et la répartition entre les colonies incombaient au gouverneur général. Des emplois d'infirmières indigènes auxiliaires étaient prévus dans les hôpitaux de Libreville, Brazzaville et Bangui. Les infirmiers étaient répartis en dix classes de solde, de l'adjudant, après quinze ans de service, à 1 320 francs au stagiaire à 240, et les infirmières en cinq classes de 600 à 280 francs. Quel que fût leur grade, les infirmiers indigènes devaient aussi toujours obéissance aux Européens. Recrutés parmi les civils ou parmi les gardes régionaux, instruits au cours de stages dans les formations sanitaires, ils étaient logés et nourris [5].

L'assistance médicale aux indigènes a été souvent proclamée. Organisée en A.O.F. par l'arrêté du gouverneur général Roume du 15 mars 1905, elle a été, avant et après cette institutionnalisation, diversement encouragée sous l'égide des lieutenants-gouverneurs. Dès 1904, Clozel, gouverneur en Côte-d'Ivoire, proclama que « tout médecin du service local doit des soins gratuits aux malades indigents du lieu de sa résidence ou des postes où il sera en tournée. Lorsqu'un médecin sera appelé hors de sa tournée pour donner des soins à des personnes étrangères à l'administration, et en position de faire face aux frais de déplacement, il remettra au retour au commandant de cercle un état détaillé des dépenses de transport et dont le montant restera à la charge de l'intéressé. Les dépenses seront remboursées au médecin par les agents spéciaux, sur les fonds du service local[6]. »

Plus curieusement, à Porto Novo en 1914, une décision porta « attribution d'un secours aux malades indigènes nécessiteux ». « Tout malade dont l'état d'abandon par la famille ou d'indigence sera reconnu par le Résident et l'incurabilité attestée par un médecin chargé de l'assistance recevra mensuellement 30 francs. Sous la surveillance du médecin de l'ambulance, un aide-médecin indigène ou un infirmier-major hors classe sera chargé de visiter ces incurables[7]. »

L'assistance médicale indigène était un service « dont le but est de procurer gratuitement aux indigènes des soins médicaux et des conseils d'hygiène générale ». Il était assuré par des médecins des troupes coloniales, hors cadres, ou par des médecins civils français ou naturalisés, docteurs en médecine et brevetés par les instituts spéciaux de médecine coloniale de Paris, Bordeaux ou Marseille. Après un stage de trois mois dans l'hôpital principal de la colonie, ils contractaient un engagement de cinq ans (deux séjours de deux ans et deux congés de six mois) et touchaient une solde de 10 000 francs par an, plus 2 000 francs pendant les années d'Afrique, pour frais de déplacement et autres, les moyens de transport leur étant fournis. Ils étaient logés. Une infirmerie ou un dispensaire qu'ils géraient était prévu dans les villes indigènes ou dans les chefs-lieux des cercles où un poste avait été créé. Des consultations gratuites de vaccination et des tournées d'hygiène devaient être prévues[8].

Les candidats français, malgré l'attrait de soldes relativement élevées, ne furent pas nombreux. En 1909, d'après le rapport de l'inspecteur Méray, il y avait, dans l'ensemble de l'A.O.F., cent quarante médecins dont soixante-quatre militaires, quarante-six civils et quarante-deux aides-médecins. Les infirmiers étaient cent vingt et un[9].

Ces aides-médecins indigènes représentaient une institution nouvelle, rendue indispensable par l'assistance médicale. Le rapport du médecin-inspecteur Gallay, précédant l'arrêté de Roume du 7 janvier 1906, en rend compte et mérite d'être largement cité :

« Monsieur le Gouverneur Général,

« Comme suite à l'arrêté du 8 février 1905 créant le service de l'Assistance médicale indigène, une série de nouveaux postes médicaux ont été créés en divers points des colonies fédérées de l'A.O.F. dans le courant de cette année...

« Mais, même quand le but que nous poursuivons sera définitivement atteint et quand, dans chacune des divisions administratives de l'Afrique occidentale française, résidera un médecin européen, la tâche de celui-ci restera extrêmement lourde.

« Quelque nombreux que puissent être nos jeunes docteurs, chacun d'eux devra toujours étendre son action sur un territoire considérable, et quelque activité qu'il déploie, il lui demeurera toujours extrêmement difficile de porter utilement ses soins dans tous les points où ils seront réclamés, et plus difficile encore, avec une existence aussi mobile que celle qui lui sera imposée, de pénétrer dans la vie intime des indigènes, de gagner leur confiance et d'acquérir sur eux l'influence sur laquelle nous comptons pour faire pénétrer parmi les populations noires les premières notions d'hygiène.

« Dans ces conditions, il nous a paru qu'il serait utile à la bonne marche du Service de l'Assistance médicale indigène de fournir à nos médecins des aides indigènes capables de leur servir d'interprètes, intermédiaires auprès des Noirs, d'aides pour leur service ordinaire et de suppléants, au besoin, dans les centres trop éloignés de leur résidence pour être journellement visités par eux.

« Les races qui peuplent l'Afrique occidentale française sont trop variées, leurs religions et leurs mœurs trop diverses pour qu'il soit possible de songer à créer une école centralisée, ni rien qui ressemble à une faculté de médecine noire.

« Dans ma pensée, ces aides-médecins, ainsi que je propose de les appeler, doivent être destinés à rester sous l'autorité et sous la surveillance du médecin européen dont ils ne doivent être que des auxiliaires.

« Pour être réellement utiles, ces aides doivent être recrutés localement dans la Colonie où ils doivent servir. Leur instruction et leur dressage doivent être l'œuvre des médecins qui les emploieront.

« Le bagage scientifique qui leur est nécessaire doit être tout pratique. Ils peuvent l'acquérir en servant en qualité d'élève auprès des médecins de l'Assistance médicale indigène, dans les consultations et dans les dispensaires dont ceux-ci sont chargés. Un stage hospitalier de quelques mois suffira pour coordonner et généraliser utilement les connaissances qu'ils auront acquises auprès de leur premier instructeur...

« Là ces aides-médecins, qu'ils soient employés comme aides dans les dispensaires ou comme gérants d'un poste médical secondaire, ne manqueront pas de devenir, pour les médecins de l'Assistance médicale indigène, sous les ordres desquels ils serviront, des auxiliaires extrêmement utiles. Ils prendront leur part dans les soins à donner aux indigènes, seront des agents de pénétration et d'information précieux. Ils aideront leurs chefs à lutter contre les pratiques des marabouts et des féticheurs, répandront leur influence et deviendront des propagateurs de premier ordre pour les idées civilisatrices que nous nous efforçons de répandre en Afrique. »

L'arrêté qui suivait précisait que les aides seraient « recrutés localement, soit parmi les infirmiers ayant un certain temps de service dans les hôpitaux, soit parmi les jeunes gens sortis des écoles de la colonie et parlant et écrivant le français ».

« Art. 3. - Les uns et les autres sont placés auprès d'un médecin de l'Assistance médicale indigène, en qualité d'élèves, pendant une période de deux années.

« Art. 4. - Dispensés des gros travaux, ils devront, au dispensaire, aux consultations, aux divers services hospitaliers indigènes, être employés à donner des soins aux malades, sous la direction du médecin chargé de les instruire.

« Art. 5. - Celui-ci les initiera progressivement aux pansements et aux précautions antiseptiques qu'ils exigent ; à la réduction des luxations et des fractures ; aux diverses pratiques de la petite chirurgie ; aux soins courants à donner aux maladies les plus fréquentes dans les pays ; à la pratique de la vaccine.

« Art. 6. - Après deux ans de service auprès du médecin de l'Assistance médicale indigène chargé de leur instruction, les élèves qui n'auront pas de services antérieurs dans les hôpitaux seront envoyés faire un stage de six mois à l'hôpital de la colonie.

« Ils y seront placés dans les différents services, et le médecin résident sera chargé de compléter leur instruction suivant un programme fixé.

« Art. 7. - A la fin du stage, un examen probatoire sera passé devant un jury de trois membres, présidé par le Chef du service de Santé.

« Art. 8. - Les anciens infirmiers non soumis au stage viendront se présenter à l'examen, à la fin de leur deuxième année de service comme élève... »

Le titre III de l'arrêté chargeait les lieutenants-gouverneurs de fixer le nombre et les soldes de ce personnel [10].

Ils s'y employèrent sans tarder et produisirent des arrêtés longs et détaillés pour réglementer des corps réduits, au début, à quelques individus : en Guinée, le nombre de places d'élèves aides-médecins pour l'année 1908 fut fixé à six. En Côte-d'Ivoire, le corps fut créé en septembre 1907, au Dahomey, fin décembre 1908, avec prévision de dix aides-médecins au maximum, dont un de première classe et cinq de quatrième. La hiérarchie, quatre classes d'aides-médecins, une de stagiaires et une d'élèves, fut partout la même, ainsi que les soldes, variant de 1 200 francs pour l'élève à 3 600 francs pour l'aide de première classe [11].

Une école de médecine de l'A.O.F. ne fut créée que par un décret du 14 janvier 1918. Elle forma pratiquement une douzaine d'aides-médecins par an [12].

Ainsi, dans le service de la Santé comme dans les autres, le personnel s'accrut, se diversifia et s'africanisa au cours de la période d'expansion impérialiste de 1880 à 1914. Les gouverneurs des diverses colonies présidèrent à cette évolution jusque vers 1905. Les gouverneurs généraux la dirigèrent ensuite, en favorisant de plus en plus l'ascension d'indigènes de mieux en mieux formés aux fonctions d'infirmier et de médecin. Leur effort d'uniformisation se borna cependant aux règles générales de discipline et aux conditions de recrutement et de solde des agents du personnel de direction. Il appartint aux lieutenants-gouverneurs de chaque colonie de recruter le petit personnel et de prendre selon les circonstances les mesures nécessaires à la protection de

la santé publique. Leur activité, dès lors, doit s'apprécier dans le cadre de la vie quotidienne, sans exagérer
l'importance des arrêtés qui exprimaient souvent des
espoirs et des projets, et dont les prévisions n'étaient
pas immédiatement réalisables.

*
**

La réglementation générale de la prévention, qui
s'inspira d'ailleurs d'initiatives locales antérieures, se
trouve dans le décret du ministre des Colonies Gaston
Doumergue du 14 avril 1904 « relatif à la protection de
la santé publique en Afrique occidentale française ». La
plupart des arrêtés postérieurs des lieutenants-
gouverneurs s'y réfèrent.

Le premier des quatre titres était consacré aux
mesures sanitaires générales et à celles relatives aux
immeubles. Ses quatorze articles s'inquiétaient d'abord
des maladies contagieuses, ordonnant l'isolement des
malades, la désinfection ou la destruction des locaux et
des objets contaminés, le contrôle de l'eau potable et
l'évacuation des « matières usées », la destruction des
rats, moustiques et autres insectes. Ils précisèrent les
formalités pour la déclaration obligatoire des maladies
énumérées dans le décret de 1897. Ils rendirent également obligatoire la vaccination antivariolique et insti-
tuèrent un contrôle des immeubles bâtis ou à construire. Le tout fut placé sous la responsabilité de comités et
de commissions d'hygiène et de salubrité publiques
constitués dans chaque colonie par arrêtés des lieutenants-gouverneurs, en A.O.F. et en A.E.F. par décision
du gouverneur général, à Paris enfin au ministère[13].

Cet arrêté, fondamental, entra lentement en vigueur
au fur et à mesure que les lieutenants-gouverneurs s'y
référèrent en 1905 et en 1906. Mais ils n'avaient pas
tant attendu pour prendre les décisions qui leur sem-
blaient nécessaires.

A étudier ces initiatives locales antérieures à la
constitution des services sous l'égide du gouverneur
général, on est frappé par l'inadaptation des moyens
disponibles aux volontés exprimées. Ainsi le *Journal
officiel de Guinée* publia en 1903 la liste des maladies
contagieuses dont un arrêté ministériel exigeait la

déclaration obligatoire. Il y en avait quatorze: fièvre typhoïde, typhus, variole, scarlatine, diphtérie, suette miliaire, choléra, peste, fièvre jaune, dysenterie confirmée, infections puerpérales lorsque le secret de la grossesse n'aura pas été réclamé, ophtalmie des nouveau-nés, rougeole, lèpre [14].

Mais nous avons vu que, plus tard, en 1909, après amélioration de la situation, il y avait dans toute l'A.O.F., soit pour quelque 12 millions d'habitants, cent quarante médecins dont soixante-quatre militaires. Qui donc en 1903 diagnostiquait la maladie et avertissait les agents de l'administration habilités à recevoir les déclarations obligatoires? De même il est touchant de voir Cousturier, gouverneur de la Guinée, envoyer à Marseille, aux fins d'analyse, deux échantillons d'eau douce de la rivière à capter pour approvisionner Konakry. La réponse fut que ces échantillons n'étaient susceptibles d'aucune analyse à cause de la grande évaporation survenue au cours du voyage. Le gouverneur revint à la charge et envoya en 1901 une douzaine d'échantillons d'eau à l'institut Pasteur de Lille. Trois furent estimés bactériologiquement potables par le Dr Calmette, mais il rappela que ces résultats n'avaient qu'une valeur relative, «compte tenu du laps de temps long qui s'est écoulé entre le prélèvement et l'analyse et de la variation des températures au cours du voyage [15]».

Il en alla de même pour les vaccinations. Une circulaire ministérielle du 24 février 1897 annonça l'envoi par l'institut Pasteur de Lille de trois mille huit cent cinq tubes de vaccin antivariolique pour l'ensemble des colonies. Onze cent quatre-vingt-huit allèrent en Afrique noire, deux cent quatre-vingt-huit au Sénégal, cent quarante-quatre au Soudan, trente-six en Guinée, trois cents en Côte-d'Ivoire et quatre cent vingt au Congo. Le prix, acquitté par les budgets locaux, en serait forfaitaire de 1 500 francs jusqu'à trois mille tubes; au-delà, il serait de 0,25 franc par tube. Du sérum antivenimeux était en outre fourni gratuitement: douze doses à la Guinée, vingt-cinq au Congo. Il y eut sans doute d'autres envois, puisque des forfaits étaient prévus pour trois mille tubes. Mais qui, en 1897, pouvait vacciner qui? Ce ne fut qu'après le décret

Doumergue de 1904 que, très progressivement, des centres de fabrication du vaccin à partir du bétail local, puis des tournées d'aides-médecins ou d'infirmiers furent organisés [16].

On pourrait faire les mêmes remarques sur l'application de la plupart des arrêtés de synthèse des gouverneurs généraux. Quand en 1906 Roume légiféra sur la police sanitaire des animaux en A.O.F., on peut se demander qui, à cette époque, était en mesure de contrôler les bovins, caprins, ovins, chevalins susceptibles d'avoir contracté les « maladies réputées contagieuses » énumérées dans un texte qui, en tout, occupe six colonnes [17].

Par ailleurs, on constate l'abondance et la précision des mesures prises localement sous la pression des circonstances, des « urgences » pour lesquelles, d'ailleurs, le décret de 1904 reconnaît aux lieutenants-gouverneurs des pouvoirs de décision rapide. Il s'agit essentiellement des épidémies, et la crainte de les voir surgir explique les réglementations locales, même quand elles ne sont pas encore manifestées. En Guinée, « vu l'urgence » et en se référant à son arrêté antérieur « prescrivant les mesures à prendre au sujet des maladies épidémiques », le lieutenant-gouverneur Cousturier ordonna l'hospitalisation au lazaret des indigènes atteints de rougeole, ainsi que la désinfection ou la destruction éventuelle des paillotes, cases ou objets contaminés [18]. En Côte-d'Ivoire, l'épidémie de fièvre jaune explique le comblement, après désinfection à la chaux en 1903, de tous les puits de Grand Bassam et les instructions détaillées données aux habitants pour recueillir les eaux de pluie dans des caisses spéciales en tôle galvanisée.

A Bingerville, pendant la même période de fièvre jaune, une décision interdit l'élevage des pigeons, en « considérant que les immondices déposées par ces volatiles sur les toitures des maisons sont entraînées par les pluies dans les caisses à eau et constituent un danger pour la salubrité publique ». Un arrêté de police interdit de laver aux abords des puits, de déposer des ordures dans les cours ou sur la voie publique, d'établir sans autorisation des cabinets d'aisances et ordonna aux propriétaires de faire balayer tous les matins les abords et les cours de leur demeure et d'utiliser des caisses à ordures et des tinettes dont les vidanges étaient prévues [19].

La législation sur la surveillance et la ségrégation des lépreux se développa plus tard, après la publication du décret Doumergue en 1904. Nous ne traiterons pas ici de la lutte contre les maladies tropicales, sujet de thèses passées et futures qui déborde l'objet de notre étude; ce fut d'ailleurs après 1920 surtout que ces efforts portèrent leurs fruits [20].

Nous n'entreprendrons donc pas une étude de la politique sanitaire en dehors de ce qui concerne le personnel. Si l'on voulait s'y appliquer, il ne faudrait pas partir des décrets ministériels ou des grandes réglementations qui furent toujours autant de cadres jamais remplis. Ils témoignent des intentions, de l'orientation d'une politique, non des réalités. La meilleure base de départ serait constituée par des monographies sur les hôpitaux. A suivre leur évolution, à les comparer d'une colonie à l'autre, on voit se constituer le réseau sanitaire occidental qui, progressivement, et surtout après la Première Guerre mondiale, se superpose aux pratiques de magie, de sorcellerie et de la médecine indigène.

L'hôpital militaire essentiellement destiné aux Blancs, dont les colonies héritèrent en 1890, essaima au rythme de l'expansion impérialiste, contrôla la formation de personnels indigènes, organisa les tournées de consultations et de vaccinations et centralisa une importante documentation sur les endémies tropicales.

Au Dahomey, où l'on comptait la présence, dans le nord du pays, d'un corps expéditionnaire qui séjourna jusqu'après la signature des traités de délimitation (1898), le ministre, préoccupé par le souvenir du récent scandale de l'expédition de Madagascar, s'inquiéta en 1897 des besoins de l'hôpital de Porto Novo. Nous apprenons, par les réponses circonstanciées du chef du service de Santé à ses questions, que l'hôpital avait essaimé à Cotonou, « point de passage important et port d'embarquement »; on y avait créé une infirmerie-ambulance. Par ailleurs, il y avait deux postes de médecin, l'un à Grand Popo, assisté d'un infirmier indigène et disposant d'un dépôt de médicaments et d'une salle de consultations. L'autre médecin suivait la

colonne, se déplaçait avec l'état-major et disposait de
« cantines de pharmacie et de paniers de pansements ».
La moyenne actuelle des Blancs soignés depuis 1894 a
été de quatre à Porto Novo et de deux à Cotonou. La
longue liste du matériel désiré par le chef du service
comprenait un mobilier plus ou moins luxueux selon les
grades des malades, avec des chaises longues, des
« fauteuils inodores » et des photophores pour les
officiers, une salle spéciale pour les femmes, et prévoyait à Porto Novo trente et un lits pour Européens et
seize pour indigènes, et à Cotonou respectivement quatorze et huit [21].

Il s'agissait là d'hôpitaux essentiellement militaires.
Mais à la même époque, en Guinée, l'hôpital Ballay de
Konakry fut doublé d'un hôpital indigène avec lequel il
fusionna en 1906 ; une ambulance fut installée à Kindia
pendant la construction du chemin de fer. Des consultations eurent lieu tous les matins à Konakry et deux fois
par mois le long de la ligne. Un service vaccinogène,
avec production du vaccin, fut créé à Timbo (Fouta-
Djalon) [22].

En Côte-d'Ivoire, l'hôpital de Bingerville fut transfor-
mé en infirmerie-ambulance et releva désormais de la
réglementation générale des ambulances de 1908. Il y
en avait aussi une à Grand Bassam et deux autres
furent créées à Bouaké en 1910 et à Dimbokro, avec un
lit pour Européen et douze pour indigènes en 1913. Des
tournées de consultations furent organisées une fois par
mois dans sept villages autour de Bingerville ; le
médecin chargé de l'assistance indigène y était accompagné d'un interprète.

Les décisions les plus fréquentes des gouverneurs
concernèrent la gestion des hôpitaux et la vie du petit
personnel qu'ils utilisaient : cuisiniers, blanchisseurs,
manœuvres et hamacaires. Leurs soldes varièrent en
Côte-d'Ivoire de 25 à 60 francs en 1908, de 25 à
50 francs en 1911.

Les rations quotidiennes données au personnel étaient
très confortables. En 1905, les infirmiers indigènes de
l'hôpital Ballay de Konakry reçurent 600 grammes de
riz, 200 de viande, 20 de sel ; les infirmiers de garde, en
1908 : 800 g de riz, 350 de viande, 30 de sel, 15 de café
vert et 20 de sucre. A la même date, les infirmiers

indigènes de la Côte-d'Ivoire, beaucoup moins favorisés
que les Européens, eurent cependant droit à 800 g de
riz, manioc ou bananes, 350 g de viande. Ils étaient
quatre, aux côtés de trois Européens, à Bingerville, et
quatre aussi, aux côtés de deux Européens, à Grand
Bassam. Leurs rations, vraisemblablement, profitaient
aussi à leurs familles [23].

Les tarifs des journées d'hôpital furent révisés à
plusieurs reprises. Pour les malades agents de l'Etat, le
prix de la journée d'hôpital était déduit de leur solde. Il
variait selon l'importance de celle-ci : en Guinée en
1896, de 15 francs pour les officiers à 4 francs pour les
indigènes ; puis, fin 1901, de 12 à 3 francs.

Des arrêtés du gouverneur général réglementèrent
entre 1909 et 1912 les prix des journées d'hôpital. Ils
varièrent selon les soldes, de 16 à 2 francs en 1911,
puis, pour le seul personnel des cadres locaux indigènes,
de 5 francs à 0,75 franc selon l'arrêté du 5 avril 1912 [24].

Le service de Santé a donc évolué comme les autres.
Son personnel s'est progressivement accru et africanisé ;
son activité s'est étendue en suivant l'expansion coloniale ; conçu d'abord essentiellement pour les Blancs, il
s'est, peu à peu, ancré dans les masses noires, dont
l'espérance de vie, après les heurts d'une domination
imposée, a, dans le long terme, augmenté. Il est
probable que les brutalités de la conquête ont, jusqu'à
la fin de la Première Guerre mondiale, dégradé certaines populations, que la subite accélération de l'évolution précoloniale a détruit certains groupes et en a
maltraité beaucoup d'autres. Plus ou moins que cela ne
se produisait avant l'expansion impérialiste ? Nous ne le
saurons jamais car aucune statistique n'existait auparavant, et aucune estimation démographique antérieure à
1920 environ n'est fiable. Dans le long terme, les
populations ont augmenté en Afrique comme en Europe
depuis un siècle. Les affirmations contradictoires de
ceux qui pensent que la colonisation a favorisé ou
contrarié ce progrès continueront à s'opposer tant que la
démographie historique n'aura pas dégagé de grandes

lois valables pour de grands ensembles sous divers climats et dans diverses circonstances.

Ce qui, cependant, paraît indiscutable, c'est que les mesures d'hygiène et de prophylaxie ont été plus lentes à s'organiser et à s'imposer que celles destinées à perpétuer la domination des Blancs. Le service de la Santé s'est moins vite développé que ceux des Postes, des Travaux publics ou des Douanes. On lui a consacré moins de moyens et moins de constance. Le recrutement de médecins européens spécialisés s'est révélé plus difficile que celui des administrateurs. Les docteurs civils engagés à 10 000 francs selon l'arrêté Roume de 1905 jouissaient d'un traitement égal à celui des administrateurs de troisième classe, auxquels ils se trouvaient subordonnés. Ce n'était pas le pactole [25]. La formation de médecins indigènes, d'un niveau très inférieur à celui des spécialistes européens, fut un très précieux pis-aller. Mais il s'est perpétué très longtemps. Les raisons budgétaires ont dominé là comme ailleurs. Elles hantaient constamment l'esprit des administrateurs. D'où, par exemple, la curieuse circulaire du lieutenant-gouverneur de la Côte-d'Ivoire, « à Messieurs les Officiers et Administrateurs commandant les cercles » :

« Messieurs, Mon attention a été attirée sur la fréquence des maladies vénériennes chez les gardes de police et sur les inconvénients qui résultent de ce que les hommes atteints sont pendant un temps relativement long incapables de rendre aucun service. Le nombre des gardes affectés à chaque poste étant réduit, la bonne marche du service se trouve compromise dès que plusieurs hommes sont indisponibles. D'autre part, c'est à ce moment que la colonie se trouve dans l'obligation de leur faire donner les soins et médicaments nécessaires tout en assurant la solde et les vivres.

« J'estime qu'il y a lieu de diminuer la perte subie et j'ai décidé que, dès maintenant, la solde des gardes de police atteints de maladie vénérienne sera supprimée pendant le temps que durera l'incapacité de travail. Ils continueront à toucher les vivres.

« Dans les cas où les soins n'auront amené aucune amélioration et que l'espoir de guérison rapide sera abandonné, ils seront envoyés au chef-lieu pour y être examinés par le service de santé qui décidera s'il y a lieu de les licencier.

« Signé : Roberdeau [26]. »

Si préoccupante qu'elle fût, la santé publique n'a pas, au cours de cette période d'expansion et d'organisation qui s'est prolongée jusque vers 1920, été de première urgence.

CONCLUSION

Au cours de ces enquêtes, nous avons d'abord constaté qu'il y avait très peu de Blancs dans l'Afrique noire française vers 1914. Rien de comparable à l'Afrique du Sud et à l'Algérie, où les Blancs formaient des minorités compactes et jalouses de leurs privilèges. Ils allaient dans ces régions malsaines non pour les coloniser, mais pour en revenir. Ils n'y faisaient pas souche et se préoccupaient en général plus de leurs intérêts individuels — promotion ou enrichissement — que de mission civilisatrice.

Si peu nombreux qu'ils fussent, ils apparaissent d'autre part profondément divisés. Les militaires méprisaient les civils ; les administrateurs dominaient les agents des divers services, cependant plus compétents qu'eux ; les fonctionnaires dédaignaient les commerçants et les colons, les catholiques rivalisaient avec les protestants.

En métropole, une doctrine coloniale s'élaborait. Alliant les principes humanitaires hérités de la Révolution française et des missions religieuses aux techniques modernes, elle promettait aux Noirs un niveau de vie supérieur et un accueil égalitaire dans la société blanche. Prétendant respecter les droits de l'homme et celui des peuples à disposer d'eux-mêmes au sein d'une prochaine association d'Etats autonomes, elle entretenait la bonne conscience de l'opinion publique en face du fait colonial. La France, apparemment, pratiquait une politique coloniale généreuse, différente de celle de ses rivaux. Elle n'eut en réalité de système colonial que sur le papier.

En Afrique, en effet, la pratique s'inquiéta rarement de la doctrine. Qu'un ministre ou un gouverneur tentât d'appliquer celle-ci, l'expérience n'était pas poursuivie.

Les missions d'étude pour la culture de la gutta-percha conduisirent bien à quelques plantations; mais elles furent abandonnées sans raison valable, par simple incurie. Gallieni subventionna le docteur Colin, Trentinian organisa la mission des «compétents techniques» au Soudan, encouragea Méry à créer des parcs d'autruches, etc., [1]. De multiples «entreprises particulières» sombrèrent faute d'études sérieuses au départ, faute de moyens, faute de constance dans l'exécution.

Ces Blancs n'étaient pas hostiles aux Noirs; ils ne s'estimaient pas menacés; ils n'avaient pas le comportement de minoritaires incrustés dans le pays. Ils faisaient toujours partie de la majorité métropolitaine, ne se sentaient pas les outils d'un grand dessein. Temporairement détachés en Afrique, ils s'intéressèrent rarement aux Noirs dont les coutumes les déroutaient. Les plus intelligents accédèrent à l'islam noir, non à l'animisme. Mal encadrés, trop souvent livrés à eux-mêmes, la plupart ne pouvaient pas pénétrer dans les sociétés noires solidement structurées, défendues par une barrière d'initiations, d'interdits, de cérémonies inintelligibles. Et pourtant, cette Afrique fut profondément bouleversée par les influences occidentales. Dès 1920, celles-ci se manifestaient partout, même au fond des brousses et des forêts où ne résidait aucun Blanc. Et cette pénétration en tache d'huile de la civilisation occidentale devait par la suite s'accélérer encore dans une Afrique de moins en moins isolée.

Pour comprendre ce phénomène, il faut, comme toujours en Histoire, se référer au passé, et rechercher aussi ailleurs des exemples semblables.

La période de la colonisation impérialiste, soit de la souveraineté de la métropole blanche sur des populations noires, est révolue. Elle se range désormais parmi les avatars que ces populations ont connus depuis des siècles. Elle succède à d'autres souverainetés et à d'autres indépendances. L'historien les date, les range dans le temps, un temps astronomique, mathématique, insensible, inhumain, qui reste étranger aux durées particulières à chaque individu ou à chaque groupe social. Et il s'efforce de dégager les caractères propres à cette période.

Il constate alors que le rythme d'évolution des sociétés africaines s'est considérablement accéléré au fur et à mesure qu'elles ont été moins isolées. Mais il note aussi que cette évolution n'a pas changé de sens depuis, au moins, le XVᵉ siècle. Elle a été une progressive ouverture aux influences occidentales, marquée par la culture des plantes américaines (manioc, maïs, arachides, patates, etc.) qui ont modifié les paysages, l'alimentation et probablement la démographie ; par le développement de la traite des Noirs, très ancienne à travers le Sahara ou sur les côtes de l'océan Indien, désormais de plus en plus orientée vers l'Atlantique ; par l'extension hors des points littoraux, où se groupaient les factoreries concédées par les chefs noirs, de la domination blanche. Celle-ci s'est traduite par la création de communications, routières, télégraphiques, puis aériennes, sans lesquelles il n'y aurait pas de panafricanisme ; par la fin des guerres interafricaines et par une sécurité physique individuelle auparavant inimaginable : chacun put désormais, sans initiations préalables qui lui assuraient le secours de la famille, du village ou de l'ethnie, sans gris-gris protecteurs ou parentés fictives, s'aventurer tout seul dans le vaste monde ; par une progression démographique enfin, et une urbanisation croissante.

Des transformations aussi radicales et aussi rapides ne peuvent pas avoir été le fait des rares Blancs présents en Afrique noire avant 1920. Elles n'ont pu s'accomplir qu'avec l'appoint des Noirs. Ces derniers, apparemment, n'agissaient qu'en sous-ordre. Toutes les décisions importantes émanaient du ministre ou de l'administrateur. Mais à l'échelon local, en brousse ou en forêt, à des semaines de marche du centre, niera-t-on que les décisions de l'administrateur ou du chef de poste ont été en réalité inspirées par l'interprète ou par le chef indigène ? Et lorsque l'on considère les abus, dont évidemment le commandant blanc était responsable, niera-t-on qu'ils ont souvent été commis à son insu, par des interprètes, des miliciens ou des chefs qu'il n'avait pas les moyens de contrôler et que, trop souvent, il couvrait parce qu'il ne pouvait pas les remplacer ? Nous en avons analysé quelques exemples dans les chapitres précédents.

Il n'empêche que les brutalités, les violences, les injustices ont été nombreuses, sans provoquer de vastes mouvements de résistance, bien organisés et persistant pendant des années, comme celui des Mau-Mau du Kenya entre 1952 et 1960.

Cela s'explique d'abord par le fait que le sentiment de solidarité raciale noire n'existait pas. Il n'y avait de solidarité qu'ethnique et, dans l'Afrique française, les ethnies voisines de celles qui se révoltèrent ne se sentirent pas concernées. Le racisme noir ne se développa qu'après 1920, et surtout après la Seconde Guerre mondiale. Ensuite, il faut bien rappeler que les cruautés, les injustices et les abus de toutes sortes n'étaient pas des nouveautés. L'histoire précoloniale en est pavée. Les populations brimées ne se sentaient pas plus malheureuses parce que le chef injuste était blanc. Elles ignoraient la notion des droits de l'homme ! Les sociétés dans lesquelles elles vivaient étaient par ailleurs profondément inégalitaires ; les rois ou les chefs, souvent despotiques, disposaient des vies de leurs sujets ; les aînés ou les anciens freinaient les initiatives des cadets, et les femmes étaient en général dans une situation de dépendance, en Afrique équatoriale surtout.

On s'est étonné de l'absence de rancune du colonisé noir contre le colonisateur blanc. Mais qui prouvera que les excès du colonisateur ont été pires que ceux des chefs précoloniaux ? Et, par ailleurs, s'étonne-t-on que les Français nés depuis la Seconde Guerre mondiale ne tiennent guère rigueur aux Allemands des crimes nazis qui ont anéanti beaucoup des leurs ? La mémoire individuelle n'enregistre pas le passé.

Le débat colonial, en réalité, n'était pas entre Blancs et Noirs, mais entre tradition et innovation, et, sur place, les partisans de l'innovation ont souvent été des Noirs.

Les premiers à souhaiter l'accélération de l'ouverture à l'Occident ont été les « lettrés » des côtes, petits groupes de gens instruits qui souhaitaient voir s'étendre vers l'intérieur une influence colonisatrice dont ils profiteraient d'abord et dont ils feraient ensuite jouir les populations campagnardes. Ils ont volontairement aidé les Blancs, d'autant plus qu'ils croyaient, eux, au mythe de l'assimilation et qu'ils ne doutaient pas, eux, de l'efficacité du « système colonial » français. Les recours des uns à la Ligue des droits de l'homme, les déclarations loyalistes des autres lors de la Première Guerre mondiale en font amplement foi.

Derrière cette poignée d'évolués acculturés de longue date, la colonisation suscita l'abondante piétaille des collaborateurs volontaires. Les Blancs, incapables d'agir par eux-mêmes, ont toujours et partout trouvé des agents : miliciens, gardes de police, boys, cuisiniers, portiers, hamacaires, etc., constituaient un prolétariat recruté parmi les plus défavorisés des sociétés coutumières ; mais, d'une part, inconsciemment, ces gens laissaient une certaine influence occidentale gagner ces milieux à la manière d'une tache d'huile et, d'autre part, ils envoyèrent à l'école leurs enfants ou leurs petits-enfants qui, par la suite, rejoignirent l'aristocratie des acculturés initiaux. L'ascension sociale — encore un concept étranger à la tradition — se réalisa ainsi ; après deux ou trois générations, les évolués instruits, capables de remplacer les Blancs aux niveaux élevés et assurés d'y parvenir sans fièvre, car telle était la fatalité, accédèrent progressivement à la direction de la colonisation. Quand ils eurent éliminé les Blancs des postes de décision, quand ils assumèrent la responsabilité d'Etats souverains, ils ne trouvèrent rien de mieux à faire que d'accélérer l'évolution vers l'Occident. Pendant et depuis la colonisation, en Afrique noire française, avec la collaboration plus ou moins voyante et plus ou moins indispensable du Blanc, ce furent les Noirs qui orientèrent l'évolution de leurs sociétés.

Colonisation, décolonisation, cultures...[2], l'historien ne peut se permettre de jouer avec ces mots aux acceptions multiples. Il lui faut définir le sens qu'il donne à chacun, et constater que sous d'autres vocables des réalités semblables ont souvent existé dans le passé.

La colonisation, au sens le plus général de domination politique, économique et culturelle de l'étranger, n'est pas une nouveauté du XIXᵉ siècle. Les colonisés

gaulois ont assimilé les éléments de culture romaine
que leur apportaient les évolués de la Transalpine,
comme les Senoufo ont fait de ceux introduits par les
acculturés de Grand Bassam. Ces assimilations ont
souvent été opérées sous la contrainte? Sans doute,
puisqu'il y avait un maître étranger. N'auraient-elles
pas eu lieu sans lui? Que si, car avant l'expansion
impérialiste du XIXᵉ siècle les emprunts se multipliaient
déjà. Les rapports indirects ont toujours précédé les
contacts entre Blancs et Noirs. Les « lettrés » des côtes
ont frayé, puis contrôlé les pistes que, par la suite, les
« commandants » blancs empruntèrent. En brousse ou en
forêt, où il n'y avait pas, comme dans les villes du
littoral ou dans les gros postes, de résidents blancs, ces
rapports indirects ont persisté longtemps. Il en fut ainsi
des relations commerçant blanc-colporteur noir-paysans
indigènes, ou officier blanc-milicien noir-villageois indigènes, ou commandant français-interprète noir-chef indigène.

Les contacts sans intermédiaires ne se sont générali-
sés que tardivement, après 1920, quand il y eut partout
des Noirs qui avaient appris le français dans les écoles
publiques ou dans celles des missions.

La colonisation n'a fait qu'accélérer une évolution
beaucoup plus ancienne. De toute façon, celle-ci se
serait poursuivie dans la même direction, mais beaucoup moins vite, comme on le voit en considérant les
pays du tiers monde qui n'ont pas été colonisés. Cette
accélération est due, en Afrique noire française, à
l'intervention des Noirs acculturés, séduits par les
incessantes innovations de la civilisation occidentale. Ce
faisant, ils contribuaient à détruire leurs cultures
traditionnelles aux rythmes d'évolution lents, mais ces
cultures se seraient aussi étiolées s'ils ne s'en étaient
pas mêlés. L'Histoire est un patchwork de cultures
pures et pauvres ou métissées et bariolées, ou mortes
avec leurs langues et leurs croyances. On ne saurait, à
l'époque de l'avion et du téléphone, vivre dans la même
culture qu'à l'époque du mulet et du tam-tam. Prétendre ressusciter une culture ancienne alors que l'on
vit dans un contexte différent et avec une mentalité
différente de ceux qui la nourrissaient est un leurre. On
ne ressuscite rien: on crée des mythes nouveaux,

habillés à l'ancienne et répondant à quelque besoin actuel, et on les projette dans le passé. L'historien sait tout cela, critique avec sagacité ces mythes et ne voit de raisons ni de s'abstenir de ces études, ni de pleurer sur les cultures disparues.

Le plus persistant de ces mythes est celui de l'infériorité des Noirs. Curieusement, ce mythe, sous des aspects divers, est également cultivé par les uns et les autres. Les Blancs, se référant soit au non moins mythique Cham, soit à des théories biologiques périmées, considèrent le Noir comme incapable de s'assumer et adoptent vis-à-vis de lui des attitudes paternalistes plus ou moins conscientes. Le Noir se veut irresponsable, éternelle victime tour à tour exploitée par l'Arabe d'Orient et par l'Européen d'Occident, injustement brimé et frustré de son identité. Celle-ci, cependant, saute aux yeux. Il a, comme tous les humains, parcouru les périodes diverses d'une longue histoire. Il a peuplé et conquis un continent, fondé des empires, subi des revers, créé des religions, des arts et des techniques. Comme tous les humains, il a révélé de remarquables facultés d'adaptation aux milieux et aux circonstances. Et, comme tous les humains, il est, en dernière analyse, responsable de son destin tissé de phases successives de domestication d'une nature hostile, de rivalités internes, d'assimilation d'éléments étrangers sous des formes diverses dont la dernière fut la colonisation.

NOTES

Notes du chapitre I
LES FONCTIONNAIRES

1. *Reichsanzeiger*, 27 juil. 1884; H. Brunschwig: *L'Expansion allemande outre-mer*, p. 129-131.

2. Circulaire ministérielle: « Au sujet des bonnes relations que doivent entretenir les fonctionnaires et officiers avec les colons qui viennent s'établir au Sénégal », *Bulletin adm. du Sénégal*, 23 juin 1894, p. 304.

3. A.N.S.O.M., A.E.F., XIX, 4: « Populations et superficies comparées de Madagascar, de l'A.O.F. et de l'A.E.F. par rapport au nombre des fonctionnaires en service dans chacune de ces colonies ».

4. Annuaires A.O.F. et A.N.S.O.M., A.E.F., XX, 1.

5. *B.O.C.*, 1911, p. 624-626: « Circulaire relative aux dépenses de personnel incombant aux budgets locaux ».

6. *J.O. Dahomey*, 1er août 1911, p. 265: « Circulaire du gouverneur général William Ponty », Dakar, 26 juin 1911.

7. *J.O. Guinée*, 1er avril 1907, p. 109, arrêté du 1er mars. La taxe instaurée en 1902, est reconnue « irrécouvrable » dans son intégralité pour 1906 par suite du départ de certains imposables. Le déficit est de 50 francs.

8. Coquery-Vidrovitch, C.: *Brazza et la Prise de possession du Congo*, p. 32 sq., et *Le Congo au temps des grandes compagnies concessionnaires*, p. 85 sq.

9. *Bull. off. adm. de la Guinée française*, 1897, p. 12, circulaire du 29 janv.

10. *J.O. Sénégal*, 7 av. 1894, p. 130: « Circulaire aux Administrateurs ».

11. Tableau composé d'après les données des *Sources de l'histoire de l'Afrique au sud du Sahara*.

12. *J.O. Guinée*, 15 mars 1906, p. 188-189: « Circulaire à MM. les Chefs d'administrations et de services, Commandants de cercles et de postes, au sujet de l'acceptation de cadeaux par des fonctionnaires », Konakry, 8 mars 1906.

13. A.N.S.O.M., Inspection des colonies, A.E.F., missions Verrier (1893), Blanchard (1897), Bouchaud (1900-1901), Arnaud-Revel (1903-1904).

14. Cohen, William B.: *Rulers of Empire*, p. 55 sq., M. Blanchard: *Administrateurs d'Afrique noire*.

15. A.N., Personnel, E E II 875; Vigné d'Octon, *Journal d'un marin*, p. 251.

16. Brunschwig, H. et Binger, in L.H. Gann et P. Duignan, *African Proconsuls*, p. 109-126.

17. A.N., Personnel, E E II, 917.

18. Joly, Vincent: *Albert Dolisie et les débuts de la présence française au Congo*, thèse de 3ᵉ cycle, Paris I, 1980, ms.

19. De Mazières, Anne-Claude: *Victor Liotard et la pénétration française dans le Haut-Oubangui*, thèse de 3ᵉ cycle, Paris, E.P.H.E., 1975, ms.

Notes du chapitre II
LES CANDIDATS COLONS

1. Johnson, C. Wesley: *The Emergence of Black Politics in Senegal. The Struggle for Power in the Four Communes, 1900-1920.*

2. Leroy-Beaulieu, Paul: *De la colonisation chez les peuples modernes;* Murphy, Agnès: *The Ideology of French Imperialism (1871-1881);* Albertini, Hugo von: *Dekolonisation,* p. 307-397.

3. Marseille, Jacques: « L'investissement français dans l'empire colonial », *Revue historique,* oct. 1974, p. 409-432.

4. A.N.S.O.M., Sénégal, XV, 34; Robert Lenoir: *Les Concessions foncières en A.O.F. et A.E.F.,* p. 35-36.

5. A.N.S.O.M., Dahomey, XV, 1 b, 19 juin 1894.

6. A.N.S.O.M., Sénégal, XV, 1, 3 sept. 1890; *id.:* demandes de Léon Roux de Mâcon, de Bravay pour plantation de café, août 1892, de J. Toche pour la construction du wharf de Whydah, déc. 1892, etc.

7. A.N.S.O.M., Dahomey, XV, 7 a.

8. A.N.S.O.M., Soudan, XV, 2.

9. A.N.S.O.M., Soudan, XV, 3.

10. A.N.S.O.M., Soudan, XV, 3 et Guinée, XIII, 7; *id.* Soudan, XV, 3: Gronier veut une concession de quatre-vingt-dix-neuf ans pour construire et exploiter le chemin de fer du Sénégal au Niger (1896).

11. A.N.S.O.M., Guinée, XV, 2.

12. A.N.S.O.M., Missions, 17.

13. *Ibid.*

14. A.N.S.O.M., Guinée, XV, 6.

15. A.N.S.O.M., Guinée, XV, 7.

16. *Ibid.* (1894).

17. A.N.S.O.M., Guinée, XV, 9.

18. *Ibid.,* XV, 6.

19. A.N.S.O.M., Sénégal et Dépendances, XVIII, 29 et 29 *bis,* 32; *id.:* demandes de Barbier, photographe à Dakar, Boucher, ancien soldat, trente ans, marié, 3 enfants, Castres, mécanicien, Gonnet, ouvrier forgeron du port de Toulon, souhaitant son admission dans le cadre des infirmiers coloniaux (1889), etc.

20. A.N.S.O.M., A.O.F., XV, 1.

Notes du chapitre III
LES COLONS

1. Rabut, Elisabeth: « Le mythe parisien de la mise en valeur des colonies africaines à l'aube du XXᵉ siècle: la Commission des concessions coloniales (1898-1912) », *Journal of African History,* 1979, p. 271-287.

2. Par exemple: *Bull. offic. adm. de la Guinée franç.,* 17 avr., 31 août, 10 déc. 1896; 23 juin 1898; 22 avr., 29 mai 1899; 22 oct., 24 déc. 1900. *J.O. Guinée,* 14 févr., 1ᵉʳ mars, 2 mai 1900; 15 juil. 1905, etc.

3. Hamelin, M.: *Des concessions coloniales,* p. 313 sq.; Maguet, Edgar: *Les Concessions domaniales dans les colonies françaises,* p. 27 sq., 95 sq.; Lenoir, Robert: *Les Concessions foncières en A.O.F. et en A.E.F.,* p. 35 sq.

4. *J.O. Sénégal,* 4 oct. 1906, p. 572.

5. *J.O. Guinée,* 1er mai 1901.

6. *J.O. Guinée,* 1er juil. 1901, arrêté du 30 mai.

7. *J.O. Guinée,* 1er août 1901, 15 mars et 1er avr. 1903.

8. Coquery-Vidrovitch, Catherine: *Le Congo au temps des grandes compagnies concessionnaires,* chap. II.

9. *Ibid.,* p. 66.

10. Mouyabi, Jean: *Essai sur le commerce précolonial et protocolonial au Congo méridional (XVIIe — début du XXe siècle),* thèse 3e cycle, Paris, E.H.E.S.S., 1979, ms.

11. Brunschwig, H.: *Brazza et le scandale du Congo français (1904-1906).*

12. Rabut, E., *op. cit.*

13. Brunschwig, H.: « Le Dr Colin, l'or du Bambouk et la "colonisation moderne" », *Cahiers d'études africaines,* XV, 2, 1975, p. 166-188; Stengers, Jean: « Une facette de la question du Haut-Nil : le mirage soudanais », *Journal of African History,* 1965, p. 599-622.

14. A.N.S.O.M., Soudan, XV, 2 - 4; Côte-d'Ivoire, XV, 8; Guinée, XV, 4 - 9.

15. Missions Moufflet, Otto, Leclerc, Dupont, Vidal, Dhomé, Barrat.

16. A.N.S.O.M., Afrique, XIII, 2.

17. A.N.S.O.M., Côte-d'Ivoire, XV, 7.

18. A.N.S.O.M., Soudan, III, 4; Sénégal et Dépendances, III, 13 e.

19. *B.O.C.,* 1899, p. 790-802; *J.O. Guinée,* 1er janv. 1909.

20. *B.O.C.,* 1901, p. 770.

21. *B.O.C.,* 1906, p. 288; 1913, p. 129-130.

22. A.N.S.O.M., Travaux publics, 149, dossier 12.

23. *Ibid.,* dossiers 12, 19, 21.

24. *Ibid.,* dossier 19.

25. *Ibid.,* dossier 19, 24 mai et 19 juin 1908.

26. *Ibid.,* dossier 14.

27. *Ibid.,* 20 févr., 3 avril.

28. *J.O. de la République française,* 15 févr. 1901, p. 1002-1017; 24 mars 1906, etc.

29. A.N.S.O.M., Travaux publics, 149, dossier 21.

30. *Ibid.,* dossier 21, pièce 9: Rapport Bouteville, 25 mai.

31. *Ibid.,* dossier 23.

32. A.N.S.O.M., A.E.F., XX, 1.

33. Gouvernement général de l'A.O.F.: *Situation générale pour l'année 1908,* Gorée, 1909, et *Rapport d'ensemble de l'année 1913,* Paris, 1916.

34. Brunschwig, H.: « Le Dr Colin... », *op. cit.*

35. A.N.S.O.M., Guinée, XV, 9.

36. A.N.S.O.M., Soudan, XIII, 2 B; Guinée, XV, 9, XIII, 3 C.

37. A.N.S.O.M., Guinée, XV, 9.

38. A.N.S.O.M., Soudan, XIII, 7, XIII, 13, XV, 3; A.O.F., XV, 2.

39. A.N.S.O.M., A.O.F., XIII, 3 A, D, E: projet d'installation hydro-électrique en Côte-d'Ivoire (1903) et de défibreurs.

40. A.N.S.O.M., Soudan, XV, 5.

Notes du chapitre IV
LIMITES DE LA COLONISATION BLANCHE

1. Schnapper, Bernard, «Le sénateur René Bérenger et les progrès de la répression pénale en France», Istanbul, *Annales de la faculté de droit*, n° 42, 1979, p. 225-251; A.N.S.O.M., A.O.F., XVIII, 31 *ter*.

2. A.N.S.O.M., Sénégal, XI, 23 B.

3. A.N.S.O.M., Sénégal, XIV, 28 et XVIII, 30. Décret du 1er déc. 1887, *B.O.C.*, 1887, p. 968-969, et *J.O. Gabon-Congo*, 3 mars 1888: arrêté Ballay du 28 févr. créant des établissements de travaux forcés au Gabon.

4. A.N.S.O.M., Gabon-Congo, XI, 15 B; A.E.F., XIV, 3; *Bull. off. Gabon-Congo*, arrêté du 21 avr. 1888.

5. *J.O. Gabon-Congo:* 19 mai, 23 juin, 30 juin, 7 juil., 21 juil., 4 et 18 août, 8, 15, 22, 29 sept., 20 oct., 3 et 10 nov., 1er et 15 déc. 1888.

6. *J.O. Gabon-Congo*, 1er oct. 1897.

7. *J.O. Gabon-Congo*, 16 juin, 28 juil., 24 nov. 1888.

8. A.N.S.O.M., Gabon-Congo, XI, 15b, 19 juin 1894.

9. *J.O. Gabon-Congo*, 20 avr. 1891, 5 févr. 1892.

10. *J.O. Congo*, 1er juil. 1897, p. 3.

11. *J.O.*, 20 mars 1894, 5 avr. 1895, 20 sept. 1895; 15 févr. et 15 mars 1896; 1er juil. 1898. Papiers Brazza, VI, 1, n° 2555: Lettre au sous-secrétaire d'Etat, 18 mai 1890.

12. *J.O. Congo français*, 20 juil. 1893.

13. *J.O. Congo français*, 5 août 1895.

14. *J.O. Congo*, 15 sept. 1896.

15. *J.O. Congo*, 1er oct. 1899, p. 12-16.

16. A.N.S.O.M., Gabon-Congo, XI, 15b.

17. *B.O.C.*, 1899, p. 1283 et 1284: décrets portant suppression du pénitencier-dépôt de Libreville...

18. A.N.S.O.M., A.E.F., XIV, 3. Lettre du gouverneur général par intérim au gouverneur général en mission, 1er déc. 1910. Lettre de Merlin au gouverneur général d'Indochine, 7 mai 1912.

19. A.N.S.O.M., Guinée, X, 3.

20. *J.O. Dahomey*, 1er nov. 1895, 1er juin 1897; A.N.S.O.M., Dahomey, XV, 1 B et XV, 8.

21. A.N.S.O.M., Sénégal, XV, 1.

22. A.N.S.O.M., Congo-Gabon, XIV, 1 D.

23. *Ibid.*, avr. 1898.

24. A.N.S.O.M., Gabon-Congo, XIV, 1 B.

25. *B.O.C.*, 1895, p. 534, décret du 17 juin.

26. A.N.S.O.M., Sénégal, XIV, 28 B.

27. *Ibid.*, XIV A.

28. *Ibid.*, XIV, 28 B, 18 juil. 1899.

29. A.N.S.O.M., Gabon-Congo, XIV 1 A, 12 mars 1884 et 5 avr. 1886.

30. A.N.S.O.M., Gabon-Congo, XIV, 3, arrêté du 28 mai et décret du 2 juil. 1901; *J.O. Côte-d'Ivoire*, 15 déc. 1901, décret du 25 oct.; *J.O. Guinée*, 1er avr. 1903, et *J.O. Côte-d'Ivoire*, 31 oct. 1909, p. 482.

31. A.N.S.O.M., Gabon-Congo, XIV, 1 C, 8 avril 1875.

32. *Ibid.*, Annexe à la lettre du capitaine de l'*Ariège*, 19 janv. 1885.

33. *Ibid.*, 5 août 1884. P.S. de la lettre du directeur du matériel à Cornut-Gentille et rapport du capitaine de frégate Gourgas, lieutenant-gouverneur du Gabon, au ministre: «Le Kruman. Utilisation au service des travaux publics».

Notes du chapitre V
ESSAI DE TYPOLOGIE DES NOIRS

1. Desanges, Jehan: *L'Antiquité gréco-romaine et l'homme noir,* Paris, 1971; Curtin, Ph. D.: *The Image of Africa. British Ideas and Action, 1870-1950;* Martinkus-Zemp, Ada: *Le Blanc et le Noir. Essai d'une description de la vision des Noirs par les Blancs dans la littérature française de l'entre-deux-guerres;* Devisse, Jean: *Le Noir dans l'art occidental;* Daget, Serge: « Les mots esclave, nègre, Noir et les jugements de valeur sur la traite négrière dans la littérature abolitionniste française de 1770 à 1845 », *Revue française d'histoire d'outre-mer,* 60, n° 221, 1973, p. 511-548; M'Bokolo, E.: « Du commerce licite au régime colonial: l'agencement de l'idéologie coloniale », in D. Nordman et J.-P. Raison (ed.), *Sciences de l'homme et conquête coloniale,* p. 205 sq.
2. Gorog-Karady, Veronica: *Noirs et Blancs: leur image dans la littérature orale africaine;* Johnson, E. Wesley: « The Senegalese Urban Elite, 1900-1945 », in Ph. D. Curtin (ed.), *Africa and the West. Intellectual Responses to European Culture,* p. 139-187.
3. Mauny, Raymond: *Les Siècles obscurs de l'Afrique noire.* Alexandrowicz, C.H.: *The Afro-Asian World and the Law of Nations (Historical Aspects);* « Le rôle des traités dans les relations entre les puissances européennes et les souverains africains. Aspects historiques », *Revue internationale de droit comparé,* n° 4, 1970, p. 703-709.
4. Wirz, Albert: *Vom Sklavenhandel zum Kolonialhandel.* Johnson, E.W.: *The Emergence of Black Politics in Senegal,* p. 93 sq.
5. *J.O. Dahomey,* 15 août 1914, p. 353-354. Sur Diagne, cf. Marc Michel, *L'Appel à l'Afrique...*
6. Almeida-Topor, Hélène: « Les populations dahoméennes et le recrutement militaire pendant la Première Guerre mondiale », *Revue française d'histoire d'outre-mer,* 1973, p. 209; Michel, Marc: « La genèse du recrutement de 1918 en Afrique noire française », *Revue française d'histoire d'outre-mer,* 1971, p. 433-450.
7. Diop, Alioune: « Histoire d'un écolier noir (par lui-même) », *Bulletin de l'enseignement en A.O.F.,* n° 7, 1931, p. 25-29.
8. Diop, Birago: *La Plume raboutée. Mémoires I.*
9. Ayouné, Jean-Rémy: « Occidentalisme et Africanisme », *Renaissance,* n° 3 - 4, 1944, p. 258-263.
10. Senghor, L.S.: « Vues sur l'Afrique noire ou "assimiler, non être assimilé" », *Liberté I, Négritude et Humanisme,* 1964, p. 39 sq.
11. Brasseur, Paule: « Le bâton et le caïman, ou Fily Dabo Sissoko et la France », in *Etudes africaines offertes à Henri Brunschwig,* Paris, 1982, 426 p.; *Présence africaine,* numéro spécial: « Le monde noir », 1950; H. Brunschwig: *L'Avènement de l'Afrique noire du XIXᵉ siècle à nos jours,* p. 198 sq.
12. Labouret, Henri: *Paysans d'Afrique occidentale.*

Notes du chapitre VI
ROIS DE LA BROUSSE
I. LES INTERPRÈTES

1. A.R.S., P.-V. du conseil d'administration du 5 sept. 1842.
2. A.R.S., 2 B, 45, p. 183: Brière de L'Isle au ministre, 8 juin 1879, et 2 B, 759, p. 128, 25 oct. 1880; A.N.S.O.M., Commission des comptoirs, D 45, brochure p. 58.
3. *Le Tour du monde,* 1890, I: « Deux campagnes... », p. 333, et 1882, II, p. 291.

4. Bâ, Amadou Hampaté: *L'Etrange Destin de Wangrin ou les Roueries d'un interprète africain,* p. 44, 51, 85.
5. Lemaire, J.: « En Guinée... », *Annales coloniales,* 23 janv. 1908; dossier personnel Noirot, A.N.S.O.M., 1160, 1 et 2, déposition de Cousturier devant l'inspecteur des colonies Reinhardt, 3 sept. 1906; interpellation de Pelletan à la Chambre, *J.O.R.F.,* 19 nov. 1907, 2ᵉ séance, p. 2343; déposition de l'almany Baba Alemou, 2 juin 1905, A.R.S., 7 G, 85, p. 209.
6. *Feuille officielle du Sénégal et Dépendances,* arrêté du 9 déc. 1862.
7. A.N.S.O.M., Dahomey, VII, 5: procès-verbal du conseil d'administration des Etablissements français du Bénin, 24 févr. 1894.
8. Annuaires de l'A.O.F., 1894, 1899.
9. A.N.S.O.M., A.E.F., XVIII, 3.
10. *J.O. de l'A.O.F.,* 17 déc. 1910, 30 nov. 1912, 28 déc. 1912, 1ᵉʳ mars 1914.
11. Gouvernement général de l'A.E.F., supplément à la partie documentaire de l'annuaire de 1912, Brazzaville, 1914, p. 427, 431; *J.O. Gabon-Congo,* 27 juil. 1887, arrêté du 7 avr.; A.N.S.O.M., Gabon-Congo, XVI, 13 (2ᵉ mission Liotard).
12. *J.O. Guinée,* 1ᵉʳ févr. 1913, p. 63.
13. Moukouri, Kuoh J.: *Doigts noirs, p. 18.*
14. A.N.S.O.M., A.O.F., XVIII, 1, et A.R.S., 15 G, 202, 203, 34, 43-45, 54.
15. *Le Tour du monde,* 1883, II, p. 282; A.N.S.O.M., Soudan, XVI, 6 A.
16. A.N.S.O.M., A.O.F., XI, 4.
17. Moukouri, Kuoh J., *op. cit.,* p. 18-25.

Notes du chapitre VII
ROIS DE LA BROUSSE
II. LES CHEFS NOIRS

1. Cf. par exemple, parmi beaucoup d'autres Monteil, Vincent: « Lat Dior, Damel du Cayor... », *Esquisses sénégalaises,* p. 71-113, et *L'Islam noir,* p. 96-98; Klein, Martin: *Islam and Imperialism in Senegal,* p. 11-21; Saint-Martin, Y.: *L'Empire toucouleur,* chap. VII-XII; Robinson, David: *Chiefs and Clerics,* p. 54 sq.; Vansina, Jean: *The Tio Kingdom of the Middle Congo,* p. 313-339; Tardits, Claude: *Les Bamiléké de l'Ouest Cameroun,* et *Le Royaume Bamoum,* p. 170-200 et 484 sq.
2. *J.O. Côte-d'Ivoire,* 30 nov. 1905, p. 341.
3. *J.O. Côte-d'Ivoire,* 15 sept. 1900, p. 5.

Notes du chapitre VIII
LES POLICES

1. *J.O. de l'A.O.F.,* 1910, p. 458, arrêté portant réorganisation des gardes de cercle en Côte-d'Ivoire, 11 oct. 1910: les missions, plus ou moins détaillées (garde des prisons, arrestations de malfaiteurs, etc.). Il se retrouve dans tous les textes réglementant les gardes civils.
2. *J.O. Guinée,* 1ᵉʳ août 1901.
3. *Feuille officielle du Sénégal et Dépendances,* 16 déc. 1862 et 3 mai 1864, décision du 15 avr.
4. A.N.S.O.M., Sénégal, XI, 1 A, 13 déc. 1891.

5. *Bulletin adm. du Sénégal,* 23 nov. 1893, p. 469-470; *J.O. du Sénégal,* arrêtés du 21 déc. 1893, du 21 avr. 1894 et du 6 juil. 1911.

6. Guinée française et dépendances: décret du 17 déc. 1891; Guinée: décret du 10 mars 1893; Guinée, Côte-d'Ivoire et Bénin: décret du 10 mars 1893; Soudan: décret du 16 juin 1895; Dahomey: décret du 17 oct. 1899. Le Soudan, supprimé par décret le 17 oct. 1899, reparaît comme Territoire de Sénégambie et Niger sous contrôle du gouverneur général, puis, avec un lieutenant-gouverneur, sous le nom de Haut-Sénégal et Niger (décret du 18 oct. 1904). La Mauritanie est administrée comme territoire par un commissaire du gouverneur général (18 oct. 1904). Détails dans *Sources de l'histoire de l'Afrique au sud du Sahara...,* p. 872 sq.

7. A.N.S.O.M., Affaires politiques, 2803. Contribution de l'A.O.F. aux dépenses de la Métropole. Brigades indigènes transformées en régiments de tirailleurs, août 1917.

8. A.N.S.O.M., Sénégal, XVI, 32.

9. A.N.S.O.M., Côte-d'Ivoire, XI, I a, et *J.O. Côte-d'Ivoire,* n° 1, janv. 1895, arrêtés du 29 déc. 1894.

10. *J.O. de l'A.O.F.,* 11 oct. 1910, arrêté du gouverneur général (Ponty) portant réorganisation des gardes de cercle de la Côte-d'Ivoire, p. 658-662.

11. A.N.S.O.M., Guinée, XVI, 2.

12. *J.O. de la Guinée française,* 1er juin 1901, arrêté du 2 mai, et Annuaire A.O.F., 1904.

13. *J.O. des Etablissements et Protectorats français du Golfe du Bénin,* 1er janv. 1890, arrêté du 9 nov. 1889, et *J.O. du Dahomey,* 10 août 1894, arrêté du 23 juin.

14. *J.O. de l'A.O.F.,* 2 févr. 1909, arrêté du 2 févr., et Annuaire A.O.F., 1910.

15. *J.O. de l'A.O.F.,* 1910, p. 663-664, circulaire du 21 oct. 1910; A.N.S.O.M., Niger, VII, 2, arrêté n° 174 portant organisation des gardes de cercle au Territoire militaire du Niger.

16. *J.O. de l'A.O.F.,* 1911, arrêté n° 672, p. 385-388.

17. A.N.S.O.M., Gabon-Congo, IX, 14 a, budget 1891.

18. *J.O. du Congo français,* 15 août 1909, arrêté du 16 juil.; Annuaire du gouverneur général de l'A.E.F., 1912, 2e partie, p. 423-446; A.N.S.O.M., A.E.F., XVI, 3, rapport de l'inspecteur adjoint Sabatier sur la mission Frezouls: le rapport d'inspection donne, comme on le voit ci-dessous, 2 331 gardes régionaux en 1911; la commission du Budget de la Chambre des députés indique un effectif de forces de police de 1 865 hommes (A.E.F., XIX, 4, observations au rapport de M. Violette, p. 6).

19. Sissoko, Fily Dabo: *La Savane rouge,* p. 97-98 et 75.

20. Par exemple A.R.S., 7 G, 85: enquête STAHL; rapport Frezouls au gouverneur général sur la situation politique du Fouta-Djalon, 10 juil. 1905; ou C. Coquery-Vidrovitch, *Le Congo au temps des grandes compagnies concessionnaires,* p. 93; etc.

21. A.N.S.O.M., Guinée, XVI, 2 a, conseil d'administration du 18 mai 1895, lettre au ministre des Colonies du 24 mai.

22. *J.O. Guinée,* 1er juil. 1901, arrêté local du 12 juin.

23. A.N.S.O.M., A.E.F., XVI, 3, rapports Sabatier, Frezouls, Lasserre.

24. Bâ, Amadou Hampaté, *op. cit.,* p. 118: l'interprète Romo; A.N.S.O.M., A.O.F., XVIII, 1, décorations 1896-1907, Paris, 1er sept. 1903, 25 juil. 1903.

25. Weithas, Rémy, et Charbonneau, lieutenants-colonels: *La Conquête du Cameroun et du Togo;* Michel, Marc: «La genèse du recrutement de 1918 en Afrique noire française», *Revue française d'histoire d'outre-mer,* 1971, p. 433-450, et *L'Appel à l'Afrique.*

Notes sur le chapitre IX
LE PETIT PERSONNEL NOIR
ORIGINE ET RECRUTEMENT LOCAL

1. *J.O. Guinée*, 1er juil. 1901, p. 13.
2. *J.O. Gabon-Congo*, 7 juil. 1887.
3. *J.O. Guinée*, 1er janv. 1901.
4. *J.O. Dahomey*, 1er oct. 1908.
5. *J.O. Côte-d'Ivoire*, 28 févr. 1909 et 15 avr. 1911.
6. *J.O. Dahomey*, 15 févr. 1913.
7. *J.O. de l'A.E.F.*, 15 juil. 1915, p. 238.
8. *J.O. Dahomey*, 24 oct. et 1er nov. 1901 ; idem, *J.O. Côte-d'Ivoire*, 31 mai 1909, p. 241 : deux hamacaires permanents à Grand Bassam.
9. *J.O. Guinée*, 1er mai et 1er juil. 1901.
10. *J.O. Côte-d'Ivoire*, 15 janv. 1903, arrêté du 20 déc. 1902 ; *ibid.*, arrêtés des 7 janv., 5 oct., 10 oct., 29 oct. 1903 ; *J.O.*, 15 juil. 1904, 15 mai 1905, 31 juil. 1907 ; *idem J.O. Etablissements et Protectorats français du Golfe du Bénin*, 1er sept. 1892, et *J.O. Dahomey*, 15 août 1898.
11. *J.O. Guinée*, 18 janv. 1905, p. 26 ; *J.O. de l'A.O.F.*, 3 mai 1903, p. 501, 15 mai 1913, p. 581, etc.
12. *J.O. Guinée*, 15 nov. 1905, p. 571.
13. *Ibid.*, 1er mars 1912, p. 114.
14. A.N.S.O.M., A.O.F., XVIII, 1 ; *B.O.C.*, 1899, 1900, p. 15, 1903, p. 745, etc. ; *Les Décorations officielles françaises*, 1956.
15. *B.O.C.*, 1887, p. 516.
16. A.N.S.O.M., A.O.F., XVIII, 1.
17. *J.O. Côte-d'Ivoire*, 15 févr. 1913, p. 70-71.
18. *J.O. Guinée :* Postes et Télégraphes, 9 déc. 1910, écrivains-expéditeurs indigènes, 1er oct. 1913, surveillants indigènes de cultures du service agricole, 1er oct. 1913, etc.
19. *J.O. Guinée*, 1er août 1901 ; *J.O. Côte-d'Ivoire*, 26 févr. 1905.
20. A.N.S.O.M., A.O.F., Budget, Comptes définitifs, 1907, 1910, 1913.
21. A.N.S.O.M., A.E.F., XIX, 3, et *J.O.R.F.*, Chambre des députés, séance du 18 juil. 1911.
22. *J.O. Côte-d'Ivoire*, août 1902.
23. *Ibid.*, juin 1905.
24. *Ibid.*, avril 1907.
25. *Ibid.*, oct. 1904.
26. *J.O. Dahomey*, 1er déc. 1895.
27. *J.O. Guinée*, juin 1910, p. 447.
28. *J.O. Guinée*, 10 févr. 1906, p. 86 sq. ; *J.O. Dahomey*, 1er mars 1906, p. 169 sq. ; *J.O. Côte-d'Ivoire*, 15 févr. 1906, p. 67 sq. ; *J.O. de l'A.O.F.*, 13 janv. 1906, p. 43.
29. *J.O. Guinée*, 15 janv. 1911, arrêté du 22 nov. 1918.
30. *J.O. Dahomey*, 1er févr. 1906 et 1er déc. 1906, supplément.
31. *J.O. Guinée*, 15 janv. 1911, p. 33, 15 janv. 1912, p. 38 et 40 ; *J.O. Dahomey*, 15 juin 1911, p. 201, 1er oct. 1913, p. 506 ; *J.O. Côte-d'Ivoire*, 15 oct. 1913, p. 503, 15-30 nov. 1914, p. 489 ; Gouvernement général de l'A.O.F. : *Rapport d'ensemble annuel 1913*, p. 33 et *J.O. de l'A.O.F.*, 1913, p. 531.
32. *J.O. Côte-d'Ivoire*, 15 juil. 1914, p. 200 et 15 déc., p. 529.
33. *J.O. de l'A.E.F.*, 1er janv. 1910, p. 3 et 15 avr. pour l'Oubangui-Chari-Tchad ; *idem*, 15 sept. 1928, p. 895 et 15 févr. 1930, p. 179 ; *idem* pour les Postes, 18 juin 1917, p. 176 et 15 mai 1925 ; pour les Douanes, 15 avril 1912, p. 178, 1er et 15 déc. 1920, p. 578 ; pour les moniteurs, 1er oct. 1924, p. 628 ; pour les imprimeurs, 8 nov. 1919, p. 425 ; les infirmiers, 14 sept. 1912, p. 444, 15 juin 1919, p. 209,

15 janv. et 1ᵉʳ févr. 1926, etc.; les interprètes, 15 nov. 1919, p. 416.
Soldes relevées: *J.O. de l'A.E.F.*, 1ᵉʳ et 15 janv. 1920, p. 19, 1ᵉʳ mai 1930, p. 372.

34. *J.O. Guinée*, 1ᵉʳ févr. 1911, p. 105-106: 141 agents, comme dans l'Annuaire de 1910; *J.O. Côte-d'Ivoire*, 31 janv. 1911, p. 32, 15 juin 1911 et 15 juil. 1913, p. 368.

35. A.N.S.O.M., A.O.F., XVIII, 5.

Notes du chapitre X
CADRES LOCAUX INDIGÈNES
I. LES POSTES ET TÉLÉGRAPHES

1. *Moniteur du Sénégal et Dépendances*, 2 nov. 1880.

2. *J.O. des Etablissements et Protectorats français du Golfe du Bénin*, 1ᵉʳ avr. 1893; *J.O. Dahomey*, 19 oct. 1901.

3. *J.O. Côte-d'Ivoire*, 31 mai 1897.

4. *J.O. Guinée*, 1ᵉʳ oct. 1901; *idem*, 1ᵉʳ sept. 1901 et 31 janv. 1902.

5. *J.O. Guinée*, 1ᵉʳ oct. 1906, arrêtés des 14 août et 15 mars 1909, arrêté du 10 mars.

6. *J.O. Côte-d'Ivoire*, 15 juil. 1907 et 31 août 1908.

7. *J.O. Guinée*, 15 janv. 1911; *J.O. Côte-d'Ivoire*, 15 janv. 1911; *J.O. Dahomey*, 1ᵉʳ janv. 1912.

8. *J.O. Guinée*, 1ᵉʳ nov. 1912, arrêté du 30 oct.; *B.O.C.*, 9 oct. 1912, p. 1574.

9. *J.O. Côte-d'Ivoire*, 31 mars 1914; *idem* 116 agents au 15 juil. 1913.

10. *J.O. Côte-d'Ivoire*, 15 août 1913: classement des agents des P. et T. dans le nouveau cadre local indigène créé le 30 juin 1913.

11. *J.O. Guinée*, 1ᵉʳ nov. 1907, p. 536; Annuaire A.O.F., 1913-1914.

Notes du chapitre XI
DES CADRES LOCAUX
II. LES IMPRIMEURS

1. Witherell, J.W.: *French Speaking West Africa. A Guide to Official Publications...*; Brasseur, P. et Morel, J.-F.: *Les Sources bibliographiques de l'Afrique de l'Ouest et de l'Afrique équatoriale...*

2. *Bulletin officiel de la Marine*, 1872, t. II, p. 606.

3. *J.O. Dahomey*, 1ᵉʳ févr. 1895, décision du 24 janv., et 1ᵉʳ avr. 1901, arrêté du 20 mars.

4. *J.O. Dahomey*, 1ᵉʳ avr. 1902, arrêté du 24 mars.

5. *J.O. Dahomey*, 1ᵉʳ juil. 1901.

6. Lokossou, Clément: *La Presse au Dahomey, 1894-1960. Evolution et réaction face à l'administration coloniale*, thèse 3ᵉ cycle, Paris I Sorbonne, 1976, p. 47.

7. *J.O. Côte-d'Ivoire*, 28 févr. 1915, p. 36-38.

8. *J.O. de l'A.O.F.*, 18 janv. 1913, arrêté du 31 déc. 1912.

9. *J.O. Guinée*, 1ᵉʳ juin 1901, p. 6; *idem* 1ᵉʳ juin 1901 et 1ᵉʳ mai 1902, p. 88.

10. *B.O.C.*, 1911, p. 31-35, *J.O. Guinée*, 1ᵉʳ mars 1911, titre III; *J.O. Dahomey*, 15 mars 1911, p. 104-106.

11. *J.O. Côte-d'Ivoire*, 15 mars 1911, p. 116, et 15 juin 1911, p. 270; *J.O. de l'A.O.F.*, 18 janv. 1913, 29 nov. 1913, p. 1055, 7 févr. 1914, p. 137, 12 mars 1921, p. 103; *J.O. de l'A.E.F.*, 15 nov. 1919, p. 425.

12. *J.O. Dahomey*, 1er avr. 1901, p. 81-82 ; *J.O. Côte-d'Ivoire*, 28 févr. 1905, p. 37-38 ; *J.O. Guinée,* 1er juin 1901 ; arrêtés des 2 mai et 1er août 1912, p. 422-427.

13. Gouvernement général de l'A.O.F. : *Situation générale de l'année 1908.*

14. Lokossou, C., *op. cit.,* p. 48 et 76.

15. *J.O. Côte-d'Ivoire,* 31 oct. 1909, p. 494, etc. ; *J.O. Etablissements et Protectorats français de la Côte du Bénin,* 1890.

16. *J.O. Guinée,* 1er juil. et 1er août 1902, mai, août, oct., déc. 1904.

17. *J.O. Guinée,* juil.-déc. 1902, janv.-déc. 1903, etc., jusqu'en 1906.

18. *J.O. Côte-d'Ivoire,* 31 oct. 1909, p. 494, etc. ; *idem* 1904-1905 ; *J.O. Guinée,* 1er janv. et 1er août 1902, mai, août, oct., déc. 1904, mars, avr., mai 1911 ; *J.O. Dahomey,* janv. 1905 et 1914.

19. *J.O. Côte-d'Ivoire,* oct. 1909, p. 495.

20. *J.O. Dahomey,* 1er et 15 juil. 1914.

21. *J.O. Côte-d'Ivoire,* 31 oct. 1909.

22. *Ibid.,* p. 495 ; *id.,* 6 annonces en Guinée en 1904, 9 en Côte-d'Ivoire en 1904-1905, 4 au Dahomey en janv. 1905 et en 1914.

23. *J.O. Guinée,* 1er juil. 1907, p. 217.

24. *J.O. Guinée,* 1er nov. 1912 et mois suivants.

25. *J.O. Dahomey,* 15 janv. 1899.

26. *J.O. Dahomey,* 1er avr.-1er nov. 1894, 6 annonces, 1895, 1er févr. et 1er mars, 15 juin 1898, 1er et 15 juil. 1900.

27. *J.O. Dahomey,* 15 déc. 1902, 18 févr. 1903, 1er avr. 1904, 1er mars et 15 mars 1914 ; mars-août 1912.

28. *J.O. Dahomey,* 15 mai et 1er juin 1906 ; *idem* 1er mai et 1er août 1894 et 1er et 15 déc. 1907 (hôtel de France à Cotonou).

Notes du chapitre XII
LA SANTÉ

1. *B.O.C.,* 1890, p. 460.

2. *B.O.C.,* 1889, p. 130.

3. *J.O. de l'A.O.F.,* 12 juin 1897, p. 227, arrêté du 31 mai pour le Sénégal ; *J.O. Dahomey,* 1er août 1897, arrêté du 26 juillet ; *J.O. Côte-d'Ivoire,* 15 mai 1901, arrêté du 1er avril ; *J.O. Guinée,* 1er août 1901, arrêté du 23 juillet.

4. *J.O. Guinée,* 1er févr. 1907, arrêtés des 26 sept. 1906, p. 54 et 1er mars 1911, arrêté du 15 févr., p. 192 ; *J.O. Côte-d'Ivoire,* 15 mai 1911, arrêté du 8 mai, p. 224.

5. Annuaire A.E.F., 1912, supplément p. 421-426.

6. *J.O. Côte-d'Ivoire,* 15 janv. 1904.

7. *J.O. Dahomey,* 15 juil. 1914, p. 527.

8. *J.O. Guinée,* 15 mars 1905, arrêtés des 8 févr., p. 140, et du 11 févr. 1905, p. 84-86.

9. Bouche, Denise : *L'Enseignement dans les territoires français de l'Afrique occidentale de 1817 à 1920,* thèse Paris I, t. II, p. 851.

10. *J.O. Guinée,* 1er févr. 1906, p. 72-74 ; *J.O. Côte-d'ivoire,* 15 févr. 1906, p. 58.

11. *J.O. Guinée,* 1907, réglementation du 1er août, p. 247 ; nombre de places : décision du 27 nov., in *J.O.* du 15 déc., p. 455 ; Côte-d'Ivoire : *J.O.* du 15 sept. 1907, arrêté du 14 ; Dahomey : *J.O.* du 15 févr. 1909, p. 58.

12. Bouche, Denise, *op. cit.,* t. II, p. 850-852.

13. *B.O.C.,* 1904 ; *J.O. Guinée,* 1er juin 1904 ; *J.O. Côte-d'Ivoire,* 15 juin 1904.

14. *J.O. Guinée,* 1er août 1903, p. 182.

15. A.N.S.O.M., Guinée, XI, 6.

16. *Bull. off. adm. de la Guinée,* IV, 23 ; *J.O. Guinée,* 1er févr. 1906, p. 74 et 15 nov. 1905, p. 580.

17. *J.O. Côte-d'Ivoire,* 15 févr. 1906, p. 59 et 28 févr. 1906, p. 87, arrêté du 12 janvier.

18. *J.O. Guinée,* 15 déc. 1903, p. 303 et 31 déc. 1904, p. 487, arrêté du 15 déc.

19. *J.O. Côte-d'Ivoire,* 30 juin 1903, arrêtés des 17, 30 juil. 1903, arrêtés des 15, 18 août 1903, p. 20, arrêté de police du 1er août.

20. Cf. cependant, entre autres: *J.O. Guinée,* 1er août 1907, p. 245-246, 15 févr. 1908, p. 58, 1er oct. 1909, décision du 21 sept. sur les lépreux de Kindia.

21. A.N.S.O.M., Dahomey, XI, 5 : Le chef du service de Santé au gouverneur, 21 avr. 1898.

22. *J.O. Guinée,* 1er août 1906, p. 43, 15 sept. 1904, p. 379, 15 nov. 1905, p. 580.

23. *J.O. Côte-d'Ivoire,* 15 juil. 1908, arrêté du 9, p. 251-256 ; *idem* 15 févr. 1910, p. 53, et 15 juin 1913, p. 337 ; sur le personnel, *J.O.* du 15 juin 1908, p. 199, et 31 mars 1911, p. 149 ; sur les rations, 15 janv. 1908, p. 252, 15 janv. 1909, p. 13, 15 oct. 1909, p. 452.

24. *Bull. off. adm. de la Guinée,* juil. 1896, p. 80 et *J.O.,* 1er oct. 1901, p. 9, 1er janv. 1902, p. 15 ; *J.O. Côte-d'Ivoire,* 15 févr. 1909, p. 64, 15 janv. 1911, p. 8, 31 mai 1912, arrêté du 5 avr.

25. *B.O.C.,* 1896, décret du 4 juil., et 1911, décret du 6 avr. 1910 ; Vienot, A.: *Personnels des gouverneurs, des secrétariats généraux des administrateurs des Affaires indigènes et des services civils des colonies.*

26. *J.O. Côte-d'Ivoire,* 31 janv. 1902, p. 5 : « Circulaire à MM. les Officiers et Administrateurs commandant les cercles ».

Notes de la conclusion

1. Brasseur, Paule : « Pluridisciplinarité et politique au Soudan français... », in D. Nordman et J.-P. Raison, *Sciences de l'homme et conquête coloniale,* p. 135-158.

2. Brunschwig, Henri : « Colonisation-Décolonisation... », *Cahiers d'études africaines,* n° 1, 1960, p. 44-54, et « Décolonisation-Néo-colonialisme », *ibid.,* n° 49, 1973, p. 5-8 ; Delavignette, Robert : *L'Afrique noire française et son destin.*

BIBLIOGRAPHIE

I. ARCHIVES

Archives nationales (A.N.): EE II, Personnel moderne.

Archives nationales, section Outre-Mer (A.N.S.O.M.):
    a. Séries géographiques:
        Afrique, III: Explorations et missions.
        Afrique, XIII: Agriculture, industrie, commerce.
    b. Pour les diverses colonies, les séries:
        X: Cultes, Instruction publique, Beaux-Arts.
        XI: Police, Hygiène, Assistance.
        XIII: Agriculture, Commerce, Industrie.
        XIV: Entreprises particulières.
        XV: Entreprises particulières.
        XVIII: Personnel.
        XIX: Contrôle et Inspection.
        XX: Statistiques.
    c. Les fonds:
        Missions.
        Travaux publics.
        Inspection des colonies.
        Affaires politiques.

Archives du ministère des Affaires étrangères: série Mémoires et Documents (A.E.M.D.).

Archives du ministère de la Marine: série BB 4 (Mouvements).

Archives nationales de la République du Sénégal (A.R.S.).

II. PÉRIODIQUES CONSULTÉS

Annales.
Annales coloniales.
Annales de la faculté de droit d'Istanbul.

Annuaires de l'A.O.F. et de l'A.E.F.

Bulletin officiel de l'administration des Colonies (1887), puis du ministère des Colonies.

Bulletin administratif du Sénégal.

Bulletins officiels administratifs de diverses colonies.

Bulletin du ministère de la Marine.

Bulletin des séances de l'Académie royale des sciences d'outre-mer (Bruxelles).

Cahiers d'études africaines.

Moniteur du Sénégal et Dépendances.

Présence africaine.

Reichsanzeiger.

Recueil des cours de l'Academia of International Law (Leyde).

Renaissance.

Revue d'histoire coloniale, devenue Revue française d'histoire d'outre-mer.

Revue historique.

Revue internationale de droit comparé.

Le Tour du monde.

Sigles

A.N.: Archives nationales.

A.N.S.O.M.: Archives nationales, section outre-mer.

A.R.S.: Archives de la République du Sénégal.

B.O.C.: Bulletin officiel de l'administration des Colonies, puis du ministère des Colonies.

J.O.: Journal officiel des différentes colonies.

J.O.R.F.: Journal officiel de la République française.

III. LISTE ALPHABÉTIQUE PAR NOMS D'AUTEURS DES LIVRES ET ARTICLES AUXQUELS LE TEXTE SE RÉFÈRE

Administration des Monnaies et Médailles: *Les Décorations officielles françaises,* Paris, Imp. nationale, 1956, 293 p.

Albertini, Hugo von: *Dekolonisation. Die Diskussion über Verwaltung und Zukunft der Kolonien, 1919-1960,* Cologne et Opladen, Westdeutscher Verlag, 1966, 607 p.; trad. anglaise: *Decolonization. The Administration and Fu-*

ture of Colonies, 1919-1960, New York, Doubleday, 1971, XVI, 680 p.

Alexandrowicz, C.H.: *The Afro-Asian World and the Law of Nations (Historical Aspects),* Leyde, Academia of International Law, Sijhoft (recueil de cours), 1968, 94 p. — « Le rôle des traités dans les relations entre les puissances européennes et les souverains africains. Aspects historiques », Agen, *Revue internationale de droit comparé,* n° 4, 1970, p. 703-709.

Almeida-Topor, Hélène: « Les populations dahoméennes et le recrutement militaire pendant la Première Guerre mondiale », *Revue française d'histoire d'outre-mer,* 1973, p. 209.

Ayouné, Jean-Rémy: « Occidentalisme et Africanisme », Paris, *Renaissance,* n⁰ˢ 3-4, 1944, p. 258-263.

Bâ, Amadou Hampaté: *L'Etrange Destin de Wangrin ou les roueries d'un interprète africain,* Paris, Union générale d'édition, coll. 10/18, 1973, 444 p.

Blanchard, Marcel: « Administrateurs d'Afrique noire », *Revue d'histoire des colonies,* t. IX, 1953, p. 377-430.

Bouche, Denise: *L'Enseignement dans les territoires français de l'Afrique occidentale de 1817 à 1920. Mission civilisatrice ou formation d'une élite ?* Thèse Paris I, service de reproduction des thèses de l'université de Lille III, 1975, 947 p. en 2 vol.

Brasseur, Paule: « Le bâton et le caïman, ou Fily Dabo Sissoko et la France », in *Etudes africaines offertes à Henri Brunschwig,* Paris, La Haye, Mouton et E.H.E.S.S., 1982, 426 p. — « Pluridisciplinarité et politique au Soudan français. La mission des "compétents techniques" du général de Trentinian (1898-1899) », in Nordman et Raison, *Sciences de l'homme et conquête coloniale,* p. 135-157.

Brasseur, P., et Maurel, J.-F.: *Les Sources bibliographiques de l'Afrique de l'Ouest et de l'Afrique équatoriale d'expression française,* Dakar, bibl. de l'Université, 1970, 88 p.

Brunschwig, Henri: *L'Expansion allemande outre-mer du XVᵉ siècle à nos jours,* Paris, A. Colin, 1957, 208 p. — *L'Avènement de l'Afrique noire du XIXᵉ siècle à nos jours,* Paris, A. Colin, 1963, 248 p. — « Vigné d'Octon et l'anticolonialisme sous la troisième République (1871-1914) », *Cahiers d'études africaines,* XIV, 1974, p. 265-298. — « Le Dʳ Colin, l'or du Bambouk et la "colonisation moderne" », *Cahiers d'études africaines,* XV, 1975, p. 166-188. — « Brazza et le scandale du Congo français (1904-1906) », Bruxelles, Académie royale des sciences d'outre-mer, *Bull. des séances*, 1977, p. 112-129. — « Louis-Gustave Binger (1856-1936) », in L.H. Gann et Peter Duignan, *African Proconsuls*, Stanford, Hoover Institution, 1978, p. 109-126. — « Histoire, passé et frustration en Afrique noire », *Annales*, sept.-oct. 1962, p. 873-884. — « Colonisation-décolonisation. Essai sur le vocabulaire usuel de la politique coloniale », *Cahiers d'études africaines*, n° 1, 1960, p. 44-54. — « Décolonisation-néo-colonialisme », *Cahiers d'études africaines*, n° 49, 1973, p. 5-8.

Cohen, William B.: *Rulers of Empire. The French Colonial Service in Africa*, Stanford, Hoover Institution, 1971, XVI-279 p.

Coquery-Vidrovitch, Catherine: *Brazza et la prise de possession du Congo. La mission de l'Ouest Africain, 1883-1885*, Paris, Mouton, 1969, 502 p. — *Le Congo au temps des grandes compagnies concessionnaires (1898-1930)*, Paris, Mouton, 598 p.

Curtin, Ph. D.: *The Image of Africa. British Ideas and Action, 1780-1850*, London, Mac Millan, 1965, XVIII-526 p. — (ed): *Africa and the West Intellectual Responses to European Culture*, University of Wisconsin Press, 1972.

Daget, Serge; « Les mots esclave, nègre, Noir et les jugements de valeur sur la traite négrière dans la littérature abolitionniste française de 1770 à 1845 », *Revue française d'histoire d'outre-mer*, t. 60, n° 221, 1973, p. 511-548.

Delavignette, Robert: *L'Afrique noire française et son destin*, Paris, Gallimard, 1962, 207 p.

Desanges, Jehan: *L'Antiquité gréco-romaine et l'homme noir*, Paris, 1971.

Devisse, Jean: *Le Noir dans l'art occidental*, T. II, en 2 vols, Fribourg, 1979, 281, 325 p. (Ce dernier en collaboration avec Michel Mollat).

Diop, Alioune: « Histoire d'un écolier noir (par lui-même) », *Bulletin de l'enseignement en A.O.F.*, n° 7, 1931, p. 25-29.

Diop, Birago: *La Plume raboutée. Mémoires I*, Paris, *Présence africaine*, et Dakar, Nouvelles Editions africaines, 1978, 253 p.

Gorog-Karady, Veronica: *Noirs et Blancs: leur image dans la littérature orale africaine*, Paris, S.E.L.A.F., 1976, 427 p.

Gouvernement général de l'A.O.F.: *Rapport d'ensemble de l'année 1913*, Paris, Larose, 1916, 699 p. — *Situation générale de l'année 1908*, Gorée, Imprimerie du gouvernement général, 1909, 314 p.

Hamelin, Maurice: *Des concessions coloniales. Etude sur les modes d'aliénation des terres domaniales en Algérie et dans les colonies françaises,* Paris, Rousseau, 1899, XII, 432 p.

International Documentation Company (ed.): Sources de l'histoire de l'Afrique au sud du Sahara dans les archives et bibliothèques françaises, Zoug (Suisse), Archives I, 1971, 960 p.

Johnson, E. Wesley: *The Emergence of Black Politics in Senegal. The Struggle for Power in the Four Communes, 1900-1920,* Stanford University Press, Hoover Institution, 1971, XII, 260 p. — «The Senegalese Urban Elite, 1900-1945», in Ph. D. Curtin (ed.), *Africa and the West. Intellectual Responses to European Culture,* University of Wisconsin Press, 1972, p. 139-187.

Joly, Vincent: *Albert Dolisie et les débuts de la présence française au Congo,* thèse de 3e cycle, Paris I, 1980, 713 p. en 2 vol., ms.

Klein, A. Martin: *Islam and Imperialism in Senegal: Sine Saloum, 1847-1914,* Edimbourg, University Press, 1968, XVIII, 285 p.

Labouret, Henri: *Paysans d'Afrique occidentale,* Paris, Gallimard, 1941, 307 p.

Lemaire, J.: «En Guinée...», *Annales coloniales,* 23 janv. 1908.

Lenoir, Robert: *Les Concessions foncières en A.O.F. et en A.E.F.,* thèse de droit, Paris, Presses modernes, 1936, 156 p.

Leroy-Beaulieu, Paul: *De la colonisation chez les peuples modernes,* 6e édition, Paris, Alcan, 1908, 2 vol., XXIX, 705 p. et 705 p.

Lokossou, Clément: *La Presse au Dahomey, 1894-1960. Evolution et réaction face à l'administration coloniale,* thèse de 3e cycle, Paris I, 1976, 336 p., ms.

Maguet, Edgar: *Les Concessions domaniales dans les colonies françaises,* Villefranche, Imprimerie du Réveil du Beaujolais, 1930, 448 p.

Marseille, Jacques: «L'investissement français dans l'empire colonial», *Revue historique,* n° 512, oct. 1974, p. 409-432.

Martinkus-Zemp, Ada: *Le Blanc et le Noir. Essai d'une description de la vision des Noirs par les Blancs dans la littérature française de l'entre-deux-guerres,* Paris, Nizet, 1975, 229 p.

Mauny, Raymond: *Les Siècles obscurs de l'Afrique noire,* Paris, Fayard, 1970, 314 p.

Mazières, Anne-Claude de: *La Marche au Nil de Victor Liotard,* Aix-en-Provence, Université de Provence, 1982, 166 p.

M'Bokolo, Elikia: « Du "commerce licite" au régime colonial : l'agencement de l'idéologie coloniale », in Nordman et Raison : *Sciences de l'homme et conquête coloniale,* p. 205-222.

Michel, Marc : *L'Appel à l'Afrique. Contributions et réactions à l'effort de guerre en A.O.F., 1914-1919,* Paris, Publications de la Sorbonne, 1982, X, 533 p., p. 8. — « La genèse du recrutement de 1918 en Afrique noire française », *Revue française d'histoire d'outre-mer,* t. LVIII, n° 213, 1971, p. 433-450.

Monteil, Vincent : « Lat Dior, Damel du Cayor et l'islamisation des Wolofs au XIXᵉ siècle », in *Esquisses sénégalaises,* Dakar, I.F.A.N., 1966, p. 71-113. — *L'Islam noir,* Paris, Seuil, 1964, 368 p.

Moukouri, Kuoh J.: *Doigts noirs,* Montréal, Les Editions à la page, 1963, 203 p.

Mouyabi, Jean : *Essai sur le commerce précolonial et protocolonial au Congo méridional (XVIIᵉ - début du XXᵉ siècle),* thèse de 3ᵉ cycle, Paris, E.H.E.S.S., 1979, 467 p., ms.

Murphy, Agnes : *The Ideology of French Imperialism (1871-1881),* Washington, 1948, VIII, 242 p.

Nordman, Daniel, et Raison, Jean-Pierre (édit.) : *Sciences de l'homme et conquête coloniale. Constitution et usage des sciences humaines en Afrique, XIXᵉ-XXᵉ siècle,* Paris, Ecole normale supérieure, 1980, 238 p.

Rabut, Elisabeth : « Le mythe parisien de la mise en valeur des colonies africaines à l'aube du XXᵉ siècle : la commission des Concessions coloniales (1898-1912) », *Journal of African History,* n° 20, 1979, p. 271-287.

Robinson, David : *Chiefs and Clerics. The History of Abdul Bokar Kan and Futa Toro, 1853-1891,* Oxford, Clarendon, 1975, XIV, 239 p.

Saint-Martin, Yves : *L'Empire toucouleur, 1848-1897,* Paris, Le Livre africain, 1970, 192 p.

Schnapper, Bernard: « Le sénateur Bérenger et les progrès de la répression pénale en France », Istanbul, *Annales de la faculté de droit*, n° 42, 1979, p. 225-251.

Senghor, Léopold Sedhar: « Vues sur l'Afrique noire ou "assimiler, non être assimilé" », *Liberté I, Négritude et Humanisme*, Paris, Seuil, 1964, p. 39 sq., ou *La Communauté impériale française*, Strasbourg, 1945.

Sissoko, Fily Dabo: *La Savane rouge*, Avignon, Presses universelles, 1962, 141 p. — *Les Noirs et la culture, introduction au problème de l'évolution culturelle des peuples africains*, New York [1950], 72 p.

Stengers, Jean: « Une facette de la question du Haut-Nil: le mirage soudanais », *Journal of African History*, t. X, 1965, p. 599-622.

Tardits, Claude: *Les Bamiléké de l'Ouest Cameroun*, Paris, Berger-Levrault, 1960, 135 p. — *Le Royaume Bamoum*, Paris, A. Colin, 1980, IX-1078 p.

Vansina, Jan: *The Tio Kingdom of the Middle Congo, 1880-1892*, Oxford, University Press, 1973, XVIII-586 p.

Vienot, Alfred: *Personnels des gouverneurs, des secrétariats généraux, des administrateurs des Affaires indigènes et des services civils des colonies...*, Paris, Berger-Levrault, 1913, X, 720 p.

Weithas, Rémy, et Charbonneau (lieutenants-colonels): *La Conquête du Cameroun et du Togo*, Paris, Imprimerie nationale, 1931, 601 p. (Exposition coloniale de Paris, collection Armées françaises d'outre-mer).

Witherell, Julian W.: *French Speaking West Africa. A Guide to Official Publications Compiled by...*, Washington, Library of Congress, 1967, XII, 201 p. — *Official Publications of French Equatorial Africa, French Cameroons and Togo, 1946-1958, A Guide*, Washington Library of Congress, 1964, 78 p.

Wirz, Albert: *Vom Sklavenhandel zum Kolonialhandel*, Zurich-Fribourg, Atlantis, 301 p.

INDEX

A

ABBATUCCI, Jacques, ministre de la Justice, chargé par intérim de la Marine et des Colonies du 27 mars au 19 avril 1855, 71.

ABD EL KADER, chef des provinces autonomes du Sénégal, décoré de la Légion d'honneur en 1857, 156.

Abomey, 92.

ADAM, colon, 63.

AFARS et ISSAS, ethnies de la côte des Somali, 178.

ALASSANE, Dia, interprète musulman, 106.

Alger, 50, 105.

Algérie, 32, 51, 63, 65, 209.

Alladah, 78.

ALMEIDA frères, puis Almeida Brothers, concessionnaires, 44.

Alsace-Lorraine, 27.

ALTHOFF, puis ALTHOFF-MEDEIROS, concessionnaires, 45.

ANGOULVANT, Gabriel, gouverneur de la Côte-d'Ivoire (1908-1916), 160.

Antilles, 11.

Anvers, 107.

ARCHINARD, Louis, colonel, commandant supérieur du Soudan français (1888-1893), 50, 70, 118.

L'*Ariège*, bâtiment de la marine, 80, 83, 84.

ARTAUD, Emile, candidat à une mission d'exploration commerciale au Fouta-Djalon (1882), 33.

Assinie, 20, 22, 63, 138, 140.

AUDÉOUD, Michel, colonel et lieutenant-gouverneur par intérim au Soudan français en 1898, 117.

AUJOULAT, Louis, secrétaire d'Etat de la France d'outre-mer en 1951, 115.

AYOUNÉ, Jean-Rémy, écrivain assimilationniste lors de la conférence de Brazzaville, 95.

B

BÀ, AMADOU HAMPATÉ, homme politique et écrivain, 106, 146.

Bafoulabé, 36.

Bakel, 37.

BALÉ SIAKO, « roi » indigène dans les environs de Konakry, 63.

BALLAY, Noël, gouverneur du Gabon (1886), de Guinée (1891), gouverneur général de l'A.O.F. (1900-1902), 31, 35, 36, 63, 64, 67, 111, 140, 151, 205.

BALLOT, Victor, résident des Etablissements français du golfe du Bénin (1887), lieutenant-gouverneur (1891), gouverneur du Dahomey et dépendances (1891), 28.

BALTHAZAR, roi mage, 89.

Bamako, 117.

Bambouk, 118.

Bandiagara, 106.

Bangui, 196.

Baol, 156.

Baoulé, cercle et ethnie, 128.

BARATIER, général (mission Congo-Nil), 145.

BARIANE Diao, chef de canton, 156.

BARNEY-BARNATO, 50.

BASQUE, candidat colon de Lyon, 37.

Bassam, (voir *Grand Bassam*).

BASTEL, candidat colon, 37.

Batam, 37.

Bathurst, 81.

Batouala, roman de René Maran, 95.

BAUDOT, lieutenant commandant de cercle, 118.

BAYOL, Jean-Marie (D^r), lieutenant-gouverneur des Rivières du Sud (1882-1890), 32, 63, 72, 78.

BAZENET, candidat colon, 36.

BEECKMANN, Paul de, officier, résident à Porto Novo (1888-1889), 25, 26.

Belgique, 28.

Bellune, 79.

Bénin (Golfe du) ou *Bénin*, 22, 30, 139, 178.

Le Bénin, journal dahoméen de Cressent, 183.

Benty, 20, 22, 140.

BÉRAUD, Xavier, interprète acculturé du Dahomey, 92, 109.

BÉRENGER, René, sénateur, 70.

BERRY, Ernest, candidat colon, 30.

Beyla, cercle, 119.

Béziers, 29.

BINGER, Louis, capitaine, gouverneur de la Côte-d'Ivoire (1893), directeur des affaires d'Afrique au ministère des Colonies (1897-1907), 25, 26, 30, 47, 55, 138.

Bingerville, 161, 203, 205, 206.

Biribi, 83.

BISMARCK, Otto von, chancelier du reich allemand, 15, 27.

BLOCH, Raoul, gérant de « La Caravane coloniale », 39.

BLUZET, préfet honoraire, colon, 64.

BOBICHON, Henri, administrateur des colonies, 120.

Bobo-Dioulasso, poste, 117.

BOERS, 79.

Boffa, 20, 140.

BOFFARD-COQUAT, lieutenant de cavalerie, chargé de recrutements pour le Congo, 80.

Boké, 20, 22, 32, 44, 114, 140.

Bordeaux, 32, 33.

Bouaké, 205.

BOUBOU PENDA, boy, puis interprète, 107.

BOUBOU SOW, concessionnaire de terrains, 44.

BOUCHEZ, commandant, 145.

BOU EL MOGDAD, secrétaire interprète, mort en 1880, 105.

Bouré, Le, 33.

Bouré-Siéké, 55, 56.

BRAZZA, Pierre Savorgnan de, 20, 32, 48, 75, 80, 81.

Brazzaville, 79, 81, 95, 196.

BRIÈRE DE L'ISLE, Louis, gouverneur du Sénégal (1876-1880), 169.

Bruxelles, 81.

BURKI, concessionnaire de terrains, 34.

C

CALMETTE, Albert, médecin de la marine, bactériologiste, professeur et directeur de l'institut Pasteur de Lille (1896-1919), 202.

Cambodge, décoration, chevalier du Cambodge, 117.

Cameroun, 178.

Canada, 115.

Cap des Palmes, 83.

CAQUEREAU, P.F., candidat colon, 32, 33.

« CARAVANE COLONIALE », société (escroquerie), 39.

CARIMANTAUD, candidat colon, 35, 36.

CARNOT, Sadi, président de la République (1887-1894), 75.

CÉRISIER, lieutenant-gouverneur par intérim des Rivières du Sud (1889-1890), 140.

CÉSAIRE, Aimé, né en 1913, professeur, député de la Martinique, écrivain, 95.

CHAILLEY, Josephon, CHAILLEY-BERT, secrétaire général de l'Union coloniale française, 37.

Charly (Colonie française de), affaire frauduleuse, 35.

CHAUDIÉ, Jean-Baptiste, gouverneur général de l'A.O.F. (1895-1900), 36, 81.

CHAUTEMPS, Camille, ministre des Colonies (1895), 80.

CHINOIS, 72.

CLAPARÈDE et Cie, fabrique de canonnières, 84.

CLÉMENT-THOMAS, Louis, gouverneur du Sénégal (1888-1890), 118.

CLOZEL, Marie-François, lieutenant-gouverneur de Côte-d'Ivoire (1902-1908), du Soudan (1908-1915), gouverneur général A.O.F. (1916-1917), 196.

COLIN, Paul (D^r), médecin, colon au Bambouk (1883-1887), 50, 61, 210.

« COMPAGNIE DE L'OUEST AFRICAIN FRANÇAIS » ou C.O.A., 55, 184.

« COMPAGNIE FORESTIÈRE DE L'AFRIQUE FRANÇAISE », 48.

« COMPAGNIE FRANÇAISE D'AFRIQUE OCCIDENTALE », C.F.A.O., 184.

« COMPAGNIE FRANÇAISE DE COMPONY », affaire frauduleuse après enquête, 35.

« COMPAGNIE FRANÇAISE D'EXPLOITATION AGRICOLE, INDUSTRIELLE ET COMMERCIALE DES RIVIÈRES DU SUD », en formation en 1893, 34.

« COMPAGNIES MINIÈRES DE GUINÉE, DU BOURÉ-SIÉKÉ, DE HAUTE-GUINÉE, LYONNAISE DE HAUTE-GUINÉE », 56.

Conakry (voir Konakry).

Congo, 20, 24, 47, 48, 49, 72, 76, 79,

TABLE DES MATIÈRES

NOUVELLE BIBLIOTHÈQUE SCIENTIFIQUE

La Nouvelle Bibliothèque Scientifique a pris, en 1962, la suite de la célèbre « Bibliothèque de Philosophie Scientifique » fondée par Gustave Le Bon en 1905. Dirigée par Fernand Braudel jusqu'en 1979, elle est maintenant, sous la responsabilité de Louis Audibert, animée par un Conseil scientifique comprenant : Georges Duby, Jean-Claude Pecker, Michel Serres.

La composition et l'impression de cet ouvrage
ont été réalisées
par l'Imprimerie Chirat, 42540 Saint-Just-la-Pendue

Achevé d'imprimer en décembre 1982
Nº d'impression 5758
Nº d'édition 11538
Dépôt légal janvier 1983